Ilse Hamel

Das Meerschweinchen als Patient

Anschrift der Verfasserin

Dr. med. vet. Ilse Hamel
Wasserturmstraße 54
04299 Leipzig

Das Meerschweinchen als Patient

Dr. med. vet. Ilse Hamel

Fachtierärztin für kleine Haus- und Pelztiere

Mit 28 Abbildungen und 18 Tabellen

Gustav Fischer Verlag Jena · Stuttgart 1994

Wichtiger Hinweis

Die pharmakotherapeutischen Erkenntnisse in der Human- und Tiermedizin unterliegen laufendem Wandel durch Forschung und klinische Erfahrungen. Die Autorin dieses Werkes hat große Sorgfalt darauf verwendet, daß die in diesem Buch mitgeteilten therapeutischen Angaben dem derzeitigen Wissensstand entsprechen. Das entbindet den Benutzer dieses Werkes aber nicht von der Verpflichtung, anhand der Beipackzettel zu verschreibender Präparate zu überprüfen, ob die dort mitgeteilten Angaben von denen in diesem Buch abweichen, und die Verordnung in eigener Verantwortung zu bestimmen.

Die Deutsche Bibliothek – CIP-Einheitsaufnahme

Hamel, Ilse:
Das Meerschweinchen als Patient / Ilse Hamel. – Jena ; Stuttgart : G. Fischer, 1994
ISBN 3-334-60507-8

© Gustav Fischer Verlag Jena, 1994
Villengang 2, D-07745 Jena
Das Werk einschließlich aller seiner Teile ist urheberrechtlich geschützt. Jede Verwertung außerhalb der engen Grenzen des Urheberrechtsgesetzes ist ohne Zustimmung des Verlages unzulässig und strafbar. Das gilt insbesondere für Vervielfältigungen, Übersetzungen, Mikroverfilmungen und die Einspeicherung und Verarbeitung in elektronischen Systemen.

Lektor: Dr. Dr. Roland Itterheim
Satz und Druck: Gutenberg Druckerei GmbH Weimar
Einbandillustration: Thea Paar, Kassel
Binden: Großbuchbinderei Kurt Schirmer und Sohn, Erfurt
Printed in Germany

ISBN 3-334-60507-8

Vorwort

Das schon seit vier Jahrhunderten in West- und Mitteleuropa in menschlicher Wohngemeinschaft lebende Meerschweinchen erfreut sich als Heim- und Spieltier bei vielen Tierfreunden, besonders bei Kindern, zunehmender Beliebtheit. Sein anschmiegsames Wesen, der geringe Platzbedarf, unkomplizierte Haltungs- und Pflegeanforderungen und leicht zu befriedigende Futterbedürfnisse machen das Meerschweinchen zu einem idealen Heimtier. Hierin liegt begründet, daß die Zahl der Meerschweinchenpatienten in den Kleintierpraxen ständig zunimmt. Daraus ergibt sich für die Kleintierpraktiker die Notwendigkeit, sich mit den pathophysiologischen, klinischen, diagnostischen und therapeutischen Besonderheiten des kranken Meerschweinchens näher vertraut zu machen.

Die gute Resonanz auf das Vorgängerbuch „Das Meerschweinchen – Heimtier und Patient" sowohl in Fachkreisen als auch bei Hobbyzüchtern veranlaßte den Verlag, eine Neuauflage des Buches vorzubereiten und herauszugeben. Dazu trug auch die Anregung von Frau Prof. Dr. Vera Schmidt bei.

Da zu Haltung, Pflege, Fütterung und Zucht des Meerschweinchens für den Meerschweinchenhalter und Hobbyzüchter ein ausreichendes Angebot an populärwissenschaftlicher Literatur vorliegt, sah die Autorin ihre Aufgabe darin, das Buch voll auf die Belange des Tierarztes auszurichten.

Die Verfasserin stellte sich die Aufgabe, Basiswissen über das gesunde und kranke Meerschweinchen zu vermitteln. Grundlagen waren umfangreiche Literaturstudien und die Auswertung des neueren Schrifttums zu Erkenntnis-

sen in Diagnostik und Therapie von Meerschweinchenerkrankungen, ergänzt durch eigene Erfahrungen während der langjährigen tierärztlichen Tätigkeit in der Klinik und Poliklinik für Klein- und Heimtierkrankheiten der Universität Leipzig.
Der Tierarzt erhält zunächst einen Überblick über Ernährung, physiologische und anatomische Gegebenheiten und andere biologische Daten. Anschließend werden Klinik, Diagnostik und Therapie der wesentlichen Krankheiten des Meerschweinchens systematisch abgehandelt.
Arzneimittel und Dosierungsempfehlungen für in der Meerschweinchenpraxis gängige Arzneimittel geben dem Tierarzt zuverlässige Informationen und ermöglichen rasches Handeln. Möge auch dieses Buch ein guter Ratgeber für den Tierarzt sein.
Mein Dank gebührt dem Gustav Fischer Verlag Jena und seinem Lektor Dr. Dr. Roland Itterheim und Frau Stegner, die durch ihre hilfreiche Unterstützung zur schnellen Fertigstellung des Buches wesentlich beigetragen haben. Weiterhin möchte ich mich bei der wissenschaftlichen Graphikerin Frau Elisabeth Illert für die gute Qualität der Zeichnungen und den Mitarbeitern des Zentrums für Foto und Film an der Universität Leipzig für die schnelle Erstellung der Schwarz-Weiß-Fotos bedanken. Nicht zuletzt möchte ich meiner Tochter Katrin Furchner und Frau Petra Schlag für die Reinschrift des Manuskriptes danken. Schließlich bedanke ich mich ganz herzlich bei meinem Mann, der mir die vielen kleinen Pflichten des Alltags abnahm.

Ilse Hamel

Inhaltsverzeichnis

Die Vorfahren des Hausmeerschweinchens... 13

    Abstammung und systematische Stellung 13
    Biologie des Wildmeerschweinchens 15
    Das Meerschweinchen als Heimtier 16

Käfig, Einstreu, Zubehör 19

Fütterung 21

    Nährstoffe und Wirkstoffe 21
        Eiweiß 23
        Fette 24
        Kohlenhydrate 25
    Grünfutter 27
    Winterfütterung 29
    Heu – Rauhfutter 30
    Kraftfutter 30
    Bedarfsangaben 31
    Fertigmischfutter 32
    Mineralstoffe 32
    Vitamine 33
    Trinkwasser 39
    Grundregeln der Fütterung 40

Verhalten und Sinnesleistungen 41

Die Meerschweinchenfamilie 43

    Geschlechtszyklus 43
    Trächtigkeit 44
    Geburtsanzeichen 44
    Geburt und Säugephase 46
    Geschlechtsbestimmung 47
    Biologische Daten 48

Anatomische Besonderheiten 51
   Haut und Haarkleid 51
   Hautdrüsen 54
   Skelett 56
   Kopf, Zähne, Mundhöhle 56
   Herz 57
   Atmungssystem 58
   Leber 59
   Milz 59
   Magen-Darm-Kanal 60
   Harnapparat 61
   Geschlechtsorgane 62

Physiologie 65
   Physiologische Daten 65
   Physiologie der Temperaturregulation 66
   Besonderheiten der Verdauungsphysiologie . 67
   Physiologische Darmflora 70

Allgemeine Krankheitszeichen und Krankheitsdisposition 75
   Allgemeine Untersuchung 75
   Untersuchungsgang 76
   Körpertemperatur 78

Spezielle Untersuchung 81
   Blutentnahme, Blutbild 81
   Röntgenuntersuchung 83
   Harnuntersuchung 87
   Mikrobiologische Untersuchung 88
   Parasitologische Untersuchung 89
   Pathologisch-anatomische Untersuchung ... 90
   Krankheitsspektrum aus klinischer Sicht ... 92

Therapeutische Möglichkeiten 93
   Orale Applikation 93
   Injektionen 93

Organkrankheiten 95
  Hautkrankheiten 95
    Alopezie 96
    Fütterungsbedingte Mangelkrankheiten .. 98
    Cheilitis 99
    Ballenentzündung, Ballenabszesse 101
    Dermatitis 103
    Halsabszesse 105
    Otitis externa 106
    Hautverklebungen 107
    Hautverletzungen 107
    Talgdrüsenadenome 108
    Allergien 110
    Zu lange Krallen 111
  Erkrankungen der Atemwege 112
  Erkrankungen der Verdauungsorgane 114
    Fütterungsbedingte Verdauungsstörungen 114
    Inappetenz 116
    Erkrankungen der Mundhöhle,
    Zahnanomalien 117
    Tympanie 122
    Gastroenteritis 124
    Obstipation 129
    Antibiotikaempfindlichkeit 130
  Erkrankungen der Leber 131
  Erkrankungen der Harnorgane 133
    Nephritis 133
    Zystitis 134
  Erkrankungen der weiblichen Geschlechtsorgane 137
    Prä- und peripartaler Fruchttod 137
    Geburtsstockungen 138
    Endometritis 139
    Torsio uteri 140
    Trächtigkeitstoxikose 140
    Ovarialzysten 143

Erkrankungen der männlichen Geschlechtsorgane 145
Hitzschlag 146
Störungen im Vitamin- und Mineralstoffhaushalt 147
Erkrankungen des Nervensystems 151

Virusinfektionen 153

Meerschweinchenlähme 153
Speicheldrüsenvirus-Infektion 154
Adenovirus-Pneumonie 155
Lymphozytäre Choriomeningitis 156
Leukämie 157
Tollwut 158

Bakterielle Infektionen 161

Bakterielle Infektionen mit vorwiegend respiratorischen Symptomen 161
  Staphylokokken-Infektion 162
  Streptokokken-Infektion 164
  Diplokokken-Infektion 167
  Bordetellen-Infektion 170
  Klebsiellen-Infektion 172
  Pasteurellose 174
  Pseudotuberkulose (Rodentiose) 176

Bakterielle Infektionen mit vorwiegend gastro-intestinalen Symptomen 179
  Kolibazillose, Dysbakterie 179
  Salmonellose 182
  Tyzzersche Krankheit 185

Dermatomykosen 189

Ektoparasiten 193

Haarlinge 194
Milben 197

Endoparasiten 201
  Protozoen 201
    Amöbiasis 201
    Trichomoniasis 202
    Kokzidiose 203
    Toxoplasmose 207
  Wurmbefall 209
    Nematoden 209
    Trematoden 211
    Cestoden 212

Operationen 217
  Allgemeine Chirurgie 217
  Narkose 218
    Narkosevorbereitung 218
    Prämedikation......................... 219
    Allgemeinanästhesie................... 219
    Lokalanästhesie (Infiltrationsanästhesie).. 221
  Kastration 221
    Kastration männlicher Meerschweinchen 222
    Kastration weiblicher Meerschweinchen . 223
  Hauttumoren 224
  Laparotomie 225
  Operationen am Auge 227
    Verletzung der Kornea................. 227
    Exophthalmus......................... 228
  Frakturen 229

Arzneimittelübersicht 233

Literatur 243

Sachregister 255

Die Vorfahren des Hausmeerschweinchens

Abstammung und systematische Stellung

Meerschweinchen gehören zur Ordnung der Nagetiere (Rodentia). In der stammesgeschichtlichen Entwicklung lassen sich die Nagetiere bis zum Beginn des Tertiärs, in das Eozän, zurückverfolgen. Als ihre Vorfahren gelten die im Alttertiär verbreiteten primitiven Insektenfresser, zu denen die rezenten Igel, Maulwürfe und Spitzmäuse gehören. Die bereits vor 50 Millionen Jahren sehr artenreich verbreitete Ordnung der Nagetiere macht mit ihren annähernd 3000 Arten fast die Hälfte aller heute auf der Erde lebenden Säugetierarten aus.

Eine Unterordnung der Nagetiere sind die Meerschweinchenverwandten (Caviomorpha), die bis auf eine nordamerikanische Gattung alle in Mittel- und Südamerika leben und eine stammesgeschichtliche Einheit bilden.

Zur Überfamilie der Meerschweinchenartigen (Cavioidea) zählen die Meerschweinchen (Caviidae) mit 22 Arten, die Wasserschweine (Hydrochoeridae) mit einer Art (größtes Nagetier), die Agutis (Dasyproctidae) mit 11 Arten und die Pakaranaartigen (Dinomyoidae) mit dem Pakarana als einziger Art (drittgrößtes Nagetier).

Der Familie der Meerschweinchen *(Caviidae)* sind zwei Unterfamilien zugeordnet:

– eigentliche Meerschweinchen *(Caviidae)* mit 4 Gattungen und 20 Arten und die
– Maras *(Dolichotinae)* oder Pampahasen mit 2 Arten.

Die 4 Gattungen der eigentlichen Meerschweinchen sind:

- das Wildmeerschweinchen *(Cavia aperea)* als Stammform unseres Hausmeerschweinchens *(Cavia porcellus)*,
- das Wieselmeerschweinchen *(Galea)*,
- das Zwergmeerschweinchen *(Microcavia)*,
- das Bergmeerschweinchen *(Kerodon rupestris)*.

Letzteres ist ein hochbeiniges Tier, das in den bergigen Gebieten im Südosten Brasiliens in Felshöhlen lebt. Der Moko, wie er von der einheimischen Bevölkerung genannt wird, ist in der Lage, meterhohe Sprünge auszuführen. Er ist ein geschickter Kletterer und nicht nur auf Felsen, sondern auch auf Bäumen anzutreffen.

Aperea-Meerschweinchen sind in Südamerika am weitesten verbreitet. Sie leben in Peru, Uruguay, Guayana, Brasilien und Argentinien in Höhenlagen bis zu 4 200 Meter. Ausgenommen sind die kalten Bereiche des Südens und die feuchten Gebiete des tropischen Regenwaldes.

Die wilde Stammform des domestizierten Hausmeerschweinchens ist das Gebirgsmeerschweinchen, *Cavia aperea cutleri*. Es ist ein Gebirgstier und lebt in Höhen bis über 4 000 Meter im Süden Perus und im Norden Chiles im Sippenverband (Raebiger, 1933; van der Mark, 1968; Bielfeld, 1977; Schmidt, 1985).

Systematik:
Klasse Säugetiere (Mammalia)
 Ordnung Nagetiere (Rodentia)
  Unterordnung Meerschweinchenverwandte (Caviomorpha)
   Überfamilie Meerschweinchenartige (Cavioidea)
    Familie Meerschweinchen (Caviidae)
     Unterfamilie Eigentliche Meerschweinchen (Caviinae) mit 4 Gattungen und 20 Arten
     - Wildmeerschweinchen (Cavia aperea) mit der Unterart Cavia aperea cutleri (wird als Stammform des Hausmeerschweinchens angesehen)
     - Hausmeerschweinchen (Cavia porcellus L.)
     - Wieselmeerschweinchen (Galea)
     - Zwergmeerschweinchen (Microcavia)
     - Bergmeerschweinchen (Kerodon rupestris)

Biologie des Wildmeerschweinchens

Wildmeerschweinchen sind in verschiedenen Arten über große Gebiete Mittel- und Südamerikas verbreitet. Die Vorfahren unseres Hausmeerschweinchens – *Cavia aperea cutleri* – besiedeln als Gebirgsmeerschweinchen die grasreichen Hochebenen und Buschsteppen der Anden bis zu Höhenlagen von 4 200 Meter. Schlupfwinkel oder selbstgegrabene Höhlen bieten ihnen sowohl in dichtem Gestrüpp als auch in offenem Gelände Schutz vor Feinden. Sie leben im Familienverband in Trupps von 4 bis 20 Tieren. Gemeinsam gehen sie auf Futtersuche. Der permanente Graswuchs sichert über das ganze Jahr hindurch ihren Vitamin-C-Bedarf. Als reviertreue Tiere benutzen sie regelmäßig die von ihnen ausgetretenen, labyrinthartig verzweigten Pfade zwischen Futterplätzen und Ruhestellen. Die Familiengruppen mit einem Männchen, mehreren Weibchen und Jungtieren bleiben durch ständige Stimmfühlungslaute untereinander in Verbindung. Wachsam beobachten die Tiere ihre Umgebung. Beim Nahen einer Gefahr werden Warnlaute ausgestoßen. Durch Flucht in Höhlen oder anliegendes Gestrüpp versuchen sie sich in Sicherheit zu bringen oder verfallen in eine Schreckstarre.

Fortpflanzung: Wildmeerschweinchen sind mit mehreren Trächtigkeiten im Jahr und einer winterlichen Zyklusruhe außerordentlich fortpflanzungsaktiv. Nach einer durchschnittlichen Tragezeit von 65 Tagen werden 2–5, meist 2, vollentwickelte und nestflüchtige Junge geboren, die bereits in der Lage sind, selbständig Futter aufzunehmen. Drei Wochen lang werden sie gesäugt.

Wildmeerschweinchen sind dämmerungs- und nachtaktive Tiere. Ihr Haarkleid ist graubräunlich gesprenkelt.

Das Meerschweinchen als Heimtier

Meerschweinchen gehören zu den ältesten Haustieren der Neuen Welt. Vasenfunde mit abgebildeten Meerschweinchen weisen darauf hin, daß bereits um 1000 v. Chr. ihre Domestikation begann. Von den Inkas wurden sie als Speise- und Opfertiere gehalten.

Als Opfertiere wurden besonders braun- und braunweißgescheckte Tiere bevorzugt, die dem Sonnengott geopfert oder Verstorbenen mit ins Grab gegeben wurden.

Die Erforschung des zahmen, bereits domestizierten Meerschweinchens verdanken wir dem deutschen Zoologen Alfred Nehring. Bei der Untersuchung mumifizierter Meerschweinchen aus Inkagräbern des Totenfeldes von Ancon in Peru fand er 1889 übereinstimmende bzw. verwandte Merkmale zwischen den von dem Schweizer Zoologen Tschudi beschriebenen wilden Aperea-Meerschweinchen und den bereits weit fortgeschrittenen domestizierten Meerschweinchen der Inkazeit. Abweichungen im Schädelbau und Färbung des Haarkleides zwischen wilden und von den alten Peruanern gezähmten Exemplaren der Ausgrabungsfunde zeigten den Einfluß der Domestikation. Ihr typisches Domestikationskleid war entweder einfarbig weiß, rötlichbraun oder gelbweiß gescheckt. Schwarze Flecken fehlten.

Die ersten Meerschweinchen wurden bald nach der Entdeckung Amerikas von spanischen Seefahrern vor allem aber von holländischen Kaufleuten mit nach Europa gebracht und dort weitergezüchtet.

Der erste schriftliche Beleg über das Vorkommen von Meerschweinchen in Mitteleuropa stammt von dem Schweizer Naturforscher und Arzt Konrad Gesner aus dem Jahre 1554, der die bislang in Europa unbekannten Nager in Zürich oder Augsburg erstmals sah und beschrieb. In Holland gezüchtete Meerschweinchen können als Stammform der heute in Mitteleuropa gehaltenen

und gezüchteten Rassen und Schläge angesehen werden. Mit der Entwicklung der biologischen und medizinischen Wissenschaften in der zweiten Hälfte des 19. Jahrhunderts wurde das Meerschweinchen bevorzugt als Versuchstier in unterschiedlichen Forschungsrichtungen gezüchtet und genutzt. Die zunehmende Versuchstierhaltung machte es notwendig, für die verschiedenen Versuchstierarten eine bedarfsgerechte und zweckmäßige Ernährung zu ermitteln und die Kenntnis über Krankheiten der Versuchstiere zu erweitern. Auch für das Meerschweinchen war die Erforschung physiologischer Daten und pathophysiologischer Vorgänge zur Gesunderhaltung der Versuchstierbestände eine Voraussetzung für exakte Ergebnisse bei seinem Einsatz in der Forschung.
Nicht alle Krankheitsprozesse des Versuchsmeerschweinchens lassen sich aber infolge unterschiedlicher Haltungs- und Fütterungsbedingungen auf das als Heimtier gehaltene Meerschweinchen kritiklos übertragen.

Käfig, Einstreu, Zubehör

Haltung und Unterbringung müssen den Lebensansprüchen des Meerschweinchens gerecht werden. Unter Beachtung einiger Grundvoraussetzungen gestaltet sich seine Haltung in der Wohnung unproblematisch.
Als Standort für den Käfig ist ein heller, trockener, zugfreier Ort mit normaler Zimmertemperatur auszuwählen. Am wohlsten fühlen sich Meerschweinchen bei 20 bis 22 °C. Bei der Auswahl des Käfigs ist der Bewegungsaktivität, besonders von Jungtieren, Rechnung zu tragen. Für die Einzelhaltung von Meerschweinchen in der Wohnung eignet sich ein Käfig aus Metallgitterstäben in Mindestabmessungen von 65×35×30 cm mit auswechselbarer Plastikbodenschale.
Der Laufstall ist die am besten geeignete Unterbringungsart für die gemeinsame Haltung von Weibchen und Böckchen im Rudel.
Als Einstreu dienen Hobelspäne aus Kernholz, Stroh und Heu. Selten wird auch Torfmull zum Aufsaugen des reichlich anfallenden Harns verwendet. Die Einstreuschicht soll 5 bis 6 cm hoch sein und jeden zweiten Tag erneuert werden, um Bodennässe durch den reichlich anfallenden Harn zu vermeiden und Geruchsbelästigung zu verhindern. Das Einstreumaterial darf nicht zu fein und auf keinen Fall leicht staubend sein. Starke Staubaufwirbelung führt zur Reizung der Konjunktiven und zu mechanischer Belastung des Atmungsapparates.
Zur Ausstattung des Käfigs gehören zwei standfeste, nicht zu leichte Ton- oder Glasschalen für Saftfutter (Äpfel, Möhren) und Körner und in der grünfutterarmen Zeit ein standfestes Trinkschälchen. Günstiger und vor Verschmutzung sicher sind eingehängte Trinkflaschen mit

Nippelvorrichtung oder Saugstutzen, an deren Benutzung sich Meerschweinchen schnell gewöhnen. Zwei kleine Futterraufen für Grünfutter und Heu werden an einer Käfigwand in Kopfhöhe (Unterkante 5 cm vom Boden entfernt) angebracht. Höhe und Sprossenabstand sind so zu wählen, daß Grün- und Rauhfutter ohne Mühe erreicht und herausgezupft werden können. Eine Futterraufe ist kein Luxusgegenstand. Sie verhindert das Festtreten von Gras und Heu ebenso wie das Verschmutzen und Erhitzen des Futters.

Fütterung

Meerschweinchen sind anspruchslose Tiere. Als Pflanzenfresser benötigen sie keine oder nur ganz geringe Mengen tierischen Eiweißes. Sie ernähren sich von frischen ebenso wie von trockenen Pflanzenteilen. Aber nur eine vollwertige Nahrung mit Saftfutter, Trocken- und Kraftfutter sichert ihnen Gesundheit und Wohlbefinden. Wichtig ist eine regelmäßige und pünktliche Fütterung. Bei jeder Futterumstellung ist vorsichtig zu verfahren. Das neue Futter ist nur in kleinen Mengen dem gewohnten beizugeben, bis sich die Tiere an das veränderte Nahrungsangebot angepaßt haben. Daß die Ernährung möglichst abwechslungsreich sein soll, steht im Widerspruch zu den Erfahrungen, daß häufiger Futterwechsel den Tieren oftmals schadet. Futter darf stets nur in einwandfreiem Zustand verabreicht werden. Auf verdorbenes Futter reagieren Meerschweinchen empfindlich mit schweren Verdauungsstörungen. Es sollte auch beachtet werden, daß mit einer Futterration nur so viel Futter angeboten wird, wie von den Tieren bis zur nächsten Mahlzeit gefressen wird. Meerschweinchen sind zweimal täglich zu füttern. In warmen Sommermonaten, wenn durch Wärme Grünfutter leicht welkt oder verdirbt, sollte man sogar auf eine dreimalige Fütterung umstellen. Altes, verderbliches Futter, z. B. Obstreste, sind regelmäßig zu entfernen.

Nährstoffe und Wirkstoffe

Durch ein ausreichendes und vollwertiges Futterangebot werden Meerschweinchen mit Nährstoffen, Wirkstoffen und Wasser versorgt. Der Organismus benötigt sie zum Aubau sowie zur Erhaltung aller Lebensvorgänge. *Nährstoffe* sind Eiweiße, Fette und Kohlenhydrate. Als lebensnotwendige *Wirkstoffe* werden dem Körper Mineralstoffe, Spurenelemente und Vitamine zugeführt. Nährstoffe und Wirkstoffe liefern die erforderliche Energie für die Regulation des Wärmehaushaltes, für die Bewegung und Futteraufnahme (Muskelkraft), für die Bildung von Körpermasse und für die Organfunktion, wie Atmung, Herztätigkeit und Verdauung. Sie dienen aber auch der Deckung des Leistungsbedarfs. Für erhöhte Energieanforderungen während der Trächtigkeit, der Säugeperiode und zum Wachsen junger Tiere benötigen Meerschweinchen ein über den Erhaltungsbedarf hinausgehendes Leistungsfutter. Alle Auf-, Ab- und Umbauprozesse sind mit Energieverlust verbunden. Sehr viel Energie geht durch Wärmeabgabe verloren. Die Ausscheidung der Stoffwechselendprodukte und unverdaulicher Futtermittel mit dem Kot und der Harnabsatz gehen ebenfalls mit Energieverlust einher. In diesem Kreislauf muß die verbrauchte Energie immer wieder über die Fütterung ausgeglichen werden. Wie gut Nähr- und Wirkstoffe im Organismus verwertet werden, hängt vom Gehalt der Verdauungssäfte an genügend Enzymen zur Spaltung der einzelnen Nährstoffe sowie von der Sekretion und dem Zusammenspiel der Hormone im Stoffwechselgeschehen ab. Für die Verdauungsleistung spielt das Vorhandensein einer physiologischen Darmflora eine wesentliche Rolle.

Futtermittel können sich weitgehend hinsichtlich des Energiewertes vertreten, in bezug auf die lebenswichtigen Bestandteile nur in beschränktem Maße. Bei der Ermittlung des Energiebedarfs rechnet man bei den drei Hauptnährstoffen mit folgenden Werten:
Fette = 39,36 kJ (9,4 kcal/g); Proteine = 17,17 kJ (4,1 kcal/g); Kohlenhydrate = 17,17 kJ (4,1 kcal/g).
Der Futterbedarf wird beim Meerschweinchen mit 40–70 Gramm Saftfutter und 10–20 Gramm Kraftfutter pro Tag angegeben. Bei Alleinfutter (Körnerfuttergemisch, Pellets)

ist der Bedarf mit 20–30 Gramm gedeckt. Der Nahrungsverbrauch ist jedoch von der Art des Futters abhängig. Wird rohfaserreiches Futter angeboten, ist er höher als bei konzentrierten Futtermitteln. Gleichermaßen muß bei Bedarfsangaben zwischen Zucht und Haltung unterschieden werden.

Eiweiß

Eiweiß (Protein) ist ein wichtiger Baustoff für den Tierkörper. Proteine sind komplexe, stickstoffhaltige Verbindungen, die aus einfachen Bausteinen, den Aminosäuren, zusammengesetzt sind. Der tierische Organismus muß das mit der Nahrung aufgenommene Eiweiß bis auf die Aminosäuren abbauen, um daraus körpereigenes Eiweiß aufzubauen. Der Abbau wird durch Enzyme gesteuert. Eiweißhaltige Futtermittel enthalten unterschiedliche Aminosäuren. Es sind mehr als 30 Eiweißbausteine bekannt. Während ein Teil von ihnen als essentielle oder lebensnotwendige Aminosäuren mit dem Futter aufgenommen werden, baut der Organismus die nichtessentiellen selbst auf. Eiweiße dienen zur Bildung und Erhaltung der Körpersubstanzen.

Bei Angaben über Futterinhaltsstoffe wird der Eiweißgehalt meist als Rohprotein ausgewiesen. Er wird durch die analytische Bestimmung des Stickstoffs multipliziert mit dem Faktor 6,25 (100:16), in Futtermitteln errechnet, basierend auf dem Anteil des Stickstoffs am Rohprotein, der annähernd 16 % beträgt.

Entsprechend dem unterschiedlichen Gehalt an Aminosäuren gibt es vollwertige und weniger hochwertige Eiweißfuttermittel. Am vollwertigsten ist das Milcheiweiß mit einer biologischen Wertigkeit von 100 %. Wichtige Eiweißquellen sind Erzeugnisse der Ölfruchtverarbeitung, wie Soja-, Erdnuß- und Leinenextraktionsschrot, Getreidekörner und -produkte (Hafer und Haferflocken, Hülsenfrüchte). Leinsamen enthält 25 % Eiweiß und ist

fettreich mit hohem Gehalt an essentiellen Fettsäuren. Sonnenblumensamen, entschält oder geschrotet, sind gut verdaulich; sie haben etwa 24 % verdauliches Eiweiß.
Pflanzliches Eiweiß ist neben dem Körnerfutter auch im Grünfutter und im guten Wiesenheu enthalten.
Futterhefe ist mit einem hohen Proteingehalt von 44 bis 50 % und einer Verdaulichkeit bis zu 90 % eine wertvolle, zusätzliche Eiweiß- und Vitaminquelle. Das Eiweiß in der Futterhefe ist vorwiegend aus essentiellen Aminosäuren aufgebaut.
Etwas tierisches Eiweiß schadet Meerschweinchen keinesfalls. Erhalten sie hin und wieder etwas Hundekuchen oder Milchpulver (bis zu 5 %) als Beigabe zum Körnerfuttergemisch, danken sie es mit einem schönen Glanz des Fells. Auch für heranwachsende Meerschweinchen ist tierisches Eiweiß in kleinen Mengen wichtig. Wird dem Körper zu viel Eiweiß angeboten, kann es nicht, wie Kohlenhydrate und Fette, gespeichert werden. Überschüssige Aminosäuren verwendet der Körper nicht zum Aufbau von Körpersubstanz, sondern verbrennt sie zur Energiegewinnung oder baut sie zu Fetten um.
Im Dickdarm werden Eiweißstoffe und Aminosäuren, die im Magen und Dünndarm der Verdauung und Resorption entgangen sind, bakteriell abgebaut, resorbiert, für die Harnstoffsynthese genutzt oder als Endprodukte des Eiweißstoffwechsels mit dem Kot ausgeschieden.

Fette

Fette sind wichtige Energiespender. Sie werden als Trägersubstanz für fettlösliche Vitamine benötigt und versorgen den Organismus mit essentiellen, also lebensnotwendigen ungesättigten Fettsäuren. Fette sind aus Glycerol und verschiedenen Fettsäuren zusammengesetzt, die gesättigt oder ungesättigt sein können. Im Organismus werden Fette aus Kohlenhydraten und bei Überangebot auch aus Eiweiß gewonnen. So ist es erklärlich, daß ein hohes Angebot an Kohlenhydraten im Futter zur Fettbildung führen kann. Fett ist Reservestoff und wird in Fettdepots abgelagert, um im Bedarfsfall, wenn der Energiebedarf des Körpers durch die Nahrung nicht befriedigt wird, mobilisiert zu werden. Der Bedarf an ungesättigten Fettsäuren wird in den grünfutterreichen Frühjahrs- und Sommermonaten bei gesunden Meerschweinchen auch ohne zusätzliche Kraftfuttergaben gedeckt. In den Wintermonaten sind Eiweißfuttermittel als reiche Quelle ungesättigter Fettsäuren für die Bedarfsdeckung zu nutzen. Für Meerschweinchen stellen geschrotete Sonnenblumenkerne und Leinsaat die wichtigsten Fettsäurequellen dar. Auch im Hafer, im Erdnuß- und Weizenkeimöl, in Hülsenfrüchten und Erzeugnissen der Ölfruchtverarbeitung oder im gelben Mais (geschrotet oder in Milchreife) sind ungesättigte Fettsäuren in ausreichendem Maße enthalten.

Bei Bedarfsangaben oder bei Angaben über Futterinhaltsstoffe ist der Fettgehalt häufig als Rohfett abgegeben.

Kohlenhydrate

Kohlenhydrate müssen dem Organismus mit der Nahrung zugeführt werden. Sie erzeugen Energie in Form von Wärme und Kraft. Entsprechend der Ernährungsweise sind sie Hauptbestandteil des Futters, sei es als Grünfutter, Gemüse, Rauhfutter oder als Stärke in Getreideprodukten. In Pflanzen wird der Anteil an Kohlenhydraten mit 49 bis 58 % der Trockenmasse angegeben. Kohlenhydrate sind das Ergebnis der Assimilation, bei der grüne Pflanzenteile aus Kohlendioxid und dem Bodenwasser unter Mitwirkung der Sonnenenergie Zucker und Stärke bilden. Aus CO_2 und Wasser entsteht unter Sauerstoffabscheidung Glucose bzw. Fructose. Je nach Aneinanderlagerung mehrerer Zuckermoleküle vermögen Pflanzen neben Einfachzucker (Monosaccharide) zusammengesetzte Zucker (Oligosaccharide) und Mehrfachzucker

(Polysaccharide) aufzubauen. Zu den letztgenannten Kohlenhydraten gehören Stärke, Cellulose, Pectine und das Glycogen als tierische Stärke.

Von den Monosacchariden haben die Hexosen Glucose, Galactose, Mannose und Fructose besondere Bedeutung für den Organismus. Hochmolekulare Kohlenhydrate werden im intermediären Stoffwechsel mit Hilfe von Enzymen zu Glucose oder anderen Einfachzuckern abgebaut und auf dem Blutwege der Leber zugeführt. Hier wird der Zucker in tierische Stärke (Glycogen) umgewandelt und in der Leber und Muskulatur als wichtiger Reservestoff gespeichert. Der normale Glycogengehalt der Meerschweinchenleber beträgt 2–10 % (durchschnittlich 4 %) des Organgewichtes. Durch Muskelarbeit wird Glycogen zu Milchsäure abgebaut und während der Muskelruhe wieder aufgebaut. Unter Hungerbedingungen werden zuerst die Glycogenreserven der Leber verbraucht.

Durch übermäßige Verfütterung können Kohlenhydrate in Fette umgewandelt werden. Sie werden in Fettdepots als Speicherfett angelegt. Umgekehrt sind Kohlenhydrate wichtig für die Nutzung der Fette als Energiespender.

Zu den Kohlenhydraten gehört die in Futtermitteln enthaltene Rohfaser. In der Hauptsache sind es Pflanzenteile, die von Verdauungsenzymen nur schwer oder nicht aufgeschlossen werden. Die Cellulose wird zur Rohfaser gerechnet. Sie bildet den hauptsächlichsten Anteil der Pflanzenfasern. Im Futter der Meerschweinchen können 15–18 % Rohfaser enthalten sein. Als Bestandteil des Futters wird sie teilweise durch die Mikroorganismen des Blinddarms und Enzyme in Glucose verwandelt. Der Rest sind unverdauliche Ballaststoffe. Eine besondere Bedeutung hat die Cellulose oder Rohfaser für die Anregung der Darmperistaltik.

Grünfutter

In den Sommermonaten erhalten Meerschweinchen vorzugsweise Grünfutter, ergänzt durch Küchenabfälle (Gemüse). Bei der Futterbeschaffung findet man eine Vielzahl wildwachsender Pflanzen, die oft einen beachtlichen Nährwert haben und von Meerschweinchen gern gefressen werden.

- **Wildwachsende Futterpflanzen**

Löwenzahn: ist eiweißreich und rohfaserarm und deshalb leicht verdaulich.
Bärenklau: ist auf Wiesen und an Wegrändern zu finden. Die Blätter werden gern gefressen. Wirkt günstig auf die Milchbildung säugender Muttertiere.
Brennesseln: werden nur abgewelkt gefressen. Sie sind vitamin- und eiweißreich. Sie haben einen hohen Nährwert und eignen sich hervorragend für die Heubereitung.
Huflattich: wird mit anderen Pflanzen gemischt gern gefressen. Wirkt vorbeugend gegen Aufgasung. Die Blätter enthalten vor allem Schleimstoffe und Gerbstoff. Mit Rost befallene Blätter sind schädlich.
Großer Breitwegerich: enthält Schleimstoffe. Seine Verfütterung ist besonders wertvoll für Jungtiere.
Giersch: ist ein hartnäckiges Unkraut. Er ist eine alte Heilpflanze, wurde als schmerzlinderndes Mittel für Pflaster verwendet. Von Meerschweinchen wird er gern in jeder Menge gefressen.
Kohldistel: wächst auf nassen Wiesen, Gräben, an Bachufern. Stengel enthalten weißen Milchsaft; ein beliebtes Futter.

Daneben gibt es eine ganze Reihe wildwachsender Pflanzen, die ebenfalls als Futterpflanzen genutzt werden können. Zu nennen sind Ackerkratzdistel, Beifuß, Kälberkropf, Rainfarn, Gänsefingerkraut, Kamille, Melde, Quecke, Ackerminze. Grundlage des Grünfutters ist Gras.

Gräser und Blattpflanzen ergänzen sich in ihrem Nährstoffgehalt und liefern Tieren ein vielseitiges Grundfutter. In jungen Gräsern und jungen Pflanzen, die kurz vor der Blüte stehen, ist der Nährstoffgehalt am größten. Bei alten Pflanzen nimmt der Anteil der Cellulose zu; sie verholzen. Heu muß deshalb vor der Blüte gewonnen werden.
Zu warnen ist vor einigen häufig vorkommenden Giftpflanzen, z. B. allen Hahnenfuß-Arten (frisch giftig, als Heu unbedenklich), Wolfsmilch, Bingelkraut, Klettenlabkraut.

- **Kultivierte Futterpflanzen**

Leguminosen: Hierzu gehören die verschiedenen Kleearten, Luzerne, Süßlupine, Serradella, Wicke, Erbse, Bohne. Alle Leguminosen werden gern gefressen, dürfen aber nur begrenzt angeboten werden, um Aufblähungen zu vermeiden. Vorsicht ist besonders bei der Verfütterung von jungem Klee geboten (stark gärende Substanz). Leguminosen haben einen hohen Eiweißgehalt.
Zu den kultivierten Futterpflanzen zählen auch Sonnenblumen, Mangold, Grünmais und als Winterfutter Grünkohl und Markstammkohl.

- **Gemüse und Kartoffeln**

Gemüseabfälle und Frischgemüse, vor allem frisches Möhrenkraut, Sellerie-, Rettich-, Radieschenblätter, Abputz von Blumenkohl, Salat und Petersilie, aber auch Möhren und Kohlrabi erweitern das Grünfutterangebot.
Kartoffeln sind besonders stärkereich. In geringer Menge können sie, in Scheiben geschnitten, roh gefüttert werden. Am vorteilhaftesten werden Kartoffeln in gedämpftem Zustand verfüttert. Als Kartoffelflocken sind sie ein gutes Kraftfutter.
Weißkohl- und Rotkohlblätter sind nicht oder nur in ganz geringer Menge zu verfüttern. In größeren Mengen aufgenommen, führen sie zu übelriechendem Kot, Aufgasung und nicht selten zu Verdauungsstörungen mit tödlichem Ausgang.

Unter keinen Umständen darf Futter verwendet werden, das von Flächen stammt, die vorher mit Insektiziden behandelt wurden oder gedüngt worden sind. Auch Flächen, die selbst oder deren unmittelbare Nähe mit Pflanzenschutzmitteln behandelt wurden, sind zur Grünfuttergewinnung ungeeignet. Futter von Wegrändern und Rändern vielbefahrener Straßen ist durch Autoabgase verunreinigt und stets für die Grünfutter- oder Heugewinnung unbrauchbar.

Winterfütterung

Mit Nutzung des herbstlichen Futterangebotes an Knollen, Wurzelfrüchten und Fallobst erfolgt eine langsame Anpassung und Gewöhnung an die Winterfütterung. Der geringer werdende Anteil an Grünfutterpflanzen wird durch vorhandene Saftfuttermittel ergänzt. Heu und anderes Rauhfutter bleiben wesentlicher Bestandteil des Futters.

Als *Saftfutter* eignen sich: Möhren, Futterrüben, Rote Rüben, Kohlrüben, Kohlrabi und sonstige Knollen und Wurzelfrüchte, ferner gekochte Kartoffeln, Äpfel, Birnen und Chicorée. Wegen ihres Vitamin-C-Gehaltes ist die Verabreichung von Möhren in den Wintermonaten besonders wichtig.

Chicorée darf wegen der leicht gärenden Inhaltsstoffe nur in kleinen Mengen verabreicht werden. Bei nicht begrenztem Angebot fressen die Tiere zu große Mengen dieses ihnen besonders wohlschmeckenden Saftfutters. Fehlen die gleichzeitige Heu- oder Rauhfuttergabe und -aufnahme als notwendiges Binde- und peristaltikanregendes Mittel, kann eine Magenüberladung schnell zu Tympanieerscheinungen, zu Enteritis und zum Tode des Tieres führen.

Wird Chicorée, Salat oder Heu über längere Zeit als Alleinfutter angeboten, kommt es infolge ungenügender

Energiezufuhr zu schnellem Gewichtsverlust (bis zu 300 g in 3 Wochen). Bei einer derartig einseitigen Fütterung werden Fettreserven aufgebraucht, und die Tiere können innerhalb von 2 bis 3 Wochen nach starker Abmagerung, gestörtem Allgemeinbefinden, schlechter Futteraufnahme oder Futterverweigerung sterben. Nur schnelle Futterumstellung auf eine vollwertige Mischfütterung rettet dann verdauungsgestörte Tiere.

Heu – Rauhfutter

Heu wird zu jeder Jahreszeit in ausreichender Menge benötigt, da für Meerschweinchen die Cellulose für eine ungestörte Darmtätigkeit (Peristaltik) wichtig ist. Im Winter wird ein Teil des Grünfutters durch Heu ersetzt. Gutes Heu aus verschiedenen Gräsern ist das wichtigste und beste Zusatzfutter. Sehr gern fressen Meerschweinchen Klee- und Luzerneheu, aber auch Bohnen- und Erbsenstroh. Die Verfütterung schlecht gelagerten, muffigen oder gar schimmeligen Heus kann zu schweren Verdauungsstörungen und zum Tod des Tieres führen. Gutes, luftig und trocken gelagertes Heu duftet angenehm würzig.

Kraftfutter

Kraftfuttermittel sind Energieträger mit einem hohen Gehalt an Eiweiß, Kohlenhydraten oder Fett und relativ wenig Ballaststoffen. Zu ihnen gehören Getreidearten und Nebenprodukte der Müllerei. Als Energieträger enthalten sie überwiegend Stärke.
Als Kraftfutter eignen sich: Hafer, Weizen, Mais, Erdnüsse, Sonnenblumenkerne, Kleie, hartes Brot oder Brötchen. Mais hat von allen Getreidearten den höchsten Energiegehalt.

Wegen der nur geringen Anforderungen an Leistungsfähigkeit benötigen Meerschweinchen nur kleine Mengen Kraftfutter. Zusätzliche Gaben sind während des Wachstums und in der Zucht erforderlich.
Bei Erhaltungsfütterung ausgewachsener Meerschweinchen kann in den Sommermonaten mit ausreichenden Grünfuttergaben und Heu auf Kraftfutter verzichtet werden. In den Wintermonaten genügen zur Deckung des Kraftfutterbedarfs kleine Mengen eines Körnerfuttergemischs oder trockenes Brot. Als Richtwert gelten 10–20 g pro Tier und Tag (1–2 Eßlöffel).

Bedarfsangaben

Abgesetzte Jungtiere haben einen Futterbedarf von 35–45 g je Tier und Tag. Von erwachsenen Meerschweinchen mit einem Körpergewicht von ca. 800 g werden 70 g und von Muttertieren in der Laktation ca. 80 g Futter pro Tier und Tag aufgenommen. Die Nahrung sollte mindestens 15 % Rohfaser und 20 % Rohprotein enthalten.
Von Weik und Drepper (1970) werden als optimale Bedarfsangaben für Meerschweinchen in Zucht und Haltung die in Tabelle 1 angegebenen Nährstoffkonzentrationen empfohlen.

Tabelle 1. Nährstoffbedarf von Meerschweinchen (nach Weik und Drepper, 1970)

Nutzungsrichtung	Rohprotein (%)	Rohfett (%)	Rohfaser (%)	Umsetzbare Energie (kcal/g Futter)
Zucht	23–26	5	12	2,8
Haltung	20–23	2,0	18	2,5

Fertigmischfutter

Im Handel wird eine verwirrende Vielfalt von Trockenfuttermitteln als Fertigfutter für kleine Nager (Hamster, Meerschweinchen) und Kaninchen angeboten.
Fertigmischfutter enthält in unterschiedlichen Varianten Weizen, Hafer, Mais, Erdnüsse, Sonnenblumenkerne sowie vitaminisierte und mineralisierte, gepreßte Heupellets. Für einen kurzen Zeitraum kann ein derartiges Fertigmischfutter als Alleinfutter gegeben werden. Alleinfutterpellets enthalten alle notwendigen Nähr- und Ballaststoffe, einschließlich Mineralstoffe und Spurenelemente. Daneben sind als Ergänzungsfutter deklarierte Trockenfuttermischungen im Handel, die als reine Heu- und Kraftfutterpellets oder als Kräuter-Gemüse-Mischung ausgewiesen sind. Auch Knabberstangen oder Kräcker unterschiedlicher Geschmacksvarianten und Gemüsezusätze fehlen nicht im Angebot und werden von Meerschweinchen gern gefressen. Ein Salzleck- oder Nagerstein als Mineralergänzungsfutter sollte in keiner Meerschweinchenunterkunft fehlen. Er ist gut erreichbar aufzuhängen.
Achtung! Jede Art von Trockenfütterung setzt ausreichendes bzw. vermehrtes Trinkwasserangebot voraus.

Mineralstoffe

Was Meerschweinchen an Mineralstoffen benötigen, ist noch nicht in allen Einzelheiten bekannt. Tatsache ist aber, daß man durch Entzug von Kochsalz, Calcium und Phosphor leicht Mangelerscheinungen erzeugen kann. Heranwachsende Tiere brauchen zum Aufbau des Knochengerüstes unter anderem auch Mineralstoffe. Grünfutter, z. B. Klee, ist sehr mineralstoffreich.
Der Mineralstoffgehalt für Zucht und Haltung soll bei

Futterdiäten für Meerschweinchen nach Empfehlung von Weik und Drepper (1970) die folgenden Mengenverhältnisse berücksichtigen (Tabelle 2).

Tabelle 2. Mindestanforderungen für den Mineralstoffgehalt in Futterdiäten

Mineralstoff	% in Diät
Calzium	1,0
Phosphor	0,75
Natrium	0,5
Chlor	0,05
Kalium	1,4
Magnesium	0,35

Veränderungen im Mineralstoffhaushalt, wie sie durch unterbilanzierte oder einseitige Fütterung verursacht werden können, führen beim Meerschweinchen sehr schnell zu gesundheitlichen Störungen. Um besonders in den Wintermonaten einem Mineralstoffmangel vorzubeugen, sind Beigaben von Mineralstoffmischungen, die im Handel als Vitamin-Mineralstoff-Mischung für Kleintiere erhältlich sind, zu empfehlen. In Fertigfuttermitteln ist auf die ausgewiesenen Mineralstoffangaben zu achten.

Vitamine

Vitamine wirken als Regulatoren und Stimulatoren von Stoffwechselprozessen. Im besonderen regulieren sie die Verwertung der Nährstoffe. Es sind organische Substanzen, die überwiegend mit der Nahrung zugeführt werden müssen.

Für Meerschweinchen sind folgende Vitamine wichtig: Vitamin A, die Vitamine des B-Komplexes (Vitamin B_1, B_2, B_6, Pantothensäure, Nicotinsäureamid, Folsäure, Vitamin

Tabelle 5. Vitamine und Mangelsymptome

Vitamin	Funktion	Vorkommen	Mangelsymptome
• Fettlösliche Vitamine			
A (Retinol) Provitamin A	Epithelschutzvitamin, Hautschutz, ermöglicht normales Körperwachstum	als Provitamin im Grünfutter, Möhren (Carotine), Speicherung in Leber und bei weiblichen Tieren im Fettgewebe	Augen-, Haut- und Schleimhauterkrankungen, Nasenkatarrh, Wachstumsstörungen
D (Calciferole) Vitamin D_2 und D_3	Regulation des Ca:P-Verhältnisses, Förderung der Calciumresorption und eines konstanten Blutcalciumspiegels	in sonnengetrocknetem Heu	bei Verfütterung von minderwertigem Heu Wachstumsstörungen, Jungtiersterblichkeit, Mineralisationsstörung des Knochengewebes
E (Tocopherol)	Antisterilitätsvitamin, antioxydative Wirkung, schützt Fettsäuren und Vitamin A im Futter vor Oxydation	grüne Pflanzen, Getreide und -keime, Samen, Ölsaaten	selten, Fruchtbarkeits- und Wachstumsstörungen, Abbau körpereigener Fette
K Vitamin K_1 und K_2	an der Bildung des Blutgerinnungsenzyms	K_1 im Grünfutter, K_2 wird von -	Blutungsneigung in Haut und Schleimhäuten

	Prothrombin beteiligt, antihämorrhagisches Vitamin	Mikroorganismen synthetisiert	

● **Wasserlösliche Vitamine**

B_1 (Thiamin)	am Kohlenhydratstoffwechsel beteiligt, wichtig für Reizbildung und Erregungsleitung im Nervensystem	Grünfutter, Körner, Samen, Kleie, Hefe, Leber	Störungen des Nervensystems, Verdauungsstörungen bei gestörter Darmflora, Abmagerung
B_2 (Riboflavin)	am Fett-, Eiweiß- und Kohlenhydratstoffwechsel beteiligt, verhindert das Auftreten von Infektionskrankheiten	Milchprodukte, Trockenfutterhefe	Wachstumsverzögerung, Pellagra, Linsentrübung
B_6 (Pyridoxin)	zentrale Stellung im Eiweißstoffwechsel, Hautfaktor, an Hämoglobinbildung beteiligt	Getreide, Ölschrote, Mühlenprodukte, Trockenhefe	Wachstumsverzögerung, Hautentzündungen, Störungen des Nervensystems
B_{12} (Cyanocobalamin)	Beteiligung an normaler Blutbildung, unentbehrlich für Wachstum und Stoffwechselprozesse	nur in Futtermitteln tierischer Herkunft	Wachstumshemmung, Anämie

Vitamin	Funktion	Vorkommen	Mangelsymptome
Folsäure	Beteiligung an der Blutbildung und am Wachstum	in praktisch allen Futtermitteln	Wachstumshemmung, Anämie, Störungen der Erythropoese
Biotin (Vitamin H)	Coenzym, an wichtigen Stoffwechselreaktionen beteiligt	in pflanzlichen und tierischen Futtermitteln, Hefe	Infektionsanfälligkeit, verzögertes Wachstum, Hautentzündung, Haarverlust
C (Ascorbinsäure)	Aktivierung von Enzymen und Hormonen, nimmt an Oxydationsprozessen teil, steigert Abwehrkräfte des Organismus	beim Meerschweinchen keine Eigensynthese, in grünen Pflanzen, Milch, Kartoffeln, Rüben	Skorbut, Zahnlockerungen, Neigung zu Blutungen und Frakturen, Auftreibung der Gelenke, erhöhte Infektionsbereitschaft, hohe Kälteempfindlichkeit

Wasserlösliche Vitamine: Meerschweinchen sind in der Regel unabhängig von einer Zufuhr der B-Vitamine. B-Vitamine sind hauptsächlich als Bestandteil von Enzymen im Zellstoffwechsel wirksam. Mangelsymptome durch Vitamine des B-Komplexes gibt es bei Meerschweinchen nur, wenn durch unhygienische Fütterung, Mangeldiät, Antibiotikagaben, Endoparasiten, Darmentzündung oder Durchfall mit Resorptionsstörungen die natürliche Bakterienflora des Darmes infolge pH-Wert-Erhöhung vernichtet wird. Um uncharakteristische B-Vitamin-Mangelerscheinungen zu vermeiden, sollten Vitamin-B-Kombinationen appliziert werden.

B$_{12}$), Vitamin C, D, E, K. Meerschweinchen sind in der Lage, die Vitamine des B-Komplexes und Vitamin K mit Hilfe von Mikroorganismen im Zäkum und Kolon zu synthetisieren. Diese Vitamine werden aber erst durch die erneute Aufnahme des Nacht- und Vitaminkotes *(Zökotrophie)* aufgeschlossen und für den Organismus verwertbar gemacht. Abhängig ist die Vitaminsynthese von der Besiedlung des Dickdarms mit Mikroorganismen.

Das Meerschweinchen ist ebensowenig wie der Mensch und Affe befähigt, Vitamin C zu synthetisieren. Es muß ihm mit dem Futter zugeführt werden.

Gesunde Meerschweinchen sind bei einer ausgewogenen Fütterung nicht auf eine zusätzliche Vitaminzufuhr angewiesen. In den Frühjahrs- und Sommermonaten kann ihr Bedarf durch Grünutter gedeckt werden, wobei die Qualität des Futters einen wesentlichen Einfluß auf die Vitaminversorgung und auf den Gesundheitszustand der Meerschweinchen hat. Jahreszeitliche Schwankungen im Futterangebot können sich positiv oder negativ auf deren Vitaminhaushalt auswirken.

Vitamine werden nach ihrer Löslichkeit in fettlösliche (Vitamine A, D, E, K) und in wasserlösliche (Vitamine des B-Komplexes, Vitamin C) eingeteilt. Im Gegensatz zu den fettlöslichen können die wasserlöslichen Vitamine nur in geringem Maße oder gar nicht im Körper gespeichert werden. Über Vorkommen, Funktion und Mangelsymptome unterrichtet Tabelle 3.

Vitamin C (Ascorbinsäure) hat für das Meerschweinchen eine besondere Bedeutung. Es wird auch als antiskorbutisches Vitamin bezeichnet. Es dient der Aktivierung von Enzymen und Hormonen und hat Bedeutung für die Blutgerinnung. Vitamin C steigert die Abwehrkräfte des Körpers bei Infektionen und Belastungen (Streß). Meerschweinchen fehlt der Synthesemechanismus für das Vitamin C. Sie sind deshalb auf dessen Zufuhr mit dem Futter angewiesen. Neugeborene erhalten über den Plazentakreislauf einen Vorrat von der Mutter mit. Über kurze Zeit wird dieses Vitamin C in der Leber abgelagert;

es dient der Überbrückung bis zur Eigenversorgung über das Futter. Werden Meerschweinchen unzureichend mit vitamin-C-haltigem Futter versorgt, treten bereits nach 2–3 Wochen Mangelerscheinungen auf.

Im Gegensatz zu den fettlöslichen Vitaminen kann Vitamin C im tierischen Organismus nicht gespeichert werden. Es muß regelmäßig zugefüttert werden. Überschüssiges Vitamin C wird ungenutzt ausgeschieden.

Der durchschnittliche Tagesbedarf wird für Meerschweinchen mit 16 mg/kg KM angegeben. Kunstýř und Mitarb. (1977) unterscheiden bei den Bedarfsangaben zwischen:

Jungtieren = 3 mg/Tag,
erwachsenen Tieren = 10 mg/Tag,
tragenden Weibchen = 20 mg/Tag.

Wird Vitamin C dem Trinkwasser zugesetzt, ist wegen ihrer Instabilität für 20–40 mg Ascorbinsäure ein Zusatz von 100 mg Citronensäure als Stabilisator pro 100 ml Trinkwasser erforderlich.

Natürliches Vorkommen: in der Nahrung sowohl pflanzlicher als auch tierischer Herkunft reichlich vorhanden. Besonders reich an Vitamin C sind Früchte, wie Grapefruit, Orangen, Zitronen, Äpfel und anderes Obst sowie alle Grünpflanzen, Gemüse und Salat. Auch Möhren, Rüben, Kartoffeln und Magermilchpulver enthalten Vitamin C. Im Sommer wird der Vitamin-C-Bedarf in reichlichem Maße durch Grünfutter gedeckt. In den Wintermonaten tritt bei Tieren jedoch oft erheblicher Vitamin-C-Mangel auf, vor allem im auslaufenden Winter und zeitigen Frühjahr, wenn durch Oxydation und schlechte Lagerung der Vitamin-C-Gehalt in den Futtermitteln stark reduziert ist und wenig Grünfutter zur Verfügung steht.

Trinkwasser

Meerschweinchen haben einen relativ großen Flüssigkeitsbedarf. Er ist abhängig von der Art des Futters, von der Raum- und Umgebungstemperatur und der relativen Luftfeuchtigkeit.
Wasser bildet einen wesentlichen Bestandteil des Futters. Bei Grünfutter beträgt der Wassergehalt rund 90 %, sogar Heu enthält noch bis zu 14 % Wasser. Wasser ist auch ein wesentlicher Bestandteil des tierischen Organismus Bei erwachsenen Tieren wird der Wassergehalt des Körpers mit 50–60 % angegeben. Das bedeutet, daß für die Aufrechterhaltung von Gesundheit und Leistungsfähigkeit der Meerschweinchen eine bedarfsgerechte Flüssigkeitsaufnahme von großer Bedeutung ist. Wassermangel führt zu Störungen unterschiedlicher Art, bei Überhitzung sogar zu Todesfällen. Wasser dient zur Lösung aller im Körper vorkommenden löslichen Stoffe. Es dient dem Transport der resorbierten Nährstoffe über Blut und Lymphe und spielt eine wesentliche Rolle bei der Wärmeregulation.
In Jahreszeiten, in denen Meerschweinchen genügend frisches Grün- und Saftfutter zur Verfügung steht, braucht nicht unbedingt getränkt zu werden. In den Wintermonaten nimmt der Wassergehalt des Futters immer mehr ab. Die Folge ist eine ungenügende Wasserversorgung mit Einschränkung der Futteraufnahme und -verwertung. Meerschweinchen sollten besonders zu dieser Jahreszeit mit ausreichend Wasser versorgt werden. In den letzten Jahren haben sich als ständiges Käfiginventar Trinkflaschen mit Saugstutzen durchgesetzt. Mit Ascorbinsäure angereichertes und durch Zugabe von Citronensäure stabilisiertes Trinkwasser braucht nur alle 2 bis 3 Tage erneuert zu werden. Meerschweinchen gewöhnen sich schnell an diese Form der Wasseraufnahme. In den Wintermonaten trinken sie je nach Futterangebot und Gewöhnung bis zu 100 ml/Tier und Tag. Bei Trockenfütte-

rung (Pellets) muß immer ausreichend frisches Wasser zur Verfügung stehen. Während der Säugeperiode sind Muttertiere ebenfalls mit ausreichend Flüssigkeit zu versorgen. Neben Wasser eignet sich auch Milch, 1:2 mit Wasser verdünnt, als Tränke.

Grundregeln der Fütterung

1. *Einhalten der Fütterungszeiten,* 2mal täglich füttern, besonders wichtig bei Grünfuttergabe (Grünfutter verwelkt und verdirbt schnell).
2. *Futterwechsel nur allmählich* vornehmen, damit sich verdauungsphysiologisch keine nachteiligen Folgen einstellen.
3. *Mit der Fütterung von jungem, frischem Grünfutter im Frühjahr sehr vorsichtig beginnen.*
4. *Vorsicht bei Chicorée- und Salatfütterung.* Hiervon stets nur kleine Portionen als Zusatzfutter verabreichen.
5. *Heu oder anderes Rauhfutter ist zu jeder Jahreszeit als Beifutter erforderlich.*
6. *Alleinige Heufütterung führt zu Gewichtsverlust.*
7. *Hartes Brot oder Brötchen* können sowohl als Kraftfuttergabe als auch zur physiologischen Abnutzung der Zähne gegeben werden.
8. *Zusätzliches Kraftfutter* bekommen *wachsende* und *trächtige Meerschweinchen* sowie *säugende Muttertiere.*
9. Besonders im Winter ist stets für *ausreichendes, frisches abgestandenes, vitaminisiertes Trinkwasser* zu sorgen, bei Trockenfuttergabe zu jeder Jahreszeit.

Verhalten und Sinnesleistungen

Meerschweinchen sind gesellige Tiere. Ihre Verhaltensweisen sind auf das Zusammenleben in der Familie oder im Rudel ausgerichtet. Soziale Beziehungen zwischen den Gruppenmitgliedern ergeben sich aus einer Anzahl von Verhaltensweisen, von denen einige angeboren sind, andere durch individuelle Erfahrungen und Lernprozesse erst allmählich als Verhaltensnormen heranreifen. Als Auslöser spielen geruchliche Faktoren eine wichtige Rolle. Schnell lernt ein Meerschweinchen bestimmte Töne, Geräusche oder Rufe zu unterscheiden. Verschiedene erfolgreiche Geschmacks-, Orts- und Farbdressuren sowie Dressuren auf Duftstoffe bestätigen die Lernfähigkeit junger Meerschweinchen.

Das Markieren durch Setzen von Duftmarken ist in sexuell motivierte Verhaltensweisen eingebaut. Hierbei werden aus den Perinealdrüsen winzige Spuren einer stark riechenden Flüssigkeit abgesondert. Markieren gehört in den Funktionskreis der zwischengeschlechtlichen Beziehungen. Gleiches gilt für das Anharnen.

Typisch männliche Verhaltensweisen sind neben dem Balzen, Bespringen und Drohen das gerichtete Gähnen, Jagen, Scharrmarkieren und das soziale Harnen.

Meerschweinchen haben ein gutes Gehör. Die Schnecke des Innenohres, als der mit Hörzellen versehene Teil des Ohres, weist 4 Windungen auf im Gegensatz zu Ratten, Mäusen und auch dem Menschen mit $2\frac{1}{2}$ und dem Kaninchen mit $2\frac{3}{4}$ Windungen. Dadurch hören Meerschweinchen noch Töne mit einer oberen Hörgrenze von 33 000 Schwingungen pro Sekunde. Die untere Hörgrenze wird sowohl für das Meerschweinchen als auch für den Menschen mit 16 Hz angegeben.

Meerschweinchen orientieren sich sehr stark über das Gehör. Unterschiedliche Lautskala und Intensität der Lautäußerungen dienen ihnen als Stimmfühlungskontakte, durch die die Rudelmitglieder sich auch bei fehlendem Sichtkontakt verständigen.

Das Seh- und das Geruchsvermögen sind gleichfalls gut entwickelt. Verschiedene Tests belegen, daß Meerschweinchen Rot, Grün, Gelb und Blau unterscheiden können. Neben dem Zusammenhalt in der Gruppe ermöglicht ein großer Gesichtskreis das rechtzeitige Erkennen von Feinden.

Der Geruchssinn und die Unterscheidung verschiedener Duftnoten dienen der Verständigung untereinander. Meerschweinchen nehmen noch 1000mal geringere Duftkonzentrationen wahr als der Mensch. Falls bei der Futteraufnahme geruchliche Unterscheidungen nicht möglich sind, nehmen die Tiere eine Geschmacksprobe. Ausgeprägter Geschmackssinn und Erfahrung ermöglichen es ihnen, unterschiedliche Geschmacksrichtungen zu unterscheiden und die Aufnahme nicht bekömmlicher Futtermittel zu vermeiden.

Die Meerschweinchen-familie

Geschlechtszyklus

Mit 4–5 Monaten ist der Zeitpunkt der Familiengründung gekommen. Männchen und Weibchen werden im gemeinsamen Käfig untergebracht. Die Paarung findet meist nachts statt. Der bei erfolgreicher Begattung gebildete Scheidenschleimpfropf aus dem Sekret der Samenblase des Männchens fällt schon nach wenigen Stunden ab. Er wird als Zeichen für die stattgefundene Begattung gewertet (Kunstýř und Mitarb., 1983). Kommt es nicht zur Paarung, tritt die nächste Brunst nach ca. 17–18 Tagen auf (Bielfeld, 1977).
Die Zyklusphasen sind: Proöstrus (1 $^1/_2$ Tage), Östrus (8–11 Stunden), Metöstrus (2 $^1/_2$–3 Tage), Diöstrus (15–17 Tage). Der Follikelsprung erfolgt spontan 10 Stunden nach Beginn der Brunst (Wenzel, 1971).
Meerschweinchen gehören zu den *polyöstrischen* Tieren. Die Brunst beginnt mit der Auflösung der Vaginalmembran. Es handelt sich um einen echten epithelialen Verschluß, der durch Wachsen und Verkleben zweier Schleimhautleisten im Scheideneingang zustande kommt. Am Ende des Proöstrus wölbt das Scheidensekret diese Membran vor, die dann für die Brunstperiode einreißt und den Eingang der Scheide freigibt.
Der Östrus dauert nahezu 24 Stunden mit einer Hauptbrunst von ca. 10 Stunden. Danach ist die Vagina während des ganzen Metöstrus, des Diöstrus und eines Teiles des Proöstrus durch eine jeweils neu gebildete Vaginalmembran wieder fest verschlossen. Eine Begattung außerhalb der eigentlichen Brunst ist deshalb unmöglich.

Die *Ovulation* erfolgt 10 Stunden nach Brunstbeginn. Hat eine Befruchtung reifer Eizellen stattgefunden, dauert der Eitransport bis zum Uterus 6 Tage. Die Nidation erfolgt dann im Verlauf von 6–8 Stunden (Wenzel, 1971; Spiegel, 1975; Kunstýř und Mitarb., 1977; Schmidt, 1981).

Erkennen der Brunst (Jung, 1958)
1. Offene Scheide durch Einreißen der Vaginalmembran.
2. Leichtes Anschwellen der äußeren Geschlechtsteile.
3. Seröse Flüssigkeit am Scheidenausgang.
4. Unruhe, Nervosität, Wühlen in der Einstreu.

Trächtigkeit

Die Trächtigkeit dauert durchschnittlich 68 Tage (64 bis 71 Tage; Wenzel, 1971; Spiegel, 1975; Kunstýř und Mitarb., 1977; Schmidt, 1981). Schon 4 Wochen nach der Befruchtung läßt sie sich durch vorsichtiges Abtasten des Bauches feststellen. Bei Erstgebärenden sind meist nur ein oder zwei Jungtiere zu erwarten. Es gibt nur wenige äußerliche Anzeichen, die auf die nahende Geburt hinweisen. Das Muttertier wird immer dicker. Das Gewicht der Früchte bei Mehrlingsgeburten kann bis zur Hälfte des Körpergewichtes der Mutter betragen. Meerschweinchen zeigen keinerlei Unruhe vor der Geburt, und sie bauen kein Nest, wie das beispielsweise bei Kaninchen üblich ist.

Geburtsanzeichen

Das weibliche Meerschweinchen ist der Prototyp eines Tieres mit sehr großen Früchten und einem sehr kleinen Becken. Nur durch Erweiterung des Beckenringes in der Vorbereitungsphase ist die Geburt der relativ großen, vollentwickelten Meerschweinchenjungen möglich. Während man bei nichtträchtigen Weibchen den Symphysenrand als schmale, etwas gerundete Leiste fühlt, verbreitert und lockert sich bereits im letzten Drittel der Trächtigkeit der Symphysenspalt, und in der Lücke ist eine sehr elastische, breite Bandmasse fühlbar. Kurz vor der Geburt klafft die Schambeinfuge $1\,^1/_2$–2 cm, und dabei ist das Maximum dieser als Geburtsvorbereitung aufzufassenden Gewebsveränderung erreicht. Bei der Untersuchung läßt sich bequem ein Finger in diesen Spalt einlegen (sog. Daumenprobe). Gleichzeitig werden die beiden Hüftbeine in den Kreuzhüftbeingelenken immer lockerer und ermöglichen eine passive Beweglichkeit. Sobald dieser Zustand erreicht ist, steht die Geburt bevor (Abb. 1).

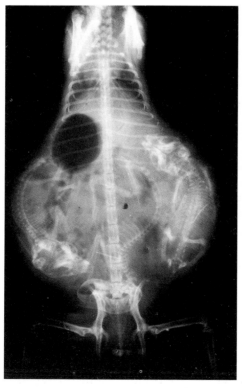

Abb. 1. Röntgenaufnahme eines trächtigen Meerschweinchens in der Geburtsphase. Symphyse maximal geweitet, drei Feten.

Geburt und Säugephase

Die Geburt erfolgt unabhängig von der Tageszeit, häufig jedoch nachts.
Das Weibchen behält während der Geburt seine hockende Stellung bei. Die Hinterbeine sind in Spreizstellung auf dem Boden aufgesetzt. Intensive Beinarbeit trägt zur aktiven Erweiterung der Symphyse und des Beckenringes bei. Trotz der großen Jungen geht die Geburt erstaunlich schnell und reibungslos vonstatten. Meerschweinchen werden immer mit dem Kopf zuerst geboren. Unter dem Bauch, zwischen Hinter- und Vorderbeinen hindurch, wird das Neugeborene nach vorn gezogen, aus den Eihäuten befreit und saubergeleckt (Granzow, 1929).
1–4 (meist 2) vollbehaarte, sehtüchtige und sich schon kurz nach der Geburt auf den Beinen selbständig fortbewegende, Junge werden geboren. Ihr Geburtsgewicht beträgt im Durchschnitt 60–80 Gramm.
Innerhalb von 14–16 Tagen verdoppeln sie ihr Gewicht. Festing (1974) nennt eine Jungtiersterblichkeit von 9,6 %. Eine Jungenpflege ist bei Meerschweinchen nicht ausgeprägt. Befinden sich mehrere laktierende Weibchen im Käfig, so saugen die Jungen auch bei fremden Müttern (Kunkel und Kunkel, 1964). Erste feste Nahrung nehmen die Jungtiere bereits ab zweitem Lebenstag auf, denn die schon vorhandenen bleibenden Schneide- und Backenzähne ermöglichen das Zerkauen fester Nahrung.
Das Weibchen hat nur zwei unterbauchständige Zitzen. Dennoch kann es seine 2–4, in seltenen Fällen auch 6 Jungen 3–4 Wochen lang säugen, da diese zusätzlich selbständig Futter aufnehmen. Nach 21–30 Tagen oder nach Erreichen eines Gewichtes von 160 Gramm werden die Jungtiere abgesetzt. Danach versiegt der Milchfluß der Mutter (Jung, 1958). Die Rückbildung des Beckens mit Schluß der Schambeinfuge vollzieht sich innerhalb der ersten 10–12 Tage nach der Geburt (Ganzow, 1929).
$1^{3}/_{4}$–13 Stunden nach beendeter Geburt wird das Weib-

chen wieder brünstig. Eine Paarung kann bereits zu diesem Zeitpunkt erfolgen und zu einer erneuten Trächtigkeit führen (Jung, 1958).

Geschlechtsbestimmung

Bereits bei Neugeborenen ist das Geschlecht leicht zu bestimmen (Abb. 2). Beim Männchen läßt ein leichter Daumendruck auf den Bauch unmittelbar oberhalb von Genitalöffnung, Perinealtasche und After den Penis hervortreten. Durch zwei seitliche Hautwülste stellt sich die Geschlechtsregion als Schlitz dar. Bei eingezogenem, durch die Vorhaut geschütztem Penis ist ein deutlicher Abstand zwischen Genital- und Analöffnung erkennbar.

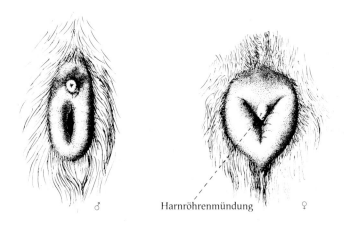

Abb. 2. Geschlechtsbestimmung bei neugeborenen Meerschweinchen. Zeichnung: Elisabeth Illert.
Bei neugeborenen Weibchen gleicht die Geschlechtsregion einem Y. Drei Y-förmig angeordnete Hautwülste, welche Perinealtasche, Anus und Vagina verdecken, bilden das für Weibchen typische Geschlechtsmerkmal. Die beiden Säugezitzen sind bereits deutlicher ausgebildet als beim männlichen Tier (Jung, 1958; Bielfeld, 1977).

Die Geschlechtsbestimmung geschlechtsreifer oder erwachsener Böckchen ist noch einfacher. Neben dem gut ausgebildeten Präputium sind die Hoden sehr deutlich als zwei dicke Wülste rechts und links von Präputialtasche und Anus zu sehen. Der sehr große Leistenspalt ermöglicht jedoch ein zeitweiliges Zurückziehen der Hoden in die Bauchhöhle.

Biologische Daten

Wichtige biologische Daten sind in der Tabelle 4 zusammengefaßt.

Tabelle 4. Wichtige biologische Daten des Meerschweinchens (nach Jung, 1958; Wenzel, 1971; Spiegel, 1975; Kunstýř und Mitarb., 1977)

Geschlechtsreife	
weibliche Tiere	2 Monate, Zeitpunkt des 1. Östrus mit Ovulation
männliche Tiere	2,5 Monate
Hodenabstieg	6 Wochen
Zuchtreife	3–5 Monate
Zuchtnutzung	möglichst erst ab 5. Monat
Brunstzyklus, Zyklusdauer	16–19 Tage, polyöstrisch
Brunstdauer	6–11 Std. (bis 24 Std.) mit einer Ovulation 10 Std. nach Brunstbeginn
Nidation (Eieinbettung)	6 Tage nach der Befruchtung
Trächtigkeitsdauer	68 Tage (63–72 Tage)
Verbreitung und Öffnung der Symphyse auf ca. 2 cm	24 Stunden vor der Geburt (Daumenprobe)
Wurfgröße	2–3 Junge (selten bis 6)
Geburtsgewicht	60–100 Gramm
Geburt/Nestflüchter	Junge werden voll behaart, mit offenen Augen und durchgebrochenen bleibenden Zähnen geboren
Zahl der Würfe pro Jahr	3,7
Säugezeit	21–28 Tage

Absatzalter	21–28 Tage (mit 14 Tagen bereits möglich)
Jungtiersterblichkeit	9,6 %; besonders durch Mehrlingsgeburten
stärkste Gewichtszunahme	mit 4–5 Monaten beendet
Wachstumsabschluß	8-15 Monate
1. Brunst nach der Geburt	2–13 Std. nach erfolgter Geburt erneut Follikelsprung
Erlöschen der Fortpflanzungszeit	5–6 Jahre
Durchschnittsalter	6–8 Jahre (bis 15 Jahre)

Anatomische Besonderheiten

Haut und Haarkleid

Haut

Im Vergleich zu anderen Kleinnagern ist die Haut des Meerschweinchens sehr derb, straff und faltenlos. Sie weist eine deutliche Dreiteilung auf. Man unterscheidet zwischen: Epidermis, Korium und Subkutis.
Die **Epidermis** besteht aus einer dünnen oberen Zellschicht, in der eine ständige Abstoßung verhornter, toter Zellverbände (Schuppen) vor sich geht, und einer Keimschicht, deren Zellen durch ständige Teilung die verhornten, abgestoßenen Zellen ersetzen (Bromm, 1966; Kolb, 1989).
Ein Bestandteil der Epidermis sind die Haare, deren Wurzeln ihren Ursprung im Korium haben. Das **Korium** ist für die Ernährung der Oberhaut und ihrer Anhangsgebilde verantwortlich. Der bindegewebige Anteil der Meerschweinchenlederhaut besteht aus einem nach allen Richtungen verflochtenen Maschenwerk dicker Kollagenfasern als Schicht von 0,2–0,3 mm. In dieser Zone findet man auch elastische Fasern. Die **Subkutis** enthält eingelagerte Fettzellen, Nerven, Blutgefäße, Lymphbahnen und dient als Wärmeisolator. Quergestreifte Muskelfaserschichten schließen sich an (Bromm, 1966).
Fuß- und Ballenhaut haben ihren eigenen Aufbau. Das Bindegewebe der Fußhaut enthält nur wenige elastische Fasern. Unterhautbindegewebe ist nicht vorhanden. Blutgefäße sind in dem straffen Gewebe nur spärlich zu finden. Schweiß- und Talgdrüsen sind stark atrophisch und

rudimentär. Die Ballenhaut ist völlig haarlos. Sie läßt ein sehr dickes, verhorntes Oberhautgewebe erkennen. Die Schichten der Lederhaut sind gut entwickelt. Das Bindegewebe enthält viele elastische Fasern. Talgdrüsen sind nicht zu finden. Ein Schweißdrüsenlager überdeckt das kräftige Polster aus Unterhautfettgewebe (Cohrs und Mitarb., 1958). Die Fußwurzelballen der Vorder- und Hinterextremitäten sind ungeteilt.

Haarkleid

Das Haarkleid glatthaariger Meerschweinchen ist dicht und liegt dem Körper als eine fast vollständig geschlossene Decke eng an. Die kräftigen Haare sind vor allem am Kopf dick und steif und borstenähnlich (Cohrs und Mitarb., 1958). Am ganzen Körper sind sie in Gruppen von 6–9 Haaren und in Querreihen von 1 mm Entfernung angeordnet (Weitzel, 1965).
Lediglich an der Außenseite der Ohrmuschel und an den Vorderfüßen stehen die Haare einzeln. Spärlich behaart sind die Ohren, die Innenseite der Oberschenkel, der Hodensack bei männlichen und die Schamlippen bei weiblichen Tieren.
Einen haarlosen Hautbezirk findet man fast regelmäßig hinter dem Ohransatz. Stets sind Fußsohlen, Ballen und Zehen sowie ein enger Umkreis der beiden Zitzen haarlos (Bosse, 1968; Militzer, 1982)
Die Lebensdauer der Haare ist begrenzt. Jeder Haarfollikel hat beim Meerschweinchen seinen eigenen Zyklus (nicht synchronisierter Haarzyklus; Bosse und Burzynski, 1964). Er verläuft periodisch, beginnt mit der Bildung, eines neuen Haares, umfaßt Wachstum und Reifung und endet mit dem Haarausfall durch Nachwachsen eines neuen Haares im gleichen Follikel (Weitzel,1965; Militzer, 1982).
Der Haarzyklus läßt sich in drei Stadien oder Phasen unterteilen (Weitzel, 1965; Elchlepp, 1966):

1. Wachstums- oder Anagenphase,
2. Übergangs- oder Katagenphase, charakterisiert durch Sistieren des Haarwachstums,
3. Ruhe- oder Telogenphase, der nach einiger Zeit der Ausfall des betreffenden Haares folgt.

Die Haarentwicklung setzt beim Meerschweinchen am 27. Tag der Embryonalentwicklung mit der Bildung der ersten Haarfollikel ein. Bereits am 32. Embryonaltag haben sich die Haarfollikel über den größten Teil des Körpers ausgebreitet. Bei neugeborenen Meerschweinchen befindet sich das gesamte Haarkleid in einer aktiven Haarwachstumsphase (Anagenphase).
Nach Ergebnissen von Weitzel (1965) dauert die Wachstumsperiode der ersten Haargeneration 4–6 Wochen. Danach treten die Haare unabhängig voneinander in eine Ruhephase ein, die für jedes Haar eine bestimmte Zeit dauert und mit Lockerung und Ausfall des betreffenden Haares endet. Mit einer gewissen Schwankungsbreite besteht dann das Fell aus 16–40 % wachsenden Anagenhaaren. Das entspricht dem Haarersatz, der physiologisch dem Haarausfall folgt. Die Dauer des Haarzyklus wird beim Meerschweinchen auf durchschnittlich 16 Wochen (2–25 Wochen) geschätzt (Dawson, 1930).
Die Wachstumsgeschwindigkeit der Meerschweinchenhaare schwankt zwischen 0,22 und 0,83 mm (im Mittel 0,5 mm) je Tag oder 2–5 mm pro Woche. Haben die Haare von Glatthaarmeerschweinchen eine durchschnittliche Länge von 17–18 mm und eine Dichte von etwa 162 Haaren pro cm^2 erreicht, wachsen sie nicht mehr weiter (Weitzel, 1965; Elchlepp, 1966).

- **Beeinflussung des Haarzyklus**

Einen großen Einfluß auf das Wachstum hat die Trächtigkeit. 4–5 Wochen vor der Geburt nimmt die Haarproduktion beim Meerschweinchen ab, um zum Zeitpunkt der Geburt ein Minimum zu erreichen (Dawson, 1930). Für die Änderung im Ablauf des Haarzyklus ist direkt oder indirekt der Anstieg des Östrogenspiegels ab der 3. Trächtigkeitswoche verantwortlich (Elchlepp, 1966; Bosse, 1968); 1–4 Wochen nach der Geburt kommt es dann beim Muttertier zu einem überstürzten Haarwachstum, bei dem die wachsenden Haare die Ruhehaare aus den Follikeln verdrängen. Die Folge ist ein oftmals symmetrischer, flächenhafter Haarausfall an Flanken, Bauch und Innenschenkelregion. Ein derartiger Haarausfall wird als *Effluvium post partum* bezeichnet.

Auch nach Gabe von Östrogenen oder bei aktiven Ovarialzysten verändert sich der Haarwachstumszyklus. Ruhehaare beherrschen das Bild, und Haarverlust tritt ein (Elchlepp, 1966; Bosse, 1967).

- **Haartypen**

Nach der Haarlänge, der Form des Einzelhaares und der Verteilung auf dem Körper unterscheidet man zwischen:
- *Kurz-* oder *Glatthaarmeerschweinchen* = Englische Meerschweinchen. Überbegriff für alle kurzhaarigen Rassen mit weichem Fell. Haarlänge bis zu 2 cm.
- *Rosetten-* oder *Struppmeerschweinchen* = Abessinische Meerschweinchen. Haarlänge bis zu 5 cm, Haarwilbelbildung, Rauhhaarigkeit.
- *Angorameerschweinchen*
  Man unterscheidet zwei Unterrassen:
  a) das Peruanische Meerschweinchen mit langem, feinem Seidenhaar am ganzen Körper,
  b) das Peruanische Seidentier, das kurze Haare an Kopf und Gesicht, aber lange Seidenhaare am übrigen Körper hat. Haarlänge bis zu 15 cm und mehr.

Hautdrüsen

Schweißdrüsen sind in der Ballenhaut ausgebildet. Die Ohrhaut enthält Talgdrüsen in Form von Ausstülpungen der Haarfollikel. Weiterhin finden sich in der Skrotalhaut mächtige Talgdrüsentrauben. Präputial- und Analdrüsen fehlen den Meerschweinchen (Gebhardt, 1968).

Die *Glandula caudalis* (Kaudalorgan) ist ein im Bereich des Kreuzbeins ausgebildetes Drüsenfeld mit einer Anhäufung von Haar- und Talgfollikeln. Sie färbt sich durch das fetthaltige Talgdrüsensekret und abgestoßene Hornmassen schmutzig-gelb oder schwärzlich je nach Haarfarbe. Das Kaudalorgan wird als akzessorische Geschlechtsdrüse gedeutet. Beim geschlechtsreifen Männchen ist es am stärksten entwickelt (Cohrs und Mitarb., 1958). Nach Fehr (1990) hat es Bedeutung für den Gruppenzusammenhalt, territoriales Verhalten, Aufnahme von Jungtieren in die Erwachsenengruppe und individuelles Erkennen.

Die *Glandulae perineales* (Perinealdrüsen) kommen nur beim Meerschweinchen vor. Es ist ein zwischen Anal- und Geschlechtsöffnung gelegenes Hautdrüsenorgan, dessen Ausführungsgänge in eine im Perineum gelegene, unpaare Hauttasche münden. Perinealsack und -drüsen sind bei beiden Geschlechtern ausgebildet, jedoch mit Abweichungen im Bau und Sekretionsmodus des aus Talgdrüsen bestehenden Drüsengewebes (Gebhardt, 1968). Sie werden durch Androgene stimuliert und sind deshalb bei männlichen Tieren deutlicher ausgeprägt. In der von zwei Längswülsten verdeckten Hauttasche wird das fetthaltige Perinealdrüsensekret gesammelt. Erst sein längeres Verweilen in der Tasche soll zur Entwicklung von Duftstoffen führen (Buschke, 1933). Die unterschiedliche Entwicklung der Drüsen bei beiden Geschlechtern, die Sekretion erst mit der Geschlechtsreife und besonders in der Brunstzeit, die Rückbildung nach Kastration und die Entwicklung quergestreifter Muskulatur an der Drüse (wodurch eine willkürliche Entleerung der Sekretreservoire ermöglicht wird) sprechen dafür, daß die Perinealdrüsen des Meerschweinchens ein mit Genitalfunktion ausgestattetes Duftorgan darzustellen scheint (Gebhardt, 1968).

Skelett

Nach Stellung der Gliedmaßen und nach der Gangart bilden Meerschweinchen eine Übergangsform vom Sohlen- zum Zehengänger mit Spezialisierung zur Laufextremität. Sie können sich in kauernder oder erhobener Stellung sehr schnell fortbewegen. Von der Mittelfußreihe ist der Metacarpus 1 weitgehend zurückgebildet. Sowohl Ulna und Radius als auch Tibia und Fibula sind gegeneinander nicht mehr verschieblich (Isenbügel, 1985).
Die Zehen der Hintergliedmaßen sind auf 3, die Zehen der Vordergliedmaßen auf 4, reduziert. Gelegentlich kommen atavistische 5. Vorderfußzehen und 4. Hinterfußzehen vor. Meerschweinchen haben verbreiterte, harte, hufartige Krallen, die zu der Bezeichnung „Hufpfötler" geführt haben. Das Schlüsselbein ist fast vollständig zurückgebildet.
Zahl der Wirbel: 7 Halswirbel, 12 Brustwirbel, 6 Lendenwirbel, 4 Kreuzbeinwirbel, 7 Schwanzwirbel.
Trotz vorhandener Schwanzwirbel haben Meerschweinchen keinen äußerlich sichtbaren Schwanz. Die vier letzten Rippen sind sehr gut beweglich. Sie enden frei, ohne durch eine Knorpelbrücke mit dem Brustbein verbunden zu sein. Ihre Stellung macht die ausgesprochene Brustatmung des Meerschweinchens möglich (Schmidt, 1981; Isenbügel, 1985).

Kopf, Zähne und Mundhöhle

Das Meerschweinchengebiß ist ein Nagetiergebiß und in hohem Maße an die Art der Nahrungszerkleinerung angepaßt. Je zwei Nage- oder Schneidezähne im Ober- und Unterkiefer dienen zum Abbeißen oder Abnagen der Nahrung. Eckzähne fehlen. Ober- und Unterkieferbackenzähne ermöglichen das sehr gründliche Zerkauen der aufgenommenen Nahrung.

Zahnformel: 1I. oC. 1P. 3M
1I. oC. 1P. 3M

Alle Zähne wachsen zeitlebens und sind auf einen ständigen Abrieb angewiesen. Backenzähne wachsen 1,2 bis 1,5 mm pro Woche (Barandun, 1983). Die Nagezähne haben nur eine außenseitige Schmelzbeschichtung. Dadurch werden die unbeschichteten Zahnflächen mehr abgenutzt und die Zähne gleichzeitig geschärft. Das Abbeißen oder Abnagen erfolgt durch seitliche Unterkieferrotationen. Für den Kauvorgang wird die Nahrung durch vor- und rückwärtige Unterkieferverschiebungen sehr fein zwischen den Backenzähnen zerrieben. Dieser für Nager typische Kauvorgang ist möglich, weil beim Meerschweinchen das Kiefergelenk als Schlittengelenk mit rinnenartiger Gelenkgrube ausgebildet ist und eine kräftig entwickelte Kaumuskulatur Schneide- und Mahlbewegungen des Unterkiefers unterstützt.

Als Besonderheit sei erwähnt, daß der Zahnwechsel schon vor der Geburt stattfindet. Die zwischen dem 43. und 49. Trächtigkeitstag ausgebildeten und bis zum 55. Tag wieder resorbierten Milchzähne werden bis zum Geburtstermin durch bleibende Zähne ersetzt. Nur der M_3 hat das Zahnfleisch noch nicht durchbrochen (Habermehl, 1975; Barandun, 1983).

Herz

Es hat die Gestalt eines stumpfen Kegels und liegt größtenteils links der Medianebene des Körpers. Die durchschnittliche Länge des Herzens beträgt 2 cm, sein Umfang an der Basis 5–6 cm. Sein Gewicht wird mit 0,25–0,58 % (0,43 %) des Körpergewichtes = 1,4 g bei 500 g Körpergewicht angegeben. Vorkammern und die linke Kammer sind dünnwandig. Die linke Vorkammer ist deutlich kleiner als die rechte. Der Herzbeutel ist durch ein Band (Ligamentum sternopericardiacum) mit dem Brustbein verbunden(Jung, 1958; Hoffmann, 1961; Isenbügel, 1985).

Atmungssystem

Die Trachea des Meerschweinchens ist verhältnismäßig dickwandig, hat einen hufeisenförmigen Querschnitt von 3–5 mm (nach außen hin leicht zusammengedrückt) und eine Länge bis zu 3,5 cm je nach Größe des Tieres. Die Knorpelringe sind wirbelsäulenwärts nicht vollständig geschlossen. Das Epithel der Luftröhre besteht aus mehrzeiligem, becherzellenhaltigem Flimmerepithel (Cohrs und Mitarb., 1958; Jung, 1958). Die **Lungen** umgeben das Herz fast vollständig und geben es nur teilweise an der linken Seite frei. Auffallend sind die sehr tiefen Einschnitte zwischen den einzelnen Lungenlappen. Die anatomischen Verhältnisse der Meerschweinchenlunge weisen einige Besonderheiten auf, die spezielle Krankheitsdispositionen erklären. Das lymphatische Gewebe in der Meerschweinchenlunge ist nicht nur in verhältnismäßig großer Menge vorhanden, sondern zeigt auch eine ungewöhnlich starke Reaktionsfähigkeit auf die verschiedensten Reize. Schon bei geringfügiger, nicht nur bakterieller, Kontamination, sondern auch äußerer Einwirkung, wie Staub, vergrößern sich die lymphoiden Knötchen. Die Lungenarterien sind mit perlschnurartig aneinandergereihten Muskelwülsten ausgestattet, die schon bei Neugeborenen stark entwickelt sind. Kontrahierte Muskelwülste können das Gefäßlumen einengen. Die Bronchialwand enthält gleichfalls Muskelringe aus glatter Muskulatur, die man nicht selten kontrahiert findet.

Meerschweinchen sind anscheinend in der Lage, große Abschnitte der Lunge durch Kontraktion der Bronchien für die Atmung auszuschalten (atelektatische Bezirke). Gleichzeitig wird durch Konstriktion des dazu gehörenden Lungenarterienastes der für die Atmung ausgeschaltete Bezirk mit weniger Blut versorgt. Die atelektatischen Bezirke gehören beim Meerschweinchen zum physiologischen Lungenbild. Eine ähnliche Verdickung der Bronchialmuskulatur wird nur noch beim Igel nachgewiesen.

Diesem fehlt aber die viel auffälligere Verdickung der Gefäßmuskeln (Cohrs und Mitarb., 1958).

Die Besonderheiten der anatomischen Verhältnisse der Meerschweinchenlunge lassen zwar eine ausgeprägte Reaktionsfähigkeit auf verschiedene Reize infolge eines gut ausgebildeten lymphatischen Systems zu, scheinen andererseits die besondere Anfälligkeit der Lunge auf Entzündungsreize nicht auszuschließen.

Leber

Die Leber ist stark gelappt. Im Brustteil der Bauchhöhle liegt sie dem Zwerchfell an. Weitere Begrenzungen sind linksseitig der Magen, während der rechte äußere Leberlappen an Kolonschlingen grenzt. In einer tiefen Furche auf der Unterseite des rechten Mittellappens liegt die Gallenblase eingebettet. Sie hat die Größe einer kleinen Kirsche. Feingeweblich ist die verhältnismäßig große Anzahl Kupfferscher Sternzellen erwähnenswert (Jung, 1958; Hoffmann, 1961).

Milz

Die Milz des Meerschweinchens ist ein plattgedrücktes, ovales Organ. Sie liegt der großen Kurvatur des Magens an. Ein kurzes Magen-Milz-Band verbindet beide. Durch ein schwaches Band ist die Milz gleichfalls mit der linken Niere verbunden. Die Milzoberfläche ist bei guter Blutfüllung glatt, bei Kontraktion deutlich granuliert. Sie ist etwa 2,5–3 cm lang und 0,8–1 cm breit.

Magen-Darm-Kanal

Der **Magen** liegt im wesentlichen linksseitig im Bereich der 9. bis 11. Rippe. Er grenzt an die Leber, Bauchspeicheldrüse, Dickdarmschlingen und Milz und kann sich je nach Füllungszustand bis zur Nabelgegend ausdehnen. Von der Bauchwand wird er nur linksseitig begrenzt.
Nach Untersuchungen von Harder (1949) nimmt der gefüllte Magen bis 19,4% des Gesamtvolumens des Magen-Darm-Traktes ein. Sein Fassungsvermögen schwankt bei ausgewachsenen Tieren zwischen 20 und 30 ml. Dem retortenförmigen, einhöhligen Magen fehlt die Vormagenregion und eine entsprechende Kardiadrüsenzone. Dafür ist die gesamte mit Drüsenepithel ausgestattete Magenschleimhaut an der Bildung eines speichelähnlichen, sauren Verdauungssekretes beteiligt. Im Magen werden pH-Werte von 1,5 bis 2,0 gemessen. Die Muskulatur ist mit Ausnahme der Pylorusregion nur schwach entwickelt.
Der **Dünndarm** gliedert sich in drei Abschnitte: das U-förmige Duodenum, das an einem Gekröse girlandenartig aufgehängte, sehr lange Jejunum und das kurze Ileum. Die durchschnittlichen Darmlängen beim Meerschweinchen sind in Tabelle 5 angegeben.

Tabelle 5. Darmlängen beim Meerschweinchen (Durchschnittswerte nach Hoffmann, 1961)

Dünndarm	Duodenum	10 cm
	Jejunum	133 cm
	Ileum	2–3 cm
Dickdarm	Zäkum	15 cm
	Kolon	70 cm
	Rektum	sehr kurz

Beim erwachsenen Meerschweinchen beträgt die Darmlänge insgesamt durchschnittlich 225 (212 bis 249) cm.

Beim **Dickdarm** wird zwischen Zäkum, Kolon und Rektum unterschieden. Das Zäkum füllt ein Drittel der Bauchhöhle aus, ist hufeisenförmig und wird in Kopf, Körper und Schwanz eingeteilt. In den umfangreichen Kopf mündet das Ileum ein, und das Kolon geht aus ihm hervor. Das Zäkum ist durch drei Bandstreifen gerafft. Die Kolonschlingen verlaufen in unterschiedlicher Richtung. Beiden Dickdarmabschnitten obliegt der Hauptverdauungsprozeß. Weite Strecken des Kolons enthalten bereits geformte Kotballen. Das Rektum ist kurz und mündet in den Anus (Jung, 1958).

Harnapparat

Die Nieren sind beiderseits der Lendenwirbelsäule angelegt. Die kaudale Begrenzung der linken Niere reicht bis zur Mitte des 4. Lendenwirbels, die der rechten Niere ist im Bereich des 2. Lendenwirbels zu suchen. Ihre Oberflächen sind glatt. Aus den trichterförmigen Nierenbecken gehen die Ureter hervor. Sie verlaufen dicht neben der Aorta in einer von der Lendenmuskulatur gebildeten Furche beckenwärts und münden mit schlitzförmigen Öffnungen eng beieinander in die Blase. Je nach Füllungszustand ist die Harnblase erbsen- bis kirschgroß.

Die Urethra mündet beim Weibchen äußerlich sichtbar ventral der Vagina in einer flachen Grube des Clitoriums (Abb. 3). Beim Männchen endet sie im Penisspitzenbereich (Cohrs und Mitarb., 1958; Hoffmann, 1961; Woerle und Wolf, 1977).

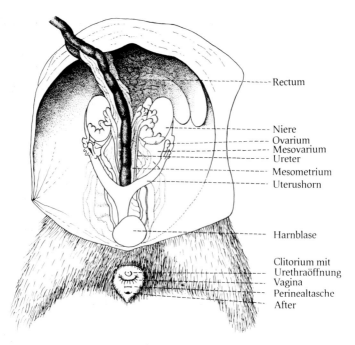

Abb. 3. Situs der Harn- und Geschlechtsorgane beim Meerschweinchen (nach Jaffé, 1931). Zeichnung: Elisabeth Illert.

Geschlechtsorgane

Männliche Geschlechtsorgane

Die **Hoden** werden nicht weit von der Niere entfernt angelegt. Sie wandern allmählich abwärts durch den sehr weiten Leistenkanal bis in eine nur schwach vorgewölbte Skrotaltasche. Hoden und Nebenhoden werden bei erwachsenen Tieren von einem mächtig ausgebildeten Fettkörper kappenartig umhüllt. Die beiden von den Nebenhoden ausgehenden Samenleiter (Ductus deferentia) bilden einen gemeinsamen Samenstrang und münden zusammen mit den Gängen der Geschlechtsanhangdrüsen in die Urethra. Zu den Geschlechtsanhangdrüsen gehören: die zweigeteilte, bis 10 cm lange, stark geschlängelte, in die Beckenhöhle hineinragende **Samenblasendrüse (Glandula vesicularis)** als größte akzessorische Geschlechtsdrüse, die **Prostata** – paarig angelegt – und die **Cowperschen Drüsen.** Ihr Sekret wird den Spermien beigemischt und dient dazu, sie beweglich und befruchtungsfähig zu halten.

Die Hoden haben eine wechselnde Lage. Infolge des weiten Leistenspaltes (Anulus vaginalis) können sie im Hodensack, im Leistenspalt oder in der Bauchhöhle liegen (Hoffmann, 1961; Löhle und Wenzel, 1985).

Bei männlichen Tieren ist ein langer, dünner **Penisknochen** ausgebildet, der im Röntgenbild gut erkennbar ist (Isenbügel, 1985).

Weibliche Geschlechtsorgane

Die **Ovarien** des Meerschweinchens liegen nahe dem hinteren Nierenpol. Es sind längsovale, durchschnittlich 3–5 mm große Gebilde. Die Ovarien sind an einem sehr kurzen Gekröse befestigt. Ein Stiehl fehlt. Blutgefäße und Nerven treten von dem am hinteren Rand befestigten Gekröse in das Ovarialstroma ein. Die Zahl der Follikel ist beim Meerschweinchen geringer als bei anderen Nagern. Die reifen Eizellen werden vom **Eileiter** aufgenommen und in die Uterushörner weitergeleitet. Im Eileiter findet auch die Befruchtung statt.

Der **Uterus** unterteilt sich in die beiden 3–5 cm langen Uterushörner, deren etwa 1 cm langer Endabschnitt unpaar ist, und den sehr kurzen Uteruskörper mit der Zervix.

Die **Vagina** des erwachsenen Meerschweinchens ist etwa 3 bis 4 cm lang und etwa 0,6 cm breit. Sie endet in einem kurzen Vorhof. Das Endstück ist meist epithelial verklebt und nur zur Brunstzeit geöffnet.

Das Meerschweinchen besitzt eine **Klitoris**, die Klitorisdrüsen sind verkümmert.
Das Perineum ist ein durch drei Hautwülste gebildeter, spitzwinkliger Spalt, der den After einschließt. Zwischen Anus und Scheidenhof befindet sich die sogenannte **Perinealtasche** mit den **Perinealdrüsen** (Abb. 4).

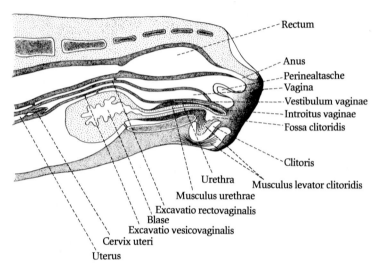

Abb. 4. Harn- und Geschlechtsorgane und deren Ausmündungen beim weiblichen Meerschweinchen; ventro-dorsale Lage (nach Jaffé, 1931). Zeichnung: Elisabeth Illert.

Physiologie

Physiologische Daten

Wichtige physiologische Daten sind in Tabelle 6 zusammengefaßt.

Tabelle 6. Wichtige physiologische Daten des Meerschweinchens (Kunstýř und Mitarb., 1977; Schmidt, 1981, 1935; Isenbügel, 1985; Lumeij, 1993)

Körpertemperatur (rektal):	38,5 °C (37,4–39,7 °C)
Atemfrequenz:	100–130 Züge/min
Herzfrequenz:	230–380 Schläge/min
Blutmenge:	ca. 6 % oder $1/20$ des Körpergewichts
mittlerer arterieller Blutdruck:	50–65 mmHg
optimale Umgebungstemperatur:	20–22°C
Sehvermögen:	gut; relativ großer Gesichtskreis; Unterscheidung der Spektralfarben, besonders von Rot und Gelb. Das Verhältnis Stäbchen zu Zäpfchen beträgt 4–5:3.
Hörvermögen:	sehr gut; Wahrnehmung von Schwingungen im Bereich von 16 000–30 000 Hz (beim Menschen bis 20 000 Hz)
Geruchssinn:	sehr gut; Identifikation anderer Lebewesen am Geruch. Manche Riechstoffe werden noch in einer Konzentration wahrgenommen, die 1000mal niedriger liegt, als sie der Mensch wahrnehmen kann.
Verständigung:	pfeifendes Quieken, Murren, Gurren, Grunzen, Purren, Zähnewetzen (Frequenzen im menschlichen Hörbereich, bei hohen Tönen weit darüber)

Physiologie
der Temperaturregulation

Meerschweinchen werden als Nestflüchter mit einem voll entwickelten Haarkleid geboren. Sie gehören zu den homoiothermen Tieren, d.h., sie verfügen über Regulationsmechanismen der Wärmebildung und -abgabe, die es ihnen ermöglichen, auch bei wechselnden äußeren und inneren Bedingungen (Außentemperatur, Bewegung, Erregung, Nahrungsaufnahme u.a.) eine relativ konstante Körpertemperatur aufrechtzuerhalten. Diese Fähigkeit ist bereits bei neugeborenen Meerschweinchen gut entwickelt, was ihrem hohen Reifegrad als Nestflüchter entspricht.

Wie bei allen kleinen warmblütigen Lebewesen mit einer relativ großen Körperoberfläche sind die wärmebildenden Mechanismen wesentlich besser entwickelt als die Regelung der Wärmeabgabe. Diese erfolgt aktiv nur über einen unvollkommenen Hechelmechanismus.

Meerschweinchen verfügen über zwei Arten der Wärmebildung:

1. das *Kältezittern* als Art der Wärmebildung erwachsener und junger Meerschweinchen ab 3.–4. Lebenswoche,
2. die *zitterfreie Wärmebildung* (zitterfreie Thermogenese). Über diesen zusätzlichen Wärmebildungsmechanismus verfügen neugeborene, zu einem bestimmten Teil auch kälteadaptierte erwachsene Meerschweinchen.

Kältezittern und zitterfreie Wärmebildung werden durch die auf die Körperoberfläche treffenden Kältereize ausgelöst. Gesteuert wird die zitterfreie Thermogenese der neugeborenen und jungen Tiere über das vegetative Nervensystem.

Als hauptsächlicher Ort dieser zitterfreien oder chemischen Wärmebildung hat sich das *braune Fettgewebe* erwiesen, das besonders stark in der Nackenpartie und zwischen den Schulterblättern ausgebildet ist. Es macht bei neugeborenen Meerschweinchen in seiner Gesamtheit etwa 5 % des Körpergewichtes aus. Durch Verbrennung von unveresterten Fettsäuren des braunen Fettgewebes wird vermehrt Wärme produziert. Diese wird dem Rückenmark zugeführt und hält es warm.

Bei neugeborenen Meerschweinchen erfolgt die kälteinduzierte Wärmebildung zu mindestens 90 % über diesen zusätzlichen Wärmemechanismus. Das Kältezittern wird solange unterdrückt, wie der Wärmestrom auf das Rückenmark einwirkt. Bei Aufzucht in warmer Umgebung verlieren Meerschweinchen in etwa 3–4 Wochen die Fähigkeit zur zitterfreien Wärmebildung vollständig, gleichzeitig setzt die Erwärmung durch Kältezittern ein. Das braune Fettgewebe bildet sich in weißes Fettgewebe um.

Die *Körperinnentemperatur* erwachsener Meerschweinchen wird im Normwertbereich von 37,9–39,7 °C angegeben, mit einem Durchschnittswert von 38,5 °C. Neugeborene bis zum 3. Tag haben eine durchschnittliche Körpertemperatur von 37,8 °C. Bei Jungtieren liegen die Werte, entsprechend ihrer höheren Stoffwechselaktivität, im oberen Normbereich.

Besonderheiten der Verdauungsphysiologie

Meerschweinchen sind in der Lage, größere Mengen rohfaserreiche Futtermittel aufzunehmen und im Blinddarm zu verwerten.

In der **Mundhöhle** wird das aufgenommene Futter zu einem sehr fein zerkleinerten Nahrungsbrei gekaut und mit Speichel durchmischt. Der abgeschluckte Brei gelangt unter Wiirkung von Kontraktionswellen über die Speiseröhre in den **Magen**. Hier wird der Nahrungsbrei gesammelt, durchmischt, mit Magensaft durchsetzt und für Verdauungsprozesse in den Darmabschnitten vorbereitet. Lediglich Eiweißstoffe können im Magen durch das proteolytische Enzym Pepsin zu Peptonen abgebaut werden. Die für die Pepsinwirkung erforderliche saure Reaktion des Futterbreis (pH 1-2) liefert die von Magendrüsen produzierte Salzsäure. Das saure Milieu des Magens sorgt auch für die Abtötung schädlicher, mit dem Futter aufgenommener, Mikroorganismen.

Zur weiteren Verarbeitung wird der Mageninhalt nach einer Verweildauer von nur $^1/_2$–3 Stunden portionsweise in den **Dünndarm** weitergeleitet. Im Duodenum werden dem nun bereits sehr flüssigen Nahrungsbrei alkalisch reagierende Gallensäfte zugeführt, die ihn neutralisieren.

Die Gallenblase des Meerschweinchens besitzt nur eine geringe Speicherkapazität. Über sie wird der in der Leber produzierte dünnflüssige und wenig konzentrierte Gallensaft in relativ großer Menge (bis 228 ml/kg KM) in den Dünndarm ausgeschieden und zum Teil wieder rückresorbiert (enterohepatischer Kreislauf). Die im Gallensaft enthaltenen Gallensäuren sind besonders für den Ablauf der Fettverdauung von Bedeutung. Gleichzeitig regen sie die Darmperistaltik an.

Während der Dünndarmpassage wird der Nahrungsbrei mit reichlich Flüssigkeit durchsetzt. Eine ständige Flüssigkeitssekretion mit hohem Hydrogenarbonatanteil entlang der gesamten Dünndarmschleimhaut und die unter Dauersekretion gebildete Gallenflüssigkeit schaffen jenes flüssig-breiige Milieu, das erforderlich ist, um den Bakterien günstige Bedingungen für die Aufschließung der Cellulose im Dickdarm zu bieten.

Die hydrogencarbonathaltige Flüssigkeitssekretion im Dünndarm des Meerschweinchens dient der Neutralisation der reichich anfallenden Säureäquivalente im Zäkum (Vogel und Mitarb., 1970).

Wasseranteil: Der Wasseranteil im Verdauungstrakt des Meerschweinchens ist sehr hoch. Er beträgt je nach Fütterung 10–20 % des Körperwassers, bezogen auf das Körpergewicht. Für den Hund wird der analoge Wert mit nur 3 % und für die Ratte mit 3–7 % angegeben. Nehmen Meerschweinchen über das Futter oder Trinkwasser zu wenig Flüssigkeit auf, wird dem Körpergewebe vermehrt Wasser entzogen.

Harnstoff: Die Harnstoffspaltung erfolgt im Blinddarm. Sie beruht auf Aktivität der durch Bakterien (Ureasebildner) gebildeten Enzyme. Harnstoff gelangt auf dem Wege der Diffusion bei guter Durchlässigkeit der Darmwand in den Blinddarm. Hier werden 45–77% des körpereigenen Harnstoffes in Ammoniak und CO_2 gespalten. Bei anderen Tieren beträgt der Anteil nur 10–30 %. Der gewonnene Ammoniak wird von den Darmbakterien des Dickdarms als Stickstoffquelle zum Aufbau körpereigener Aminosäuren genutzt, während CO_2 weitgehend abgeatmet und mit dem Harn ausgeschieden wird (Böke, 1963; Juhr und Franke, l990).

Vitaminsynthese: Der Hauptverdauungsprozeß vollzieht sich im Blinddarm unter Mitwirkung von Mikroorganismen. Neben der Celluloseaufschließung sind die mikrobielle Vitaminsynthese und die Bildung des Vitaminkotes (Zökotrophe) von lebenswichtiger Bedeutung für das Meerschweinchen. Von Harder (1949) wird der Blinddarm als große Gärkammer bezeichnet, in der Mikroorganismen eine rege Aktivität entfalten. Voraussetzung ist eine physiologische Keimflora. Sie ist von einer ausgeglichenen Ernährung abhängig. Besonders wichtig ist dabei ein Rohfasergehalt von mindestens 15 %.

Die alkalische Wirkung des dauernd einströmenden Dünndarmsekretes unterstützt die aktive Tätigkeit der Mikroorganismen im Blinddarm. Im Ergebnis der einsetzenden Gärungsvorgänge werden die im Nahrungsbrei noch vorhandenen Kohlenhydrate abgebaut und die Cellulose zersetzt. Die sich dabei bildenden organischen Säuren (Milchsäure, Essigsäure, Buttersäure, verschiedene flüchtige Fettsäuren) werden von der Blinddarmwand resorbiert und im Energiestoffwechsel verwertet. Unter Mitwirkung von Bakterien vollziehen sich weitere enzymatische Abbauprozesse zur Aufschließung der schwer verdaulichen, cellulosehaltigen Nahrung. Im Anfangsabschnitt des Kolons wird der Celluloseabbau fortgesetzt. Eiweiße, die dem Abbau durch Enzyme in den vorderen Darmabschnitten entgangen sind, werden im **Dickdarm** mit Hilfe von Bakterien vergärt (Eiweißfäulnis) und resorptionsfähig gemacht. Der Nahrungsbrei erhält durch diese Fäulnisprozesse seinen typischen Fäkaliengeruch.

Die Flüssikeitsresorption beschränkt sich im wesentlichen auf das Kolon und den Enddarm. Die in den Dickdarmabschnitten zunehmende Resorption von Wasser und noch vorhandenen Nährstoffen führt zu einer Eindickung des Darminhaltes. Im Endabschnitt des Kolons findet man bereits vorgebildete Kotballen. Wassergehalt, Form, Farbe und Geruch des abgesetzten Kotes richten sich weitgehend nach der Art des Futters und der Zusammensetzung der als Verdauungshelfer vorhandenen Darmbakterien.

Physiologische Darmflora

Die physiologische Darmflora der Meerschweinchen nimmt hinsichtlich ihrer Zusammensetzung eine Sonderstellung unter den Säugetieren ein. Ihre grampositive Darmflora besteht vorwiegend aus sporenlosen Stäbchen, die den Milchsäurebakterien zugeordnet werden (*Bifidobacterium bifidum* und *Lactobacillus acidophilus*). Als Säurebildner und kohlenhydratspaltende Keime nehmen sie aktiv am Verdauungsprozeß teil. Außerdem werden im Darmkanal regelmäßig grampositive, sporenbildende Bakterienarten gefunden. Diese wirken bei der Verdauung als Eiweißzersetzer. Das Zusammenspiel der beiden Keimgruppen ist unentbehrlich für die Aufrechterhaltung des Säure-Basen-Gleichgewichtes. Im Dickdarm herrscht im Gegensatz zu anderen Tierarten ein saures Milieu (pH 5,0–6,8). Es verhindert nicht zuletzt eine Darmbesiedlung und Vermehrung der gramnegativen koliformen Keime. Diese gehören beim Meerschweinchen nicht zur physiologischen Keimflora. Außer vereinzelten Darmpassanten, die mit dem Futter aufgenommen und in kurzer Zeit wieder ausgeschieden werden, ist der Darm gesunder Meerschweinchen frei von Kolibakterien (Kolibesiedlung des Darms bei gestörter Keimflora s. Abschnitt Koliseptikämie). Über die pH-Verhältnisse im Magen-Darm-Trakt gesunder Meerschweinchen unterrichtet Tabelle 7.

Tabelle 7. Durchschnittliche pH-Werte der Verdauungstraktabschnitte bei gesunden, erwachsenen Meerschweinchen

Organ	pH-Wert ($\bar{x}$)	Anzahl der Untersuchungen
Magen	2,68	20
Duodenum	7,27	10
Galle	8,22	10
Jejunum	7,27	11
Ileum	7,45	20
Zäkum	6,05 (5,5–6,8)	20
Kolon	5,51 (5,0–6,0)	20

Große Bedeutung haben Blinddarmbakterien bei der Synthese nichtessentieller Vitamine. Die durch ein breites Bakterienspektrum in bestimmten Zäkumabschnitten gebildeten Vitamine des B-Komplexes und das Vitamin K sind Bestandteile der Blinddarm-Kotpillen, die von den Meerschweinchen gefressen werden. Dieser physiologische Vorgang des Kotfressens wird als **Zökotrophie** bezeichnet.

Als **Zökotrophe** wird der periodisch abgesetzte, besonders vitamin- und eiweißreiche **Blinddarmkot**, auch Vitamin- oder Nachtkot bezeichnet. Diese hellen, teigig-weichen, glänzenden, mit einer Schleimschicht überzogenen Kotpellets werden vor allem nachts abgesetzt und von den Tieren sofort, häufig direkt vom After aufgenommen. Durch ihre Aufnahme werden die von den Dickdarmsymbionten gebildeten, dort aber nicht resorbierbaren Eiweißstoffe, Spurenelemente, vor allem aber auch die gebildeten Vitamine im Magen und Dünndarm aufgeschlossen und dem Organismus zur Nutzung übergeben. Mit der Zökotrophe wird gleichzeitig die Darmflora erneuert, denn mit einem Gramm Zökotrophe werden durchschnittlich 9,56 Milliarden Keime dem Verdauungstrakt zugeführt. Im Magen finden durch die Peristaltik eine Zerreißung der geformten Kotpillen und eine Vermischung mit den frischen Futterstoffen statt. Die Zökotrophie ist für Meerschweinchen lebensnotwendig. Werden sie daran gehindert, wirkt ein solcher Entzug schon nach 2–3 Wochen tödlich.

Die zweite von Meerschweinchen regulär abgesetzte Kotsorte besteht aus Stoffwechselschlacken und unverdauten Ballaststoffen. Erste Ausscheidungen wurden 4 Stunden nach Futteraufnahme ermittelt. Durch das Kotfressen ist die gesamte Magen-Darm-Passage sehr lang. Jilge (1980) wies mit Hilfe markierten Futters eine Gesamtpassagezeit von $66,2 \pm 3,7$ Stunden nach.

Daten zur Verdauung

(nach Großmann, 1952; Juhr und Hiller, 1973; Cohrs und Mitarb., 1958)

Rohfaserbedarf: etwa 15 %.

Mikrobielle Aufschließung der Cellulose im Zäkum und Kolon.

Dauersekretion von Gallenflüssigkeit
unvollständiger Gallensäurekreislauf.

Dauersekretion von Flüssigkeit mit hohem Hydrogencarbonatanteil
im gesamten Dünndarm, besoners aber im Ileum.

Hoher Anteil des Körperwassers im Verdauungstrakt (10–20%).

Starke Harnstoffsekretion: enterohepatischer NH_3-Kreislauf, Harnstoffspaltung als Stickstoffquelle für Darmbakterien – Celluloseaufschließung (45–77 %) im Zäkum. *Energiequellen für Auf-, Um- und Abbauprozesse* – Intermediärstoffwechsel: Acetat, Propion- und Buttersäure, Glucose.

Zökotrophie (Kotfressen): Vitaminsynthese von Vitaminen des B-Komplexes einschließlich Vitamin B_{12} und von Vitamin K im Dickdarm. Nach Wiederaufnahme des Blinddarmkotes Ausnutzung von Eiweißstoffen, Spurenelementen und Vitaminen, Erneuerung der Darmflora.

Darmflora
- Anaerobier: 18 Stämme isoliert, davon 11 pathogene. Sie bleiben ohne Hinzukommen resistenzmindernder Einwirkungen zahlenmäßig beschränkt.
- Grampositive, nicht sporenbildende und sporenbildende Bakterien:
  Nicht sporenbildende Bakterien fungieren als kohlenhydratspaltende Keime, stark säurebildend; vorwiegend Milchsäurebakterien.
  Grampositive, sporenbildende Bakterienarten fungieren als Eiweißzersetzer.
  Escherichia coli ist Darmpassant und nicht Darmsymbiont, wahrscheinlich bedingt durch das saure Milieu im Dickdarm.
  pH-Wert im Dickdarm: 4,5–6,5.

Allgemeine Krankheitszeichen und Krankheitsdisposition

Meerschweinchen sind bei guter Haltung, Pflege und Fütterung wenig krankheitsanfällig. Gesunde Meerschweinchen sind lebhaft, bewegungsaktiv, erkundungsfreudig, wachsam, selbst in Ruhephasen, sie reagieren intensiv auf ihnen bekannte Geräusche und knabbern oder nagen an allem Freßbaren.
Kranke Tiere lassen diese Reaktionsfähigkeit häufig vermissen. Sie erscheinen teilnahmslos und sitzen trauernd mit gesenktem Kopf, gekrümmtem Rücken und gesträubtem Nackenhaar still in einer Ecke. Der Appetit ist verringert, oder das Fressen wird ganz eingestellt. Ihre Bewegungen erscheinen kraftlos. Gesundheitsstörungen entwickeln sich oftmals allmählich und ohne eindeutige Symptome (s. Mangelkrankheiten). Sie können örtlich begrenzt sein, einzelne Organe betreffen oder als Infektionskrankheiten, bedingt durch Parasiten, Pilze, Bakterien oder Viren, sowohl mit lokalen als auch allgemeinen Krankheitssymptomen einhergehen.

Allgemeine Untersuchung

Meerschweinchen reagieren in ungewohnter Umgebung schreckhaft. Werden sie in der Tierarztsprechstunde vorgestellt, sind hastige Bewegungen und Zwang während der Untersuchung so gering wie möglich zu halten, um Schocksituationen vorzubeugen. Während der Erhebung des Vorberichtes wird das Tier im offenen Transportbehältnis belassen und bereits beobachtet. Auf dem Behandlungstisch muß dem Patienten Zeit bleiben, sich an die neue Umgebung zu gewöhnen.

Vorbericht

- Alter und Geschlecht,
- Haltungsart und -bedingungen (Einzeltier- oder Gruppenhaltung; Wohnungs-, Stall- oder Auslaufhaltung),
- Fütterung (Art des Futters, Futterumstellung, Futteraufnahme),
- Trinkgewohnheiten und Wasserangebot,
- Neuzukauf, Quarantänemaßnahmen,
- Vorkrankheiten, bei Gruppenhaltung auch im Bestand,
- beobachtete Symptome,
- bereits durchgeführte Behandlungen, Behandlungsart, verabreichte Medikamente.

Klinische Allgemeinuntersuchung

- Allgemeinbefinden: ungestört – gestört,
- Verhalten: lebhaft – apathisch,
- Körperhaltung: physiologisch – unphysiologisch,
- Pflege und Ernährungszustand: gut – schlecht,
- Körperinnentemperatur: physiologisch, erhöht oder Untertemperatur,
- Augen: klar – tiefliegend, Sekretspuren.

Untersuchungsgang

Haut- und Haarkleid: Hautzustand: Entzündung, borkige Auflagerungen, Bläschen, Schuppen, Verletzungen, Umfangsvermehrung (Atherom, Abszeß), Hyerpigmentation;

Juckreiz: Parasiten (die Ohrumgebung ist bevorzugter Sitz von Haarlingen), Allergie, innere Ursachen; beidseitiger symmetrischer Haarausfall im Flankenbereich (hormonelle Dysregulation); Fellzustand: rauh, stumpf, gesträubt (Nackenhaar), Haarausfall (haarloser Fleck hinter dem Ohr ist physiologisch), Verfilzung, besonders bei Langhaarmeerschweinchen (mangelhafte Pflege).

Ohren: Verletzungen; Bluterguß; Krusten, Borken, Ausfluß; Gleichgewichtsstörungen (Otitis media).

Augen, Lider: Hornhautverletzung oder -trübung; Rötung, Schwellung, Sekrete; Tränenfluß.

Sichtbare Schleimhäute: beschränken sich beim Meerschweinchen auf die Bindehäute und die Mundschleimhaut. Rötung der Bindehäute, Sekretspuren, Zyanose; Lippen: Krusten und Läsionen (Fettsäuremangel, Skorbut); Mundschleimhaut: Verletzungen, Entzündungen, Speichelfluß.

Lymphsystem: Lymphknoten sind beim gesunden Meerschweinchen nicht fühlbar. Werden äußerlich zugängige Lymphknoten ertastet, so ist die Klärung der Ursache anzustreben (mit an Leukose denken).

Blutkreislauf: Prüfung der Schleimhäute; Herzauskultation, dunkelblauviolette Verfärbung der sichtbaren Schleimhäute (Zyanose), evtl. auch der Ohren; Schock, Atemnot, Kontrolle der Temperatur der Extremitätenenden, Kapillarfüllungszeit.

Atmungsorgane: Atemfrequenz (physiologischer Normwert 100 bis 130 min^{-1}) Atmungstyp (kostoabdominal); Lungenauskultation (vesikuläres Atmungsgeräusch, Abweichungen besonders bei Pneumonien und Bronchitiden). Auffällige Symptome: Husten, Niesen, Nasenausfluß und verklebte Nasenöffnungen, durch häufiges Nasereiben verschmiertes Fell der Vorderextremitäten.

Verdauungsorgane: Untersuchung der Mundhöhle und Zähne: Beurteilung der Inzisivi, der Prämolaren und Molaren auf Sitz, Stellung und Länge (Zahnanomalien), Kieferanomalien; Lippen- und Mundwinkelkrusten und

-läsionen (Skorbut, Mangel an ungesättigten Fettsäuren). Durchtastung des Bauches: Aufblähung, Kotanschoppung; Füllungszustand der Kottasche.

Harnapparat: Harngewinnung ist bei Druck auf die Blase möglich; Harnfarbe kann stark variieren; blutiger Harn; Zystitis; Blasen- oder Harnröhrensteine, Verlegung der Harnwege; Harnabsatzschwierigkeiten.

Geschlechtsorgane: männlich: Untersuchung der Hoden bezüglich Form, Größe und Schmerzhaftigkeit; Phimose; weiblich: Trächtigkeitsnachweis palpatorisch bzw. röntgenologisch, Kontrolle der Geburtsvorbereitung - Ödematisierung des Vestibulums, Verbreiterung und Öffnung der Beckensymphyse auf ca. 2 cm 24 Stunden vor Geburtsbeginn (Daumenprobe); palpable Ovarialzysten; Scheidenausfluß; Kontrolle des Gesäugekomplexes auf Mastitiden oder Mammatumoren.

Bewegungsapparat: Stellung und Belastung der Gliedmaßen, Untersuchung von Gelenken, Laufflächen, Ballen, Zehen, Zwischenzehenbereich, Krallen; Schmerzen in Oberschenkelmuskulatur und Kniegelenk (Vitamin-C-Mangel), Verletzungen – Bild der unvollständigen oder vollständigen Parese der Hinterextremitäten nach traumatischen Insulten der Wirbelsäule und/oder des Beckens; nach vorn unter den Bauch geschobene Hintergliedmaßen bei der sog. Viruslähme; Frakturen der Extremitätenknochen.

Nervensystem: Untersuchung von Sensorium, Sensibilität und Motilität. Meerschweinchen sind in fremder Umgebung sehr schreckhaft und fluchtbereit. Unruhe, Krämpfe, Zittern, Zwangsbewegungen, Lähmungen.

Körpertemperatur

Die normale, rektal gemessene Körpertemperatur (Abb. 5) des Meerschweinchens liegt zwischen 37,4 und 39,7 °C. Bei Jungtieren ist, entsprechend ihrer höheren Stoffwechselaktivität, mit einer Körpertemperatur im oberen Normbereich zu rechnen, während sie bei Neugeborenen bis zum dritten Lebenstag im unteren Normbereich zwischen 37,4 und 37,9 °C liegt (Drews, 1984).

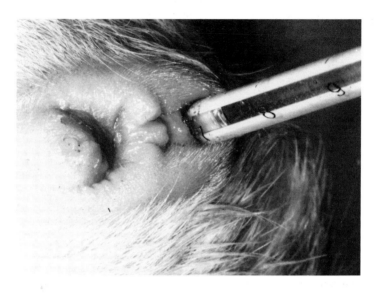

Abb. 5. Messen der Körperinnentemperatur (weibliches Tier)

Die Temperaturkontrolle gibt prognostisch wichtige Hinweise. Während bei Ausbruch vieler bakterieller Infektionskrankheiten häufig Temperaturerhöhungen auf über 40 °C zu erwarten sind, reagieren Tiere bei schweren klinischen Allgemeinstörungen, bei Erkrankungen durch bestimmte Darmbakterien und deren Zerfallsprodukte (Enterotoxine) mit Temperaturabfall. Je tiefer die Temperatur sinkt, desto schwerer ist der Krankheitsverlauf und desto ungünstiger die Aussicht auf Heilung. Tiere mit stark gestörtem Allgemeinbefinden, mit Teilnahmslosigkeit und Futterverweigerung können Temperaturen von 36–34 °C aufweisen. Die Prognose ist bei derartigem Temperaturabfall meist infaust. Werden Meerschweinchen narkotisiert, ist die Temperaturkontrolle ebenfalls nicht außer acht zu lassen. Infolge der geringen Körperoberfläche sinkt die Temperatur bei einer Allgemeinnarkose um 2–3 °C. Um die Gefahr einer Unterkühlung zu vermeiden, sind die Tiere in der Nachschlaf- und Aufwachphase warmzuhalten.

Spezielle Untersuchung

Blutentnahme, Blutbild

Die klinische Hämatologie wird als diagnostisches Hilfsmittel noch sehr wenig genutzt. Hauptgründe sind die Problematik der Blutentnahme und nur wenig bekannte physiologische Normwerte.

Meerschweinchen verfügen über keine äußerlich zugängigen Venen, die eine problemlose Punktion und intravenöse Injektion gewährleisten. Die in der Literatur empfohlenen Entnahmetechniken sind fast ausnahmslos an die Bedingungen des Tierversuchs angepaßt. Für die Meerschweinchensprechstunde sind sie wenig geeignet.

Die von Arnold (1983) an 1 000 Meerschweinchen erprobte **Blutentnahmetechnik** kann als schonendes Routineverfahren beim Meerschweinchenpatienten eingesetzt werden. Sie ist einfach, schnell durchführbar (auch im Beisein des Tierbesitzers) und zulässig.

Durch Abtragen eines Zehnagels ca. 1,5 mm unterhalb des distalen Gefäßschlusses und Einritzen des durchbluteten Nagelbettes wird genügend Blut für ein einfaches Blutbild zu diagnostischen Zwecken gewonnen. Der Blutfluß kann durch vorheriges Baden der Extremität in einem 40–50 °C heißen Wasserbad aktiviert werden. Die Blutentnahme gestattet bei erwachsenen Tieren die Bestimmung folgender Blutparameter: Erythrozytenzahl, Hämoglobingehalt, Hämatokritwert, Leukozytenzahl und Differentialblutbild. Auch für Reflotron®-Parameter eignet sich diese Blutentnahmetechnik. Die von Arnold (1983, 1989) ermittelten physiologischen Normwerte des roten

und weißen Blutbildes liegen innerhalb der aus der Literatur bekannten Grenzen (Tabelle 8).
Auffällig ist der lymphozytäre Charakter des Differentialblutbildes. Als Besonderheit in der Granulozytenreihe sind die eosinophilen Granula der Neutrophilen und daraus resultierend ihre Bezeichnung als „pseudoeosinophile Granulozyten" zu nennen. Diese Zellen unterscheiden sich eindeutig durch Zartheit und viel geringere Dichte ihrer Granula von den eigentlichen Eosinophilen. Auffällig ist weiterhin das paranukleäre Vorkommen sogenannter „Kurloffscher Körperchen" in den mononukleären Leukozyten und hier besonders in den großen Lymphozyten. Über ihre Herkunft und Funktion bestehen verschiedene Hypothesen. Bezogen auf die Gesamtleukozytenanzahl, ist mit 0–5 % betroffenen Zellen zu rechnen. Weitere Möglichkeiten der **Blutentnahme** sind:

– Punktion oder Anritzen der Ohrnerven. Als eine einfache und gefahrlose Methode bietet sie sich für Wiederholungs- bzw. Verlaufsuntersuchungen des Differentialblutbildes an. Die zu entnehmende Blutmenge ist sehr gering, mit Sicherheit aber ausreichend für die Anfertigung eines Blutausstriches.

Tabelle 8. Normwerte des roten und weißen Blutbildes beim Meerschweinchen

Parameter	Einheit	$\bar{x}$
Erythrozyten	T/l	5,80
Hämoglobin	g/l	151,08
Hämatokrit	10^{-2}	0,506
Leukozyten	G/l	9,962
Basophile	10^{-2}	0,0065
Eosinophile	10^{-2}	0,0157
Pseudoeosinophile (Stabkernige)	10^{-2}	0,0025
Pseudoeosinophile (Segmentkernige)	10^{-2}	0,3576
Lymphozyten	10^{-2}	0,5960
Monozyten	10^{-2}	0,0158

- Herzpunktion. Sie eignet sich zur Gewinnung größerer Blutmengen, ist jedoch eine riskante Methode mit möglichen Todesfällen. Zudem stellt sie eine unzumutbare Belastung für Tiere mit gestörtem Allgemeinbefinden dar. Die Herzpunktion sollte nur dann durchgeführt werden, wenn eine größere Blutmenge zur diagnostischen Absicherung einer Bestandserkrankung erforderlich ist.
- Punktion des retrobulbären Venenplexus. Sie ist unter den Bedingungen der Heimtiersprechstunde ungeeignet. Entgegen den guten Erfahrungen mit dieser Methode bei anderen Kleinsäugern gestaltet sie sich bei Meerschweinchen entschieden schwieriger. Bei ihnen tritt durch Stauung der Halsgefäße der Bulbus nur wenig oder gar nicht hervor, und somit besteht die Gefahr einer Bulbusverletzung. In der Versuchstierkunde wird sie bei entsprechender Übung mit gutem Erfolg angewandt.
- Punktion der Vena jugularis oder der oberflächlich gelegenen, sehr feinen Vena femoralis. Beide Verfahren sind als Entnahmemethode in der Heimtiersprechstunde nicht geeignet. Die Vena jugularis ist nur durch operative Freilegung am narkotisierten Tier, die Vena femoralis nur durch einen Hautschnitt erreichbar (Arnold, 1983).

Röntgenuntersuchung

Unter gezielter Indikationsstellung können **Röntgenogramme** auch beim Meerschweinchen mit dazu beitragen, die diagnostischen Möglichkeiten zu erweitern. Erfahrungen mit der Anfertigung guter Röntgenaufnahmen und mit deren Beurteilung sind bei der Kleinheit des Objektes wichtige Voraussetzungen, um diese diagnostischen Möglichkeiten in immer stärkerem Maße zu nutzen.

Bevorzugt werden **Ganzkörperübersichtsaufnahmen.** Die Lagerung des Patienten erfolgt entsprechend der zu untersuchenden Körperregion und der gewünschten Darstellung (Abb. 6–8).

Zur Anfertigung einer Übersichtsaufnahme im dorso-ventralen Strahlengang hat sich die sitzende Stellung als günstig erwiesen. Meerschweinchen nehmen auf dem Röntgentisch hockend sehr häufig eine Schreckstarre ein und brauchen nicht fixiert zu werden. Sehr lebhafte Tiere können in physiologischer Stellung in einem kleinen Plastbehältnis sitzend geröntgt werden. Für Aufnahmen im latero-lateralen Strahlengang werden Meerschweinchen seitlich gelagert ausgebunden oder unter Beachtung des Strahlenschutzes fixiert. Bei erforderlicher Sedierung wird Ketamin injiziert. Bestimmte Organe lassen sich durch Kontrastmittelgabe röntgenologisch besser darstellen.

Es werden folgende, von Jiptner (1982) geprüfte Kontrastdarstellungen beim Meerschweinchen empfohlen:

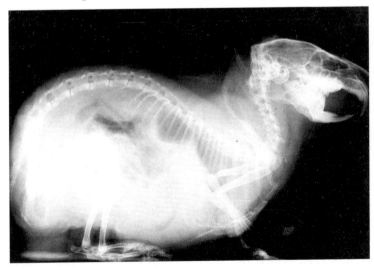

Abb. 6. Röntgenuntersuchung: Übersichtsaufnahme in hockender Stellung (ventro-dorsaler Strahlengang)

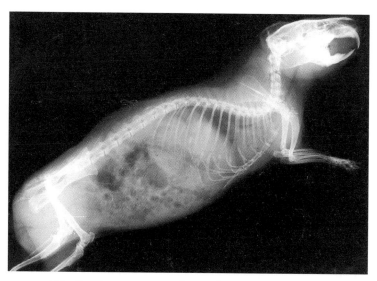

Abb. 7. Röntgenuntersuchung: Übersichtsaufnahme im latero-lateralen Strahlengang

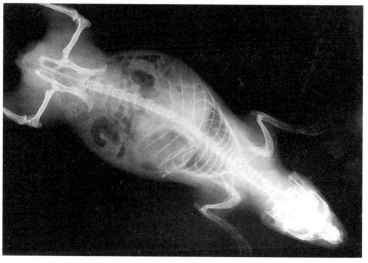

Abb. 8. Röntgenuntersuchung: Übersichtsaufnahme im ventrodorsalen Strahlengang

Zur Kontrolle der Magen-Darm-Passagezeit und zum Nachweis von Prozessen, die den Darmkanal einengen oder die Passage behindern, wird je nach Größe des Tieres bis 5 ml 1:2 mit Wasser verdünntes dickbreiiges Bariumsulfat schluckweise in kleinen Portionen von 0,5 ml in die Backentasche eingegeben. Das Tier hat so genügend Zeit, den Kontrastbrei zwanglos abzuschlucken (Darmpassagezeit s. Physiologie der Verdauung).
Zur Darstellung des Rektums und Kolons ist ein Kontrasteinlauf weniger zeitaufwendig. Das Bariumsulfat wird körperwarm als 1:5 mit Wasser verdünnte Aufschwemmung über einen Katheter oder eine Knopfkanüle in das Rektum appliziert. Für die Darstellung der harnableitenden Organe verwenden wir als jodhaltiges Kontrastmittel Peritrast® 31% in einer Dosierung von 2–3 ml. Das Kontrastmittel wird über einen Venoflexkatheter oder eine

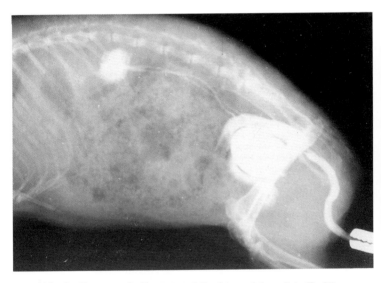

Abb. 9. Retrograde Zysto- und Pyelographie mit jodhaltigem Kontrastmittel. Neben Nieren, Ureter und Harnblase stellen sich auch die schlauchförmig die Harnblase umgebenden Gll. vesiculares dar

Flexyle Nr. 0,5 nach vorheriger Entleerung der Blase retrograd verabreicht. Der Katheter darf nur 3–4,5 cm über die Harnröhre in die Blase eingeführt werden, um Blasenperforationen zu vermeiden. Es empfiehlt sich, eine vorherige Markierung am Katheter anzubringen.
Die **retrograde Zystographie** und **Pyelographie** ist ohne großen Material- und Zeitaufwand beim sedierten Meerschweinchen durchführbar. Es lassen sich Aussagen über die Lage und Größe der Nieren, über Verlauf und Stärke der Ureter und Harnblasenwandveränderungen treffen. Bei männlichen Tieren stellen sich im latero-lateralen Strahlengang (Abb. 9) die ebenfalls mit Kontrastmittel gefüllten Samenblasen (Gll. vesiculares) als schlauchförmig geschlängelte, der Blase eng anliegende Verschattung dar (Jiptner, 1982).

Harnuntersuchung

In Verbindung mit klinischen Daten sollte die Harnuntersuchung bei Verdacht auf Harnwegserkrankungen für die Diagnostik mit genutzt werden.
Die zur Verfügung stehende sehr geringe Harnmenge erlaubt nur die Bestimmung ausgewählter Parameter. Durch Verwendung von Teststreifen, kann die Untersuchungspalette erweitert werden.
Die **Harnentnahme** gestaltet sich relativ einfach. Spontaner Harnabsatz läßt sich oft schon durch digitalen Druck auf die gefüllte Harnblase auslösen. Das **Katheterisieren** ist beim weiblichen Tier mit einem dünnen elastischen Harnkatheter für Katzen möglich. Die außerhalb des Vestibulums mündende Harnröhre ist leicht zugänglich. Beim männlichen Meerschweinchen können außerdem dünne, sehr flexible Venoflexkatheter oder Flexylen verwendet werden. Die Harnröhrenmündung ist beim ausgeschachteten Penis in der doppelt gefältelten Schleimhauttasche des Präputiums einige mm unterhalb der Penis-

spitze zu finden. Als Problem beim Katheterisieren männlicher Tiere sei darauf hingewiesen, daß auch ein geübter Untersucher ein Fehlleiten des Katheters in die der Blase anliegende, paarige Samenblase nicht immer verhindern kann.

Folgende Eigenschaften des Harnes werden geprüft: Transparenz, Farbe, Geruch und Menge.

Der Harn gesunder Meerschweinchen ist transparent, selten milchig-trüb. Die Farbe variiert von Hellgelb bis Bernsteinfarben. Der Geruch des frisch abgesetzten Harnes ist arttypisch, leicht aromatisch. Meerschweinchen setzen den Harn oft in kleinen Mengen (1–3 ml) ab.

Für die **chemische Untersuchung** eignen sich wegen der sehr geringen zur Verfügung stehenden Harnmenge Urinanalyse-Teststreifen wie die Combur-Test®-Streifen von Boehringer Mannheim. Der physiologische pH-Wert liegt beim Meerschweinchen zwischen 8 und 9. Nach Güttner (1979) soll eine Proteinurie bei Nagern physiologisch sein.

Kristalline und organische Harnniederschläge werden durch mikroskopische Untersuchung des Harnsedimentes nach Zentrifugieren bestimmt. Das **Sediment** gesunder Tiere enthält einige Rund- und Plattenepithelien, Urate, Tripelphosphate und vereinzelt oder vermehrt Bakterien. Als physiologisch beurteilt Kirk (1980) auch das Vorhandensein von Calciumoxalat und amorphem Calciumcarbonat.

Mikrobiologische Untersuchung

Von den mikrobiologischen Untersuchungsmöglichkeiten kommen vorrangig bakteriologische und mykologische Untersuchungen zur Anwendung. Bei Versagen der gewählten Chemotherapie oder Rezidiven kann der kulturelle Erregernachweis durch einen Resistenztest ergänzt werden. Er ermöglicht eine gezielte chemotherapeutische

Behandlung. Serologische Untersuchungen zum Nachweis von Antikörpern gegen Erreger bestimmter Infektionskrankheiten (z. B. Toxoplasmose) werden beim Meerschweinchen nur als Bestandsuntersuchung zur Ermittlung des Durchseuchungsgrades genutzt.

Die virologische Untersuchung wird nur bei begründetem Verdacht einer Virusinfektion durchgeführt. Die Entscheidung für diese sehr aufwendige Untersuchung obliegt meist dem Pathologen in Auswertung des Krankheitsberichtes und des Sektionsergebnisses.

Die Entnahme von Untersuchungsmaterial erfolgt mit sauberen, möglichst sterilen Gerätschaften in sterile Glasgefäße. Das Material ist umgehend der Untersuchungseinrichtung zu übersenden. Längere Lagerung kann die Untersuchungsergebnisse ungünstig beeinflussen oder verfälschen.

Als Untersuchungsmaterial dienen: Hautgeschabsel, Sekret nässender Wunden, Abszeßinhalt, Kot-, Blut- und Harnproben (Kotproben als Einzeltierproben), Organproben, Tupferproben von Nasen- und Rachenschleimhautsekret, Konjunktivalsekret, Lippen- und Mundwinkelsekret, Vaginalsekret.

Parasitologische Untersuchung

Sie dient dem Nachweis von Haut- und Darmparasiten. Als Untersuchungsmaterial sind geeignet:

1. kurz abgeschnittene oder ausgezupfte Haare,
2. einfache Hautgeschabsel oder Tupferproben,
3. Abklatschpräparate (durchsichtiges Klebeband wird nach Auseinanderblasen der Haare auf die Haut geklebt, wieder abgezogen und samt anhaftender Partikel auf einen bereitgelegten Objektträger fixiert). Anwendung zum Nachweis von Hautparasiten.
4. Ektoparasiten zur Artbestimmung.

5. Kotproben zum Nachweis von Darmparasiten oder deren Entwicklungsstadien. Bei Meerschweinchen in gemeinsamer Käfig- oder Laufstallhaltung empfiehlt sich die Untersuchung von Sammelkotproben.

Pathologisch-anatomische Untersuchung

Die pathohistologische Untersuchung gestorbener oder getöteter Tiere gibt Aufschluß über Krankheits- und Todesursache. Sie kann die klinische Diagnose bestätigen oder zur Diagnosefindung beitragen. Sie gibt Hinweise auf das Krankheitsspektrum oder die Seuchenlage in größeren Beständen und ermöglicht einen gezielten therapeutischen und prophylaktischen Einsatz bei Bestandserkrankungen.

Sektionsbefunde sind zur Ermittlung der Erkrankungshäufigkeit einzelner Organe oder Organsysteme für den behandelnden Tierarzt von großem Nutzen. Eine Auswertung von 316 Meerschweinchensektionen erfolgte im Hinblick auf die Erfassung eines organbezogenen Krankheitsspektrums (Tabelle 9).

Mit knapp 26 % stehen Erkrankungen des Verdauungstraktes, einschließlich Ernährungsstörungen, an erster Stelle. Werden Begleitsymptome mit berücksichtigt, so können Leber und Lunge gleichermaßen in das Krankheitsgeschehen des Verdauungstraktes einbezogen sein. Bei einer Gesamtauswertung der betroffenen Organschädigungen wurde fast immer eine Beteiligung der Leber gefunden. Der prozentuale Anteil der Herz- und Nierenerkrankungen ist als Begleiterscheinung bedeutend höher, als er bei der Erfassung von Primärsymptomen erscheint. Die Tubulonephrose in Form der Lipoidnephrose ist die am häufigsten anzutreffende Nierenveränderung und oft Folge einer alimentären Störung.

Tabelle 9. Krankheitsspektrum bei 316 Meerschweinchensektionen über einen Zeitraum von 7 Jahren

Organsystem bzw. Organ	Anteil (%)
Verdauungsorgane	25,31
Leber	17,40
Respirationstrakt	13,60
Geschlechtsorgane	8,54
Herz-Kreislauf-Organe	4,43
Harnorgane	3,80
Nervensystem	2,53
Haut	1,58
Bewegungsapparat	0,32
Tumoren (insgesamt)	12,66
Bakterielle Infektionen (insgesamt)	9,83
	100, 00

Während Erkrankungen des Respirationstraktes nach pathologisch-anatomischen Untersuchungen von Heimann und Kunstýř (1975) an 300 als Liebhabertiere gehaltenen Meerschweinchen mit 21,7 % als krankheitsbestimmende Befunde an erster Stelle stehen, hat der Anteil von Primärerkrankungen des Respirationstraktes bei unserem Sektionsmaterial mit 13,6 % einen geringeren Stellenwert. Es wurden vorwiegend interstitielle und alveoläre Pneumonien und Ödeme nachgewiesen.

Auffällig ist in dem ausgewerteten Sektionsmaterial der hohe Prozentsatz eines breiten Tumorspektrums mit 12,66 %. Davon waren 43,9 % bösartige Geschwülste (vorwiegend Sarkome und Karzinome); 7 Tiere waren an einer lymphatischen Leukose erkrankt, das sind 12,3 % der nachgewiesenen bösartigen Geschwulsterkrankungen. Außer Köhler (1979), der bei 1 027 sezierten Meerschweinchen eine Tumorhäufigkeit von 8,6 % ermittelte, wurde von anderen Autoren (Heimann und Kunstýř, 1975; Sebesteny, 1976; Löchelt, 1977) die Tumorrate beim Meerschweinchen als äußerst niedrig bezeichnet.

Krankheitsspektrum aus klinischer Sicht

Einen Überblick über das Krankheitsspektrum aus klinischer Sicht vermittelt Tabelle 10.

Tabelle 10. Krankheitsspektrum bei 880 Meerschweinchenbehandlungen aus klinischer Sicht (Auswertungszeitraum: 2 Jahre)

Organ oder Organsystem	Anzahl	%
Hauterkrankungen	303	34,4
Erkrankungen des Verdauungstraktes	288	32,7
Erkrankungen des Respirationstraktes	90	10,2
Erkrankungen der Geschlechtsorgane	42	4,8
Erkrankungen des Bewegungsapparates	31	3,5
Augenerkrankungen	20	2,3
Erkrankungen des Harntraktes	11	1,3
Erkrankungen des zentralen Nervensystems	9	1,0
diverse Behandlungen einschließlich Krallenverschneiden	58	6,6
Untersuchung und Beratung	28	3,2
	880	100,0

Während sowohl bei der Auswertung der Sektionsergebnisse als auch bei der Auswertung der klinischen Behandlungen der Anteil der Erkrankungen der Verdauungsorgane (einschließlich Zahnanomalien), bezogen auf das analytisch ausgewertete Gesamtkrankheitsspektrum, mit 25 bzw. 34 % am höchsten ist, werden Hautkrankheiten vorwiegend durch die klinische Diagnostik erfaßt. Erkrankungen der Leber wurden als Hauptsymptom klinisch nicht diagnostiziert. Hierfür bedarf es dringend der Nutzung diagnostischer Hilfsmittel. Klinisch ebenfalls nicht abgeklärt wurden Herz- und Kreislauferkrankungen.

Therapeutische Möglichkeiten

Orale Applikation

Einige Antidiarrhoika, Anthelminthika und Wirkstoffe können bei ungestörtem Appetit mit Haferflocken oder anderen Kraftfuttergaben verabreicht werden. Sind Meerschweinchen an regelmäßige Trinkwasseraufnahmen gewöhnt, kann die Applikation einiger Vitaminpräparate oder voll wasserlöslicher Medikamente auf diesem Wege komplikationslos erfolgen. Bei beiden Applikationsformen ist zu berücksichtigen, daß nur solche Medikamente verabreicht werden dürfen, die bei der relativ unkontrollierbar aufgenommenen Menge auch noch unterdosiert wirken oder bei eingeschränkter Oberdosierung schadlos vertragen werden.

Als günstiger hat sich die Eingabe von Medikamenten mittels einer Spritze erwiesen. Hierbei kann genau dosiert und die Aufnahme kontrolliert werden. Bei fixiertem, aber nicht zu hoch gestrecktem Kopf wird der Konus der mit einem Medikament beschickten Spritze seitlich zwischen Schneide- und Backenzähne in die Mundhöhle geschoben und das Präparat eingegeben. Es ist darauf zu achten, daß der Schluckreflex ausgelöst wird und das Tier sich nicht verschluckt. Soll der Besitzer die Medikamenteneingabe über mehrere Tage fortsetzen, hat es sich als günstig erwiesen, daß die erste Eingabe im Beisein des Besitzers erfolgt und die Applikationstechnik demonstriert wird. Zur Gewährleistung einer genauen Dosierung ist eine entsprechend große Plastikspritze mitzugeben.

Injektionen

Die **subkutane Injektion** (s. c.) ist die in der Meerschweinchenpraxis am häufigsten praktizierte Applikationsart zur Verabreichung von Medikamenten. Sie erfolgt im Bereich der seitlichen Brustwand oder im unteren Achselbereich, wo die Haut weniger derb und leichter zu durchstechen ist.

Bei der **intramuskulären Injektion** (i. m.) sollten nicht mehr als 0,5 ml nicht zu tief in die Oberschenkelmuskulatur einer Extremität appliziert werden, um Nekrosen oder das Anstechen von Gefäßen oder Nerven zu vermeiden.

Die **intravenöse Injektion** (i. v.) ist wegen der technischen Schwierigkeiten in der Meerschweinchenpraxis ohne Bedeutung.

Dosierungsangaben sind, wenn nicht anders vermerkt, auf 1 kg Körpergewicht bezogen.

Bei der Anwendung von Chemotherapeutika ist die Empfindlichkeit des Meerschweinchens gegen solche Antibiotika zu beachten, die durch Unterdrückung der physiologischen grampositiven Keimflora zur Vermehrung koliformer Keime führen.

Über die Möglichkeiten medikamentöser Therapie beim Meerschweinchen informiert Tabelle 18 (s. S. 234–242).

Organkrankheiten

Hautkrankheiten

Bei der Untersuchung der Haut ist dem Vorbericht die nötige Beachtung zu schenken. Fragen nach beobachteten Hautveränderungen, Hautläsionen, Juckreiz oder Haarausfall sind genauso wichtig wie Auskünfte über eventuellen Zukauf von Tieren, Art der Haltung, Fütterung und Umweltbedingungen. Bei der Untersuchung ist auf Hautveränderungen, Veränderung der Behaarung, Neubildungen, Vergrößerung der regionären subkutanen Lymphknoten und auf gestörtes Allgemeinbefinden zu

Tabelle 11. Häufigkeitsverteilung der Hautkrankheiten (303 Meerschweinchenpatienten, Auswertung über 2 Jahre)

Diagnose oder Symptom	Anzahl der Fälle	%
Lippengrind oder Mangel an essentiellen Fettsäuren und Vitamin C	112	37,0
Alopezie unterschiedlicher Genese	22	7,3
Pruritus (Allergie) mit und ohne Dermatitis	22	7,3
Ektoparasitenbefall	39	12,8
Mykosen	1	0,3
Pododermatitis	4	1,3
Otitis, Othämatom	6	2,0
Abszesse	22	7,5
Hautverletzungen	8	2,6
Talgdrüsenadenome (Atherome) und sonstige Neubildungen der Haut	67	21,9
	303	100,0

achten. In die Untersuchung sind die gesamte Körperoberfläche, die Schleimhäute, Gehörgänge und Krallen einzubeziehen.
Eine Voraussetzung für die Hautuntersuchung sind gute Lichtverhältnisse und eine Lupe. Zur Häufigkeitsverteilung der Hautkrankheiten siehe Tabelle 11.
Neben verschiedenen äußeren Faktoren, wie Ektoparasitenbefall, Pilzinfektionen, Hautverletzungen, unsachgemäße Haltungsbedingungen und ungünstige Umweltfaktoren, können Hautkrankheiten auch Folgeerscheinungen innerer Erkrankungen sein. Als auslösende Ursachen gelten Stoffwechselstörungen und Viaminmangelerscheinungen, Ernährungsschäden, latent oder chronisch verlaufende bakterielle Infektionskrankheiten, Organkrankheiten und starker Endoparasitenbefall.

Alopezie

Alopezie ist Leitsymptom einer Anzahl äußerer und innerer Störfaktoren. Je nach Grundkrankheit ist der Haarausfall lokal auf einzelne markante Hautbezirke begrenzt oder generalisiert flächenhaft ausgebreitet. Haarausfall vollzieht sich mit oder ohne äußerlich erkennbare Hautveränderungen. Man unterscheidet zwischen physiologischem und pathologischem Haarausfall.
Als physiologisch sind die angeborenen haarlosen Hautbezirke anzusehen: hinter der Ohrmuschel, an den Fußsohlen, Ballen und Zehen; spärliche Behaarung: Ohren, Innenseiten der Oberschenkel und des Skrotums.
Die *endokrine Alopezie* ist die beim Meerschweinchen häufigste Form eines flächenhaften Haarausfalls ohne Hautveränderungen.
Ätiologie: Nach der auslösenden Ursache ist zu unterscheiden zwischen der Alopecia post partum und der Alopezie infolge erhöhten Hormonspiegels (hormonal aktive Eierstockzysten, artifiziell durch Östrogenbehandlung).

Die Alopecia post partum entsteht physiologisch durch hormonale Beeinflussung des Haarzyklus während der Trächtigkeit mit überstürztem Haarausfall und Kahlheit in charakteristischen Hautregionen. Sie wird oft im letzten Drittel der Trächtigkeit, vornehmlich aber in der Nachgeburtsperiode beobachtet. Die durch Östrogeneinwirkung während der Trächtigkeit und Laktation ablaufenden Veränderungen in Haut und Haarkleid können zu einer 90–100%igen Wachstumsruhe mit Synchronisation der Ruhehaare und zu nachfolgendem massivem Haarverlust führen (Elchlepp, 1966; Bosse, 1968; Fehr, 1992). Besonders häufig sind Muttertiere bei intensiver Zuchtnutzung betroffen.

Als begünstigende Faktoren vermutet Weihe (1968) eine Hypovitminose und Mineralstoffmangel.

Beidseitig symmetrischer Haarausfall wird ebenfalls bei weiblichen Meerschweinchen mit hormonal aktiven Ovarialzysten oder nach einer Hormonbehandlung mit Östrogenen beobachtet.

Klinisches Bild: beidseitig symmetrischer Haarausfall mit Kahlheit der Flanken, des Bauches und der inneren Oberschenkel. Auffällig ist in der Anfangsphase eine zunehmende Lichtung des Haarkleides im Flankenbereich. Bei Östrogenüberschuß lassen sich Haare durch vermehrte Lockerung büschelweise abstreichen oder auszupfen und fallen aus.

Therapie: während der Trächtigkeit gute Haltungsbedingungen und vitaminreiche, vollwertige Ernährung.

Bei Ovarialzysten kann die hormonale Dysregulation durch einmalige subkutane Gestagenapplikation (Progesteronacetat oder Chlormadinonacetat, 10 mg/Tier, nach 5–6 Monaten wiederholen) oder Kastration behoben werden. Bei Östrogenüberschuß infolge therapeutischer Maßnahmen ist die Östrogenmedikation abzusetzen. Eine Behandlung ist nicht erforderlich. Der Hormonspiegel reguliert sich bei intaktem Sexualzyklus auf natürlichem Wege. Die Haare wachsen wieder nach.

Alopezie als *Begleiterscheinung äußerer oder innerer*

Erkrankungen ist häufig durch umschriebene oder lokal begrenzte Hautveränderungen charakterisiert.

Ätiologie: Zum Haarausfall kommt es meist durch Scheuern und Kratzen infolge starken Juckreizes. Das gilt besonders für Ektoparasitenbefall, sekundär infizierte Biß- und Kratzverletzungen und eine Dermatitis mit sekundärer Keimbesiedlung und Pustelbildung. Umschriebene Alopezie oder abgebrochene Haare werden bei Pilzinfektionen, besonders im Bereich des Kopfes gefunden. Allergische Hautreaktionen mit starkem Juckreiz verursachen ebenfalls Haarausfall.

Klinisches Bild: rauhes, struppiges, stumpfes Haarkleid, abgebrochene oder ausgefallene Haare, Dermatitis, Kratzekzem.

Diagnose: klinisches Bild, Nachweis der auslösenden Ursachen; wenn erforderlich, kultureller Erregernachweis, bei Allergie Einstreuwechsel, parasitologische oder mykologische Untersuchung.

Therapie: symptomatisch entsprechend klinischem Bild und Erregernachweis. Vitaminreiche, vollwertige Ernährung, gute Haltungsbedingungen, Verabreichung von Multivitaminpräparaten und Vitamin C.

Fütterungsbedingte Mangelkrankheiten

Einen hohen Stellenwert nehmen unter den sekundär bedingten Hautkrankheiten des Meerschweinchens die fütterungsbedingten Mangelkrankheiten ein. Sie entwickeln sich langsam, und die Symptome sind nicht immer eindeutig. In den meisten Fällen ist ihr Erscheinungsbild sogar für längere Zeit recht uncharakteristisch und als solches nur schwer zu erkennen. Fütterungsbedingte Hautkrankheiten, einschließlich einer Resistenzschwäche der Haut, können verursacht werden durch Unterversorgung mit essentiellen Aminosäuren, Fettsäuren, Vitaminen und Spurenelementen (Magnesium, Mangan, Zink, Cobalt). Vitaminmangelsymptome der Haut

werden ausgelöst durch ein Defizit an den Vitaminen C und A und bei Störungen im Verdauungsablauf durch den Mangel an Vitamin B_2, B_6 und Pantothensäure.
Einen wesentlichen Mangelfaktor stellt, besonders in den grünfutterarmen Wintermonaten (Oktober bis März), die häufige Unterversorgung mit ungesättigten Fettsäuren dar, die vor allem in pflanzlichen Eiweißfuttermitteln enthalten sind. Symptome eines solchen Mangels sind der Lippengrind und, wenn auch seltener, Ekzeme an den Pfoten.

Cheilitis

Lippengrind präsentiert sich unter dem Bild schorfig-entzündlicher Veränderungen an Lippen und Mundwinkeln (Abb. 10).
Ätiologie: Ursache ist eine durch Fettsäuremangel und durch Vitamin-C- und -A-Mangel geförderte Resistenz-

Abb. 10. Cheilitis (Lippengrind)

schwäche der Haut, die über feinste, durch hartstengliges Rauhfutter erzeugte Mikroverletzungen an Lippen und Mundwinkeln günstige Bedingungen für eine sekundäre Keimbesiedlung schafft, vornehmlich für eine lokale Staphylokokkenbesiedlung. Staphylokokken gehören in geringer Zahl zur hautspezifischen Keimflora. Andere bei Lippengrind nachgewiesene Bakterien und Hefen werden auch in Kotproben gesunder Meerschweinchen gefunden. Es ist zu vermuten, daß die Keimbesiedlung der entzündeten Lippen nicht nur durch verschmutztes Heu, sondern auch durch die Zökotrophie erfolgt. Streßfaktoren begünstigen die Infektionsanfälligkeit.

Klinisches Bild: Fettsäuremangel äußert sich am auffälligsten durch rauhes, struppiges, stumpfes Fell und Ekzeme an Pfoten und Schnauze. Beim Meerschweinchen sind die Mundwinkel einschließlich des gespaltenen Teils der Oberlippe entzündet. Durch Keimbesiedlung entwickelt sich ein nässendes, krustöses Ekzem (Lippengrind). Oft werden nur lokale Veränderungen in den Mundwinkeln angetroffen. Bei der Untersuchung findet man die Lippen verdickt, die Mundwinkel oberflächlich geplatzt, hyperkeratotisch verändert und durch exsudative, eitrige Borken verklebt.

Das Allgemeinbefinden der Tiere ist ungestört, wenn nicht ursächlich Störungen anderer Genese vorliegen.

Diagnose: Sie ergibt sich aus dem unverwechselbaren klinischen Bild. Durch kulturellen Erregernachweis aus Tupferproben von eitrigem Exsudat oder Hautabstrichen läßt sich die Keimbesiedlung nachweisen. In den von uns untersuchten Proben wurden hauptsächlich Staphylokokken, seltener Mikrokokken, Streptokokken, aerobe Sporenbildner und Hefen angezüchtet.

Therapie: Vor allem in der grünfutterarmen Zeit ist besondere Aufmerksamkeit auf ein ausreichendes Vitamin-C- und -A-Angebot zu richten. Gut gelagerte Mohrrüben sollten in dieser Jahreszeit immer ein Bestandteil des Futters sein. Als Multivitaminpräparate können täglich 2–4 Tropfen Vitacombex®-Natrium (Fa. Parke-Davis), Gervivet®-

Vitamintropfen (Fa. Chassot) oder Vitamin AD$_3$EC® 2–3 Wochen lang verabreicht werden. Die therapeutische Dosis von Vitamin C beträgt 50–100 mg/Tier und Tag. Die Zufuhr ungesättigter Fettsäuren erfolgt therapeutisch oder prophylaktisch durch Zufütterung von Sonnenblumen- oder Leinsamenkernen in geschroteter Form oder als Leinöl. Gute Erfolge zeigen sich meist schon nach 2–3wöchiger Verabreichung von täglich einem Teelöffel geschroteter Kerne als Kraftfutterzusatz.

Für die lokale Behandlung hat sich das Einpinseln der entzündeten und verschorften Hautstellen und Umgebung mit vitamin-A-haltigen Medikamenten, Adstringentien, Jodglycerol und lokal anwendbaren Chemotherapeutika oder Antibiotika, wie Surolan® (Fa. Janssen) oder Sofan® (Fa. Pfizer), bewährt. Auf gute Haltungs- und Umweltbedingungen ist zu achten.

Ballenentzündung, Ballenabszesse

Die Ballenentzündung (Pododermatitis) begegnet uns in drei Verlaufsformen:
- aseptische Form (bei Druck, Nässe, Fehlbelastung),
- Aszeßbildung (infiziert, nach Läsionen der Ballenhaut),
- chronische Form (fibröse Granulombildung).

Ätiologie: unbekannt. Für die Ausbildung einer *Pododermatitis* sind neben prädisponierenden Faktoren Fehler in der Fütterung und Haltung, Mangel an ungesättigten Fettsäuren und eine Keimbesiedlung verantwortlich zu machen. Nachteilig wirken sich die Haltung auf ungeeignetem Untergrund (Drahtboden, fußkalt), Bodennässe und Bewegungsmangel auf die Ballenhaut aus. Besonders häufig erkranken gut genährte Tiere (Wasel, 1984; Isenbügel, 1985).

Klinisches Bild: Die Ballenhaut bekommt ein dünnes, pergamentartiges Aussehen (Abb. 11). Vor Keimbesiedlung ist sie geschützt, solange sie unverletzt bleibt. Durch Entzündung, Abschuppung und kleine Verletzungen kommt

Abb. 11. Sohlen- und Ballenentzündung

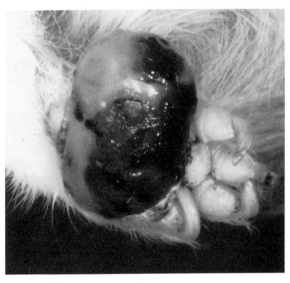

Abb. 12. Pododermatitis; chronisch-fibröse Granulombildung mit Ballenabszeß

es zur Staphylokokken- oder Streptokokkeninfektion. Die entzündeten Ballen sind schmerzhaft. Geschädigte oder abgestorbene Hautschuppen lösen sich ab. Nach Keimbesiedlung können sich ein nässend-schorfiges Ekzem oder Ballenabszesse entwickeln. Bei der chronischen Form bilden sich durch Bindegewebsproliferation geschwulstartige fibröse Granulome (Abb. 12).
Therapie: Abstellen der Ursache hinsichtlich Haltung und Fütterung. Wichtig ist eine trockene, weiche Unterlage, bei Einzelhaltung am günstigsten Zellstoff. Käfig täglich reinigen. Ausschluß resistenzmindernder Faktoren durch gehaltvolle Fütterung unter besonderer Beachtung des Anteils essentieller Fettsäuren und Vitamine. Lokalbehandlung mit Wund- und Heilsalben oder -ölen bringt oft nur zeitweiligen Erfolg. Das gleiche gilt für lokale antibiotische Behandlung. Bei nachgewiesener Pyodermie ist die lokale Behandlung durch allgemeine Antibiose mit Trimethoprim-Sulfonamid- oder Chloramphenicol-Präparaten zu unterstützen. Ballenabszesse sind zu spalten. Eine Behandlung fibröser Granulome ist schwierig. Eine chirurgische Versorgung bringt wegen der schlechten Heilungstendenz im Ballenbereich nicht immer den gewünschten Erfolg. Werden die Granulome herausgeschält, sollten die nachfolgende Wundbehandlung und Heilung durch Pfotenverbände unterstützt werden.

Dermatitis

Ätiologie: Die meisten Dermatitiden sind auf sekundär infizierte Wunden nach Kratz-, Biß- und Rißverletzungen zurückzuführen. Starken Juckreiz auslösender Haarlingsbefall, Stoffwechselstörungen und allergische Hautreaktionen begünstigen die Keimbesiedlung und die Vermehrung pathogener Keime, bevorzugt die von Staphylokokken und Pseudomonaden. Bei gleichzeitig gestörtem Allgemeinbefinden ist die Ursache für die *Dermatitis* häufig in einer bakteriellen Allgemeininfektion zu suchen.

Eine *Schmutzdermatitis,* wie sie Löliger (1986) bei Kaninchen beschreibt, entwickelt sich aus einer meist lokalen Wundinfektion mit pathogenen Schmutzkeimen aus dem Stallmilieu. Sie ist besonders an den Hautpartien zu erwarten, die durch Speichel, Kotbrei oder Harn über längere Zeit durchnäßt und verschmutzt sind.
Bevorzugte Körperregionen sind: die *Mundumgebung,* Hals- und Außenflächen der Vorderextremitäten bei starkem Speichelfluß infolge von Zahnanomalien, Mundhöhlenerkrankungen, Abszessen oder Schnupfen; die *Perinealgegend und Schenkelinnenflächen* bei starkem Durchfall, Blasenentzündung, Lähmungserscheinungen (besonders bei Langhaarmeerschweinchen); die *Sohlenflächen* und Ballen (Pododermatitis) bei Bodennässe, starker Käfigverschmutzung und unregelmäßigem Wechsel der Einstreu.
Klinisches Bild: Die betroffenen Hautpartien sind verschmutzt, die Haare verklebt, oft auch durchfeuchtet und an kontaminierten Stellen teilweise ausgefallen. Entzündete Hautpartien sind gerötet, geschwollen und mit Bläschen, eitrigen, schmierigen oder schorfigen Belägen bedeckt. Bei Ektoparasitenbefall oder Mykose zeigen Tiere je nach Schweregrad eine lokal oder flächenhaft ausgedehnte Dermatitis mit Pruritus, Erythem, Schuppen- und Krustenbildung, Hautverdickung mit regionalem Haarausfall und Kratzverletzungen.
Diagnose: klinischer Befund, kultureller Erregernachweis bei Verdacht auf bakterielle Sekundärinfektion oder Mykose. Bei Ektoparasitenbefall mikroskopischer Befund.
Therapie: Beseitigung der auslösenden Ursachen. Verklebte Haare sind zu scheren, Wunden und entzündete Hautregionen zu reinigen. Anschließend genügt meist eine Wundversorgung mit einem Sulfonamid-Wundpuder, abdeckenden Salben oder einem Wundspray. Bei Komplikation der Wundheilung ist die Keimbestimmung Voraussetzung für den gezielten Einsatz von Chemotherapeutika. Unterstützend sind gute Haltungsbedingungen und regelmäßiger Einstreuwechsel.

Halsabszesse

Ätiologie: Beim Meerschweinchen haben Abszesse oft ihren Ausgangspunkt in den sich entzündenden submandibularen Halslymphknoten, wobei die Infektion nur auf den Halsbereich beschränkt bleibt. Es entwickelt sich eine meist einseitige, eitrig-abszedierende Lymphadenitis.
Die Ausbildung einer bindegewebigen Kapsel verhindert die Ausbreitung der Infektion. Bei generalisiertem Infektionsgeschehen kommen unspezifische Allgemeinerscheinungen hinzu. Als Ursache wird eine primäre Infektion der Mund- oder Rachenschleimhaut angesehen. Kleine Hautläsionen oder eingespießte Fremdkörper bilden die Grundlage für die Vermehrung einer Anzahl pathogener Keime, wie *Streptococcus zooepidemicus, Staphylococcus aureus, Pseudomonas aeruginosa, Pasteurella multocida, Actinomyces pyogenes* und verschiedene Enterobakterien (Sebesteny, 1976; Güttner, 1979). Von Kunstýř und Matthiesen (1973) wurden Halsabszesse als chronische Verlaufsform einer *Streptococcus-zooepidemicus*-Infektion beschrieben.

Klinisches Bild: Der Hals ist meist einseitig angeschwollen, der entzündete Lymphknoten palpabel und bei Abszeßbildung stark umfangsvermehrt, aber nicht schmerzhaft. Die Haut über dem Abszeß wölbt sich vor, fühlt sich wärmer an und wird durch den Druck angestauten Eiters papierdünn. Wird er nicht rechtzeitig gespalten, kommt es zum Durchbruch. Der sich reichlich entleerende dickflüssige Eiter verschmiert nicht nur die Wundumgebung, sondern sorgt für die Weiterverbreitung der Keime und Neuinfektion.

Diagnose: klinisches Bild.

Therapie: Spalten des Abszesses, nachdem ihn Einreibungen mit hyperämisierenden Salben und feuchtwarme Umschläge zur Reifung gebracht haben. Die Inzision muß so groß sein, daß der Eiter abfließen kann. Zum Spülen der Abszeßhöhle eignen sich als Desinfiziens Rivanol®-

Lösung 1:1000 verdünnt oder als chemotherapeutisch wirkende Lösung Supronal®-Suspension. Eine systemische Antibiose ist nur bei gestörtem Allgemeinbefinden oder Rezidiven angezeigt.

Otitis externa

Sowohl die Ohrmuschel und der äußere Gehörgang als auch das Mittelohr können erkranken. Die *Ohrmuschel* weist vor allem Bißverletzungen oder eine Reizdermatitis auf, verursacht durch starken Juckreiz nach Kratzverletzungen infolge Ektoparasitenbefall oder allergischer Reaktionen.

Ätiologie: Die *Otitis externa* wird beim Meerschweinchen selten beobachtet. Starke Verschmutzung des äußeren Gehörganges und Keimbesiedlung, aber auch Fremdkörper oder Ohrräudemilbenbefall können vermehrte Zerumen- und Exsudatbildung verursachen und zu einer Otitis purulenta führen. Ohrräudemilben des Meerschweinchens sind *Notoedres*-Spezies, bei gemeinsamer Haltung mit Kaninchen ist auch *Psoroptes*-Räudemilbenbefall möglich (Möller, 1984; Kunstýř, 1989).

Kunstýř und Mitarb. (1977, Güttner (1979) und Wasel (1984) berichteten über das relativ häufige Vorkommen einer *Otitis media* und *Otitis interna* durch Streptokokken und andere bakterielle Erreger.

Klinisches Bild: Bei Otitis externa fallen Unruhe, Kopfschütteln und Juckreiz auf. Der äußere Gehörgang kann durch Exsudat oder bröcklig-krümelige Massen verstopft sein. Bringt man diese auf ein schwarzes Papier, können bei Befall Ohrräudemilben bereits ohne Mikroskop erkannt und nachgewiesen werden. Bei heraustropfendem Eiter ist auch das umliegende Fell durchfeuchtet und verklebt. Bei der Otitis media oder Otitis interna ist das Allgemeinbefinden je nach Schwere der Infektion und ihrer Ausdehnung mehr oder weniger stark beeinträchtigt. Zentralnervale Erscheinungen stehen im Vorder-

grund des Krankheitsgeschehens (otogene Meningoenzephalitis). Klinisches Bild: s. Streptokokkeninfektion.
Diagnose: Röntgenologisch läßt sich unter Umständen die angefüllte Bulla tympanica darstellen (Wasel 1980). Parasitologische Untersuchung zum Nachweis von Räudemilben aus Tupferproben; wenn erforderlich, kultureller Erregernachweis.
Therapie: Die Behandlung der Otitis externa richtet sich nach dem Erregerspektrum. Nach vorherigem Reinigen des Gehörganges mit einem Watteträger ohne alkoholhaltige Ohrreinigungsmittel werden entzündungshemmende oder antibiotisch wirkende Salben, Ohrtropfen (Surolan®), erforderlichenfalls auch Antiparasitika – z. B. Orisel® oder 1–2 Tropfen Ivomec® 1:10 verdünnt mit Propylenglycol in jedes Ohr, eventuell nach einer Woche wiederholen (Burke 1992) – angewendet. Eine wirksame Therapie der Mittelohr- und Innenohrentzündungen ist nicht bekannt. Parenterale Antibiotikagaben führen oft nicht zum gewünschten Erfolg.

Hautverklebungen

Verklebungen und Verklumpungen durch Talgdrüsenausscheidungen zwischen den beiden Hälften des angedeuteten Hodensackes treten bisweilen bei alten männlichen Tieren auf. Die Absonderungen sind fettige schmierige teilweise abgetrocknete Massen.
Behandlung: Durch regelmäßiges Reinigen der Hodengegend mit Wasser und Seife kann solchen Absonderungen und Verklebungen weitgehend vorgebeugt werden (Löchelt 1977). Anschließend entzündungswidrige Wundpuder, Salben oder Abreiben mit einer entfettenden Lösung.

Hautverletzungen

Ätiologie: Hautverletzungen treten meist durch Beißereien oder nach Traumatisierung an scharfen Kanten auf. Zu

Bißverletzungen kommt es bei sozialen Auseinandersetzungen und Rangordnungskämpfen geschlechtsreifer Männchen im gleichen Käfig oder Stall. Die Ursache ist möglicherweise in zu hoher Besatzdichte oder räumlicher Enge zu suchen.

Verletzungen größeren Ausmaßes können durch Fremdeinwirkung, besonders durch Katzen und Greifvögel, verursacht werden. Sie kommen allerdings nur ganz selten bei Freilandhaltung in unabgedeckten Auslaufkäfigen vor.

Klinisches Bild: Rücken und Flanken weisen zahlreiche oberflächliche, frische, zum Teil aber auch schon verkrustete oder verschorfte Hautverletzungen auf. Auch zerbissene Ohrränder lassen sich auf Rangordnungskämpfe zurückführen.

Therapie: Nach vorheriger Anästhesie sind bestehende Blutungen zu stillen und die Wunde und Wundumgebung zu säubern. Oft genügt bei Flächenblutungen bereits eine Drucktamponade oder das Auflegen eines Gelasponschwammes (Hämostyptikum). Über operative Wundversorgung entscheiden Zustand und Größe der Verletzungen. Kleine Wunden heilen bei entsprechender Wundversorgung ohne Wundverschluß. Größere frische Wunden sind chirurgisch zu versorgen. Bei sozialen Auseinandersetzungen sind unverträgliche Tiere zu trennen, andernfalls ist die Besatzdichte im Käfig zu verringern.

Talgdrüsenadenome

Ätiologie: Talgdrüsenadenome bilden sich nach sekundärer Anschoppung von Talgdrüsensekret, Haarfragmenten und Keratinen durch verlegte Drüsenausgänge als benigne epidermale Follikelzysten. Besonders häufig erkrankt das Drüsenfeld der Glandula caudalis in der Sakralgegend. Talgdrüsenadenome (Atherom, Trichofollikulom) können aber auch in anderen Hautregionen festgestellt werden (Abb. 13).

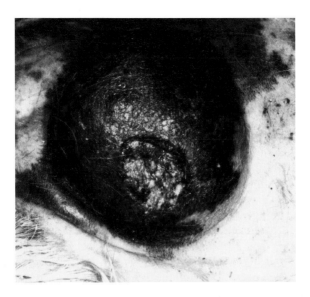

Abb. 13. Stark pigmentiertes Talgdrüsenadenom mit Hautläsion im Lendenwirbelsäulenbereich

Klinisches Bild: Die häufig schwarz pigmentierten, haararmen oder haarlosen, bis kastaniengroß sich vorwölbenden Hautareale entleeren bei Druck oder Punktion eine schwarz-graue, schmierige Masse. Spontan entleerte oder ausgedrückte Adenome hinterlassen große, sehr schlecht heilende Wunden.
Diagnose: Lokalisation, Konsistenz, Punktion.
Therapie: operative Entfernung beim narkotisierten Tier. Das Adenom ist mit der unverletzten Kapsel vollständig herauszuschälen. Von der Unterhaut ist es gut abgesetzt. Wundverschluß mit Knopfnähten oder einer rückläufigen Naht. Die Heilung verläuft problemlos (Tuch und Tuch, 1979; Isenbügel, 1985). Die Fäden werden erst nach 10 Tagen gezogen, da Meerschweinchen gegenüber anderen Säugetierarten leicht verzögerte Heiltendenz haben (Tesprateep und Mitarb., 1974).

Allergien

Allergien mit starken Hautreaktionen beschrieb Isenbügel (1985) besonders bei Albinomeerschweinchen. Möller (1984) fand bei 13 von 133 untersuchten Meerschweinchen (= 9,8 %) allergische Reaktionen unter dem klinischen Bild einer Dermatitis. Als auslösende Ursache wurde in allen Fällen die benutzte Einstreu nachgewiesen. Als Allergene wirkten Heustaub, Stroh, Sägemehl, Hobelspäne, Katzenstreu oder Torfmull. Sobald die Einstreu entfernt und die Käfige mit Papier ausgelegt waren, normalisierte sich die Haut auch ohne Medikamentengabe. Shampoo- oder Seifenhaarwäschen, wie sie gar nicht so selten bei Langhaarmeerschweinchen praktiziert werden, können ebenfalls allergische Reaktionen auslösen (Möller, 1984).

Klinisches Bild: Tiere erkranken an einer Konjunktivitis unterschiedlichen Schweregrades. Daneben stehen Pruritus, Dermatitis und Alopezie im Vordergrund der Symptomatik. Besonders an leicht zugängigen Hautregionen führen Scheuern, Kratzen und Benagen zur Hautrötung, Entzündung und zu haararmen oder haarlosen Stellen. Starke Unruhe der Reagenten ist nicht selten mit leicht gestörtem Allgemeinbefinden gekoppelt.

Beim Menschen können Meerschweinchenallergien besonders Symptome am unteren Respirationstrakt auslösen. Nach Untersuchungen von Rudolph (1981) überwiegen diese Symptome mit 78,7 % gegenüber 21,2 % allergischer Reaktionen der Schleimhäute mit Schnupfen und Bindehautentzündung.

Therapie: Abstellen der Ursache. Einstreuwechsel, günstiger einstreulose Haltung bis zum Abklingen des Juckreizes und bestehender Dermatitis. Um den reichlich anfallenden Harn aufzusaugen, kann Zellstoff als Unterlage für die Bodenschale des Käfigs empfohlen werden. Dermatitisbehandlung symptomatisch. Orale oder parenterale Vitamin-C-Applikationen und orale Multivitamingaben unterstützen den Heilungsprozeß bei bestehender Dermatitis. Bei stark ausgeprägtem Juckreiz ist eine systemische

Behandlung mit Corticosteroiden durch Gaben von 1 mg/kg KM Prednisolon oder Dexamethason subkutan einzuleiten und in zweitägigem Abstand mit 0,5 und dann bis zum Abklingen des Juckreizes mit 0,25 mg/kg KM oral fortzusetzen (Graf, 1993). Die Konjunktivitis wird mit vitamin-A- und corticosteroidhaltigen Augentropfen oder -salben und bei eitrigem Augenausfluß mit antibiotikahaltigen Augenpräparaten wie Terramycin®- oder Terracortril®-Augensalbe behandelt.

Zu lange Krallen

Zu lange Krallen beeinträchtigen das Laufen, weil der ganze Fuß zur Seite verdreht und als Lauffläche genutzt wird. Dauert dieser Zustand zu lange, begünstigt die unphysiologische Fußbelastung die Ausbildung einer Pododermatitis (Drucknekrosen).

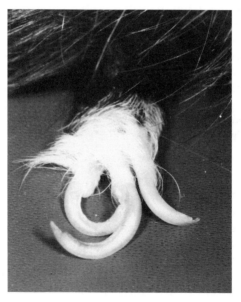

Abb. 14. Zu lange Krallen (Hinterextremität)

Klinisches Bild: Korkenzieherartig gewachsene Nägel können in die Ballen einwachsen und dem Tier Schmerzen bereiten (Abb. 14). Zu lange Krallen bergen die Gefahr des Hängenbleibens und von Verletzungen in sich.
Therapie: Kontrolle und regelmäßiges Schneiden nachwachsender Krallen. Das sehr harte Horn der Nägel läßt sich am besten mit einer scharfen Nagelzange schneiden. Um Blutgefäße und Nervenenden nicht zu verletzen, dürfen Krallen nicht zu kurz geschnitten werden. Bei hellen Krallen ist die durchblutete Zone bei Beleuchtung gut sichtbar.

Erkrankungen der Atemwege

Atemwegsinfektionen nehmen einen hohen Stellenwert im Krankheitsgeschehen der Meerschweinchen ein. Erkältungen, zahlreiche bakterielle Erreger und Viren verursachen akut oder chronisch verlaufende Krankheitserscheinungen mit unterschiedlich stark ausgeprägten Entzündungen und Symptomen.
Erreger von Atemwegsinfektionen mit meist schwerem oder tödlichem Verlauf sind bei Meerschweinchen: *Streptococcus zooepidemicus, Streptococcus pneumoniae, Bordetella bronchiseptica, Pasteuralla multocida, Klebsiella pneumoniae* und *Mycobacterium tuberculosis* (sehr selten).
Meerschweinchen infizieren sich durch Niesen, Husten, Tröpfcheninfektion und Staubaufwirbelung, durch zugekaufte, gesund erscheinende Tiere, die Keimträger und Ausscheider sind, sowie durch Kontakt der Tiere untereinander und manchmal auch durch den Menschen. Einige Erreger werden durch infizierte Schadnager in den Bestand eingeschleppt oder durch verunreinigtes, infiziertes Futter aufgenommen. Krankheitsbegünstigend wirken Zugluft, plötzlicher Temperaturwechsel, Bodennässe, Unterkühlung und Überhitzung bei zu geringer

Luftfeuchtigkeit während der Heizperiode und weitere umweltabhängige Faktoren. Aber auch Fütterungsfehler, Hypovitaminosen, andere Grundkrankheiten und Streßsituationen können die körpereigenen Widerstandskräfte ungünstig beeinflussen und zur Verminderung der Infektionsabwehr und zur Resistenzschwäche führen. Besonders in den Wintermonaten erkranken Meerschweinchen an Atemwegsinfektionen.

Klinisches Bild: Je nach Organbesiedlung, Ausbreitung des Erregers und Krankheitsverlauf entwickeln sich unterschiedliche Symptome. Rhinitis kann das einzige oder erste Krankheitszeichen sein. Symptome sind seröser bis purulenter Nasenausfluß mit verklebten Nasenöffnungen, Krusten von eingetrocknetem Exsudat in der Nasenumgebung, oft auch Konjunktivitis.

Durch Scheuern und Wischen ist das Fell in der Nasen- und Mundregion sowie an den Außenflächen der Vorderextremitäten verschmutzt und verklebt. Erkennbar werden die Anzeichen einer Atemwegsinfektion durch Niesen, Husten, Atembeschleunigung, Keuchen und erschwerte Atmung. Dem Untersucher fällt meist nur vollständige Teilnahmslosigkeit der erkrankten Tiere auf. Die Augen werden fast geschlossen gehalten, das Fell ist glanzlos und gesträubt, die Atmung flach und hochfrequent, Futter wird nicht aufgenommen. Der Tod tritt häufig unter Krämpfen 1–3 Tage nach Krankheitsbeginn ein. Alle diese Symptome sind Ausdruck einer Bronchitis, Pneumonie, Bronchopneumonie oder Pleuritis. Pneumonien bilden die häufigste Todesursache, oft nach vorangegangener Septikämie.

Der chronische Krankheitsverlauf geht ebenfalls mit einer hohen Sterblichkeitsrate einher, ist aber weniger auffällig. Oft erschwert der Mangel an eindeutigen Symptomen eine diagnostische Aussage oder macht sie unmöglich. Einzige auffällige Erscheinungen sind die Appetitlosigkeit, Abmagerung und verminderte Lebhaftigkeit. Chronisch erkrankte Tiere können nach 6–8 Wochen sterben.

Diagnose: Sie ergibt sich aus dem klinischen Bild. Eine eindeutige Diagnose der bakteriellen Erkrankungen des Atemtraktes ist nur durch die Sektion und den kulturellen Erregernachweis zu stellen.
Therapie: parenterale Applikation eines Breitspektrumantibiotikums (Chloramphenicol, Tetracycline) oder einer Trimethoprim-Sulfonamid-Kombination. Bei Bestandserkrankung ist eine gezielte Behandlung nach vorherigem Erregernachweis und Resistenzprüfung einzuleiten. Unterstützend wirken Vitamin-C- oder Multivitamingaben. Bei stark gestörtem Allgemeinbefinden, Futterverweigerung und Exsikkose können Glucose 10%ig und Vollelektrolytlösung subkutan appliziert werden. Spezielle Behandlungshinweise: s. bei bakteriell bedingten Krankheiten des Respirationstraktes.
Die Prophylaxe von Erkrankungen der Atmungswege umfaßt gute Haltungsbedingungen und strenge hygienische Maßnahmen mit regelmäßiger Käfigreinigung einschließlich Desinfektion und Einstreuwechsel.

Erkrankungen der Verdauungsorgane

Fütterungsbedingte Verdauungsstörungen

In der tierärztlichen Sprechstunde gehören Verdauungsstörungen beim individuell gehaltenen Meerschweinchen zu den am häufigsten diagnostizierten Erkrankungen. Sie sind vermeidbar, wenn die Anforderungen an die Fütterungstechnik sowie an Qualität und Menge des Futters beachtet werden. Obgleich Meerschweinchen keine großen Ansprüche an die Fütterung stellen, reagieren sie auf Fütterungsfehler und unsachgemäße Haltungsbedingungen sehr schnell mit Appetitlosigkeit, Futterverweigerung, Abmagerung und Teilnahmslosigkeit. Neben empfindlichen Störungen im Verdauungsablauf kann eine falsche Fütterung zu Mangelkrankheiten mit unterschiedlichen Symptomen und zu plötzlichen Todesfällen, besonders bei Jungtieren führen (Tabelle 12).

Tabelle 12. Beziehungen zwischen Fütterungsfehlern und Gesundheitsstörungen

Ursachen	Symptome
1. Unregelmäßige Fütterung	
– unregelmäßige Fütterungszeiten	– Verdauungsstörungen
– Vorratsfütterung, um beispielsweise Wochenenden bei Abwesenheit zu überbrücken	– Gefahr der Magenüberladung
– Ersatzfütterung nach vorherigem Hungern	– bei Hunger erschöpft sich die Sekretionstätigkeit der Magendrüsen
2. Unsachgemäße Fütterung	
– plötzliche Futterumstellung (im Frühjahr auf Grünfutter, im Winter auf Salat oder Chicorée als zu große Portion)	– Durchfall
– zu reichliche Gabe schwerverdaulichen Futters	– Koprostase
– zu viel Kraftfutter	– Organverfettung, Sterilität, verkürzte Lebensdauer
– kein oder zu geringes Trinkwasserangebot bei Trockenfütterung oder in saftfutterarmer Zeit	– Flüssigkeitsdefizit, Verdauungsstörungen
– Verfütterung von nicht ausgereiften Haferkörnern oder nicht abgelagertem, frischem Heu	– Verdauungsstörungen
– Verfütterung von stark ausgewaschenem Heu	– Skeletterkrankungen, Organverkalkung, Calcium-Phosphor-Mißverhältnis, Abmagerung

Ursachen	Symptome
3. Mangelhafte Futterhygiene und nicht einwandfreies Futter	
– Mangelhafte Käfig- oder Stallhygiene und Reinigung der Gerätschaften	– erhöhtes Infektionsrisiko
– Verabreichung von schimmligem, gärendem oder gefrorenem Futter	– Verdauungsstörungen
– Verwendung imprägnierter Hobelspäne als Einstreu	– Leberschäden, Allergie
– Verabreichung von durch Schadstoffe (Insektizide, Autoabgase) kontaminiertem Futter	– Leberschäden

Inappetenz

Die als *Inappetenz* bezeichnete Unlust, Futter aufzunehmen oder die Futterverweigerung ist häufig das einzige vom Besitzer beobachtete Symptom, das ihn veranlaßt, sein Meerschweinchen dem Tierarzt vorzustellen.

Ätiologie: Als Ursache sind fütterungsbedingte Störungen mit Beeinträchtigung der Verdauung, Erkrankungen der Mundhöhle, der Zähne oder Kaumuskulatur, Vitaminmangel (besonders Vitamin-C-Mangel), Leberverfettung, chronische Nephritis und verschiedene bakteriell bedingte Infektionskrankheiten zu berücksichtigen oder differentialdiagnostisch auszuschließen.

Nach Wasel (1984) werden außerdem nerval bedingte Störungen von Inappetenz begleitet.

Klinisches Bild: Bei der Untersuchung fallen Bewegungsunlust, mehr oder weniger ausgeprägte Teilnahmslosigkeit und bei länger bestehender Inappetenz Abmagerung auf. Oft werden es Problempatienten, vor allem dann, wenn die klinische Untersuchung zu keiner eindeutigen Diagnose führt.

Symptomatische Behandlung: Vitamin-B-Komplex, Ascorbinsäure, 20%ige subkutane Glucoseinjektionen und die Verabreichung von Anabolika können den Appetit günstig beeinflussen. Macht sich eine vorübergehende Zwangsfütterung erforderlich, gelten die bei Magen-Darm-Symptomen empfohlenen Fütterungshinweise. Im Vordergrund stehen die Behandlung der Grundkrankheit oder, bis zur Klärung der Diagnose, zusätzliche symptomatische Therapiemaßnahmen.

Erkrankungen der Mundhöhle, Zahnanomalien

Erkrankungen der Mundhöhle und der Zähne beeinträchtigen die Futteraufnahme, das Zerkleinern der Nahrung sowie das Transportieren und Abschlucken des Futters. Folgeerscheinungen sind Störungen im Verdauungsablauf, Beeinträchtigung der für die Verdauung notwendigen Keimflora, Flüssigkeitsdefizit, Abmagerung, Stoffwechselstörungen und erhöhte Anfälligkeit gegenüber Infektionskrankheiten.

Zahnanomalien

Pathogenetisch spielen Stellungsanomalien der Kiefer, Fehlstellungen der Backenzähne durch veränderte Neigungswinkel, mangelnde Abnutzung, Verlust des Gegenzahnes, Zahnfrakturen, Mißbildungen, Zahnfachentzündungen, Verletzung der Maulschleimhaut und Abszeßbildung eine Rolle.
Ätiologie: Als auslösende Ursachen für die Entwicklung von Zahnanomalien werden verantwortlich gemacht:

- genetische Faktoren, die einen wesentlichen Einfluß auf die Ausbildung von Stellungsanomalien von Zähnen und auf übermäßiges Längenwachstum des Unter-

kiefers zu haben scheinen. Dafür spricht das oft familiär gehäufte Auftreten der Anomalien.
- Dauer der Futteraufnahme und Intensität des Kauaktes. Sie sind für das Wachstum und die Abnutzung der Schneidezähne wichtiger als die „Härte" des angebotenen Futters bzw. der benagbaren Ersatzobjekte, die bisher als entscheidender Faktor für den Zahnabrieb genannt wurden.
- Störungen des Calcium-Phosphor-Verhältnisses sollen nach heuloser Fütterung, besonders in der Wachstumsperiode der Tiere, gleichfalls für ein übermäßiges Wachstum der Zähne mit verantwortlich sein (Brandt, 1972; Spannbrücker und Mitarb., 1977).
- Überwiegende Kohlfütterung kann zu Skorbut und/oder Rachitis mit Kiefer- und Zahnfachverformung führen.

Klinisches Bild: Durch Stellungs- und Wachstumsanomalien werden die unteren Prämolaren und Molaren so weit zungenwärts geneigt, daß die der Zunge zugewandten Zahnspitzen sich gegenseitig berühren. Die im Extremfall unter Brückenbildung vereinten Zahnspitzen oder Mahlflächen schränken die Zunge in ihrer Beweglichkeit so weit ein, daß sie nicht mehr in der Lage ist, die aufgenommene Nahrung weiterzutransportieren (Abb. 15).
Stellungsanomalien beeinflussen auch die oberen Prämolaren und Molaren. Der veränderte Neigungswinkel der unteren Zahnreihe bietet den Backenzähnen des Oberkiefers nur noch eine unvollständige Abnutzungsmöglichkeit. Entsprechend ihrer auswärts gerichteten Stellung verletzen die überstehenden bukkalen Zahnspitzen des Oberkiefers die Wangenschleimhaut (Abb. 16).
Zu lange oder mißgebildete Inzisivi erschweren ebenfalls die Futteraufnahme oder machen sie ganz unmöglich (Spannbrücker und Mitarb., 1977; Meyer, 1978; Stülpnagel und Becker, 1978; Barandun, 1983; Wasel, 1984; Isenbügel, 1985; Schall, 1990).

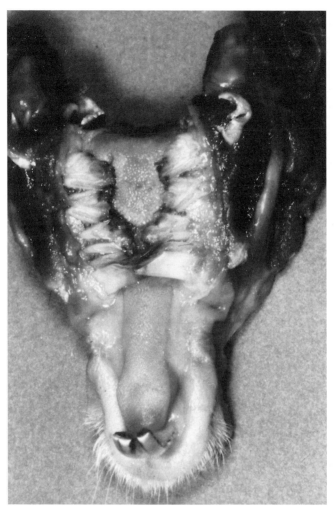

Abb. 15. Anomalie der Prämolaren des Unterkiefers mit Brückenbildung und vollständiger Funktionseinschränkung der Zunge (Präparat)

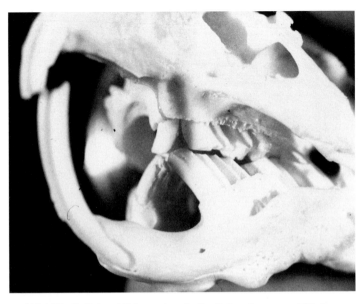

Abb. 16. Brückenbildung durch die Prämolaren und Molaren im Unterkiefer. Die Backenzähne des Oberkiefers sind auswärts gerichtet (Präparat)

Das Krankheitsbild ergibt sich aus dem Unvermögen, Nahrung richtig zu kauen. Heu und harte Futterbestandteile werden nicht mehr gefressen. Bei fortschreitendem Prozeß wird die Nahrungsaufnahme, trotz anfänglich gutem Appetit, immer schwieriger. Zahnspitzen der Oberkieferbackenzähne verletzen die Wangenschleimhaut und bereiten beim Kauen Schmerzen. Die Zunge wird durch die dachförmig aufeinander zuwachsenden Backenzähne des Unterkiefers immer weiter eingeengt und in ihrer Funktion beschränkt. Häufig ist zu beobachten, daß abgebissene Grashalme oder anderes Futter sofort wieder fallengelassen werden. Als frühzeitiges Symptom fallen zerkleinerte Futterreste in den Mundwinkeln und eine speichelverschmierte Unterkiefer- und Kehlregion auf.
Futterverweigerung, Gewichtsverlust bis zu starker

Abmagerung, Stoffwechselstörung, häufig verbunden mit Durchfall, sind weitere Symptome.

Die *Diagnose* ist bei gründlicher Untersuchung leicht zu stellen. Die Länge und Stellung der Schneidezähne können am einfachsten durch Anheben der Lippen beurteilt werden. Zur Untersuchung der Mundhöhle muß der Kopf gut fixiert werden. Mit Hilfe eines Spreizspekulums oder Otoskops mit aufgesetztem Trichter verschafft sich der Untersucher einen Einblick in die Mundhöhle. Einerseits kann mit dem Spekulum die Zunge weggedrückt werden, um den zungenwärts gerichteten Rand der Kaufläche des Unterkiefers zu inspizieren, andererseits kann die Wangenfalte etwas zur Seite geschoben werden, um Wangenschleimhaut und Zähne des Oberkiefers zu kontrollieren (Barandun, 1983). Voraussetzung für diese Untersuchung ist eine gute Lichtquelle. Oft ist es erforderlich, die Mundhöhle vor der Inspektion von feingemahlenem, nicht abgeschlucktem Futterbrei zu befreien.

Prognose: Eine Aussicht auf Heilung ist nur gegeben, wenn Zahnanomalien frühzeitig erkannt und behoben werden können und die Tiere über eine noch gute Kondition verfügen. Bestehen bereits Stoffwechsel- und Verdauungsstörungen mit oder ohne Durchfall und Futterverweigerung, beginnen Meerschweinchen auch nach der Zahnkorrektur nicht selbständig zu fressen.

Die Langzeitprognose ist sehr vorsichtig zu stellen, da Stellungsanomalien der Zähne immer wiederkehrende Störungen verursachen und eine Behandlung von Mal zu Mal erfolgloser wird.

Die *Therapie* besteht im Kürzen der Zahnspitzen oder in der Korrektur der schief gestellten Backenzähne. Bei den meisten Patienten ist dafür eine Narkose erforderlich.

Als Instrumentarium dienen eine Krallenzange oder Seitenschneider. Günstiger erweist sich eine Zahnbohrmaschine mit Handstück, Zahnfräser bzw. Schleifscheiben. Um eine gute Einsicht in die sehr enge Mundhöhle zu erhalten, ist die Benutzung eines Kiefersspreizers und eines Spreizspekulums mit kurzen Schenkeln unerläßlich.

Zu lang gewachsene Inzisivi dürfen nur so weit gekürzt werden, wie es für einen normalen Biß erforderlich ist. Zu stark gekürzte Zähne machen eine Futteraufnahme unmöglich. Mit der beim Kürzen oft verwendeten Nagelzange läßt sich ein Splittern der Schneidezähne nicht immer vermeiden. Bei Verwendung einer Trenn- oder Schleifscheibe können die Zähne komplikationslos auf die nötige Länge gebracht werden. An den Backenzähnen sind die scharfen Kanten und Spitzen mit dem Zahnfräser so weit abzuschleifen, daß eine normale Kaufläche entsteht. Die Weichteile werden mit einem Bleistift oder einem halbierten Holzspatel weggedrückt und vor Verletzungen geschützt (Barandun, 1983; Isenbügel, 1985).
Beginnen die Tiere nach der Korrektur nicht wieder zu fressen, ist eine Zwangsfütterung mit Weichfutter in Breiform bis zur selbständigen Futteraufnahme zu empfehlen. Geeignet sind die für die Kleinkindernahrung hergestellten Breie, die Möhren, Äpfel, Reis oder Bananen enthalten (Säuglingsfertignahrung auf Obst-Gemüse-Basis in Breiform). Gemahlene oder zerstampfte Meerschweinchenpellets, gemischt mit Gemüsebrei, Haferschleim oder ähnlichem, können vorübergehend als vollwertige Ersatznahrung gefüttert werden. Außerdem ist für eine ausreichende Vitamin-C-Zufuhr Sorge zu tragen.

Tympanie

Die Tympanie ist ein gefährlicher Krankheitszustand, der beim Meerschweinchen durch starke Gärungsvorgänge im Darm auftreten kann, wobei es besonders im Zäkum, seltener im Magen zu starker Gasbildung kommt.
Ätiologie: Ursache ist zu schnelle Futterumstellung bei Verfütterung von leicht gärendem, saftigem, rohfaserarmem Futter. Besonders gefährlich ist die Verfütterung von frischem Grünfutter oder jungem Klee im Frühjahr, selbsterhitztem Grünfutter, kohlenhydratreichen Futtermitteln oder überfrorenen Rüben- und Kohlblättern im Herbst.

Werden sie in zu großer Menge aufgenommen oder wird bei derartigen Futtermitteln die Zufütterung von Heu oder anderem Rauhfutter unterlassen, fehlen oder verringern sich die bindende Substanz und die durch Rauhfutter angeregte Peristaltik des Darmes. Für aufgegaste Därme (Abb. 17) kann auch eine Inappetenz mit nachfolgender Dysbakterie durch Veränderung der Keimflora des Dickdarms oder eine Darmatonie verantwortlich gemacht werden.

Krankheitssymptome entwickeln sich meist schon kurz nach der Fütterung. Die im Magen und besonders im Zäkum gestauten Gase üben auf deren Wandungen einen starken Druck aus. Die Folge ist eine gestörte oder gar unterbrochene Blutversorgung der betroffenen Magen-Darm-Abschnitte (Isenbügel, 1985).

Klinisches Bild: Die Tiere haben einen aufgetriebenen Leib. Sie äußern Schmerzen beim Betasten des Bauches, ihre Atmung ist stark beschleunigt. Es kommt zu zunehmender Atemnot und Kreislaufschwäche, erkennbar an der Blaufärbung der Ohren und Lippen.

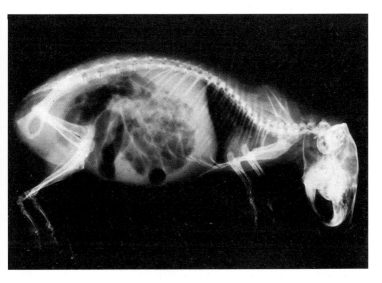

Abb. 17. Aufgegaste Dünn- und Dickdarmschlingen (Tympanie)

Diagnose: Klinisches Bild, Vorbericht und eventuell auch die Röntgenuntersuchung ergeben eine eindeutige Diagnose.
Therapie: Sie kommt oft zu spät. Im Anfangsstadium, wenn die Tiere noch fressen, sofortiger Futterentzug. Krampflösende Mittel, wie Metapyrin®, Buscopan® oder Novalgin®, in einer Dosierung von 0,2–0,4 ml/kg KM subkutan verabreichen. Als Antiblähmittel kann das bei Wiederkäuern zur Behandlung kleinschaumiger Gärung angewendete Silibon® Erfolg versprechen. 1,0 ml Silibon werden mit 5 ml Wasser verdünnt. Davon wird 2mal täglich 1 ml/kg KM eingegeben. Pulverisierte Tierkohle oder Dysticum® binden Gase und unterdrücken eine weitere Gärung. Nach Abklingen der Blähung kann die Peristaltik durch Cerucal®-, Neo-Cholentyl®- oder Dorlen®-Gaben angeregt werden (Dosierung und Applikation s. Tabelle 13). Eine Heu- oder Knäckebrotdiät sollte sich anschließen.

Gastroenteritis

Meerschweinchen sind außerordentlich empfindlich gegenüber allen auf die Verdauungsorgane einwirkenden Schädigungen und Belastungen.
Ätiologie: Ausgelöst werden Magen-Darm-Erkrankungen häufig durch Schadfaktoren (Faktorenerkrankung), von denen die wichtigsten Futterschädlichkeiten und Fütterungsfehler sind. Besonders schwerwiegende Folgen haben die Aufnahme großer Mengen besonders schmackhaften Futters mit leicht gärenden Anteilen und die Verfütterung von verdorbenem und schimmligem Futter. Gleiches gilt für die Verfütterung von verschmutztem, erhitztem oder gefrorenem Futter und die Verabreichung von frisch geerntetem Hafer oder frisch getrocknetem Heu. Ein Störfaktor kann ebenfalls das fehlende oder ungenügende Wasser- oder Flüssigkeitsangebot in der saftfutterarmen Zeit, vor allem im zeitigen Frühjahr, oder

die Fütterung mit Fertigfutter sein. Mit drastisch verlaufenden Verdauungsstörungen reagieren Meerschweinchen auf die Verabreichung solcher Antibiotika, die nur ein Wirkungsspektrum für grampositive Keime haben. Sekundär bedingte Magen-Darm-Entzündungen werden durch septikämisch verlaufende bakterielle Infektionskrankheiten ausgelöst. An erster Stelle steht die Koliinfektion neben Pseudotuberkulose, Salmonellose, Pasteurellose und der Tyzzerschen Krankheit. Starker Befall von Darmparasiten hat ebenfalls Darmentzündungen zur Folge.

Alle genannten Faktoren führen zu einer Störung des Stoffwechselgleichgewichtes im Magen-Darm-Kanal, zu mechanischen und nervalen Störungen der Motorik und häufig zu einer Verschiebung in der Zusammensetzung der Darmflora mit Überwiegen der koliformen Keime. Die zum Teil toxisch wirkenden Stoffwechselprodukte sind von erregungs- und entzündungsauslösender Wirkung auf die Schleimhaut. Die Dysbakterie wird oft begünstigt durch andere Krankheiten. Von den einzelnen Abschnitten des Verdauungskanals ist das Zäkum besonders empfindlich gegenüber gestörten Verdauungsabläufen. Ist die Darmschleimhaut erst geschädigt, kann eine zunächst harmlos erscheinende Darmentzündung zu schweren Infektionen und plötzlichen Todesfällen führen. Zu Komplikationen und Verlusten kommt es vor allem bei Tieren mit geschwächter Konstitution, bei schlechter Haltungshygiene und bei Jungtieren.

Klinisches Bild: Erste Anzeichen einer Gastroenteritis sind nachlassender Appetit und verminderte Lebhaftigkeit. Schließlich wird das Fressen ganz eingestellt. Glanzlose, gesträubte Haare, Teilnahmslosigkeit und Durchfall sind weitere Symptome, die durch starken Flüssigkeitsverlust schnell zur Dehydratation und zur Abmagerung führen. Auffällig sind tiefliegende, tränende Augen. Bei der Untersuchung fühlt man oft die gasig aufgetriebenen Därme. Der Bauch ist gespannt und reagiert schmerzhaft. Es besteht Diarrhoe, manchmal auch Obstipation. Statt der

Tabelle 15. Medikamente zur Behandlung von Erkrankungen des Verdauungstraktes

Wirkstoff	Handelsname	Dosierung	Indikation, Bemerkungen
Chloramphenicol	Chloramphenicol-Lösung 20%ig	20–40 mg/kg KM s.c., p.o. 2mal täglich per os	nicht bei gestörter Darmflora
Neomycinsulfat	– Neoamfo® Albrecht) – Floracid®-Tabletten (Albrecht) – Entoral®-Tabletten (Virbac)	1,0 ml/kg KM, Susp. 4–5 Tage p.o. 2mal täglich 1/4 Tabl. p.o. Suspension 0,5–0,75 ml/Tier	Diarrhoe, verursacht durch Bakterien, wie *E. coli*, und unspezifische Enteritiden
Gentamicinsulfat	– Genta-Sleecol® 5 Inj.-Lösung (Albrecht) – Gentamycin® 5 (MSD.AGVET)	2,0 mg/kg KM s.c.; nach 12 Std. wiederholen, dann alle 24 Std.	Infektionen durch gram-negative Keime, *E. coli*
Dimeticon	Silibon® (WDT)	10 ml in 5 ml Wasser verdünnen, davon täglich 2mal 1 ml eingeben	Antitympanikum
Huminsäure	Dysticum® (WDT)	1,0–1,5 g/kg KM 5 Tage p.o.	Antidiarrhoikum
Carbachol	– Dorlen® (Veyx) – Neo Cholentyl® (Atarost) 0,01%ig für Kleintiere	0,01 ml s.c. 0,1 ml s.c.	Anregung der Darmsekretion und -peristaltik

kolloidales Silber + Dekokt aus verschiedenen Tees	Ventractin® (Serum-Werk Bernburg)	3mal täglich 1,0 ml in Wasser	Magen- und Darmantiseptikum
Dimeticon	sab®simplex (Parke-Davis)	2,0–5,0 ml p.o.	Antitympanikum
N-Butylscopolamin	Buscopan® comp. Inj.-Lösung und Suppositorien	0,2–0,4 ml s.c. linsengroßes Stück eines Supp.	Spasmolytikum, Gastroenteritis, spastische Obstipationen
Saccharomyces cerevisiae	Perenterol® (Thiemann) H	1 Kapsel auf 3mal verteilt ins Futter	Milchsäurebakterien, Diarrhoe, Enterokolitis
Milchsäurebildner-Konzentrat	Hylak®-Tropfen (Merckle) H	5 Tropfen, 3mal täglich mit viel Flüssigkeit	Störungen der Dünndarm- und Dickdarmflora
Laktobazillen, Enzyme und Vitamine	Fermatolact (Rhone-Merieux)	1 g Pulver ins Trinkwasser einrühren	Ausgleich des Darmfloraschadens, Diarrhoe, nach Antibiotikaverabreichung

geformten Kotbällchen wird breiiger, wäßriger, schaumiger oder mit Blutbeimengungen durchmischter Kot abgesetzt. Das Fell ist um den After und im Oberschenkelbereich verschmiert und durchnäßt.

Diagnose: klinisches Bild; auskultatorisch sind Magen-Darm-Geräusche zu hören, die Isenbügel (1985) als metallisch charakterisiert. Bei Hungerketose und Eiweißüberschuß infolge Rohfasermangels können Ketokörper im Harn nachgewiesen werden.

Prognose: Die Aussicht auf Heilung richtet sich nach der Grundkrankheit. Sie ist ungünstig, wenn die Tiere über mehrere Tage kein Futter aufnehmen, besonders bei starkem Durchfall und Flüssigkeitsverlust.

Therapie: bei Durchfall 12–24 Stunden Futterentzug und Entfernen der Einstreu. Dann kann mehrmals täglich in Wasser gekochter Haferflocken- oder Grießbrei mit geriebenen Möhren angeboten oder zwangsgefüttert werden (Wasel, 1984). Möller (1984) berichtete über gute Erfahrungen mit einer Diät aus Knäckebrot und gutem Wiesenheu bei gleichzeitiger Verabreichung von 50–100 mg Vitamin C. Je nach Allgemeinbefinden wurde die Diät mit Pellets variiert. Zur Erneuerung der gestörten physiologischen Darmflora ist die von Breter (1975) empfohlene Eingabe von Sauerkrautsaft, Joghurt oder 1–2 aufgeschwemmten Kotballen gesunder Meerschweinchen und Milchsäurebakterien (Hylak®-Tropfen, Perenterol®) von Nutzen (Gabrisch und Zwart, 1987).

Zur unspezifischen Durchfallbehandlung können Ventractin® 1 ml/Tier, in etwas Wasser verdünnt, 2–3mal täglich, Kohle-Granulat oder Dysticum® 1–1,5 g/kg KM, 4–5 Tage lang verabreicht werden. Zur Ruhigstellung und Entkrampfung des Darmes haben sich Buscopan® oder Metapyrin® (0,2–0,4 ml/Tier s.c.) bewährt. Bei Dysbakterie können zusätzlich Antibiotika unter Beachtung der physiologischen Darmflora eingesetzt werden (Tabelle 13). Sind Endoparasiten für den Durchfall verantwortlich zu machen, ist die Therapie nach diagnostischer Abklärung mit darauf auszurichten.

Obstipation

Neben anderen Magen-Darm-Symptomen können Meerschweinchen, wenn auch seltener, an einer Obstipation leiden. Betroffen sind meist Teilabschnitte des Dickdarms, in denen es durch herabgesetzte Darmperistaltik zur Anschoppung eingedickten Kotes kommt.

Ätiologie: Auslösende Ursachen können Fütterungsfehler, gestörte Futteraufnahme und Darmentzündung unterschiedlicher Genese sein. Eine Obstipation ist möglich nach Verfütterung vorwiegend ballaststoffreicher, wasserarmer und schwerverdaulicher Futtermittel, wie ausgetrocknetem und stark verholztem Grünfutter im Spätsommer oder nach Gaben von Fertigfutter ohne zusätzliches Trinkwasser- oder Saftfutterangebot. Feste Anschoppung des Dickdarminhaltes bedingt nicht selten einen Gasrückstau in vorgelagerten Darmabschnitten.

Zur Verstopfung der Perinealtasche kommt es vor allem bei älteren Böcken. Die Kottasche ist dann prall mit trockenem Kot gefüllt.

Klinisches Bild: Gestörte Futteraufnahme und zunehmende Teilnahmslosigkeit fallen auf. Die anfangs unter Pressen noch abgesetzten Kotballen sind trocken und fest. Bei Palpation des Abdomens reagieren die Tiere sehr schmerzempfindlich. Gelegentlich geht der Verstopfung Durchfall voraus. Bei Fehlgärung erscheint der vorgelagerte Darmabschnitt aufgegast oder, wie aus pathologisch-anatomischen Untersuchungsbefunden ersichtlich, mit suppig-wäßrigem Inhalt gefüllt.

Diagnose: Der stark angeschoppte, sich strangartig anfühlende Dickdarminhalt ist durch die Bauchdecke leicht zu palpieren oder röntgenologisch darzustellen.

Prognose: Ist die Darmfunktion gestört, gestaltet sich die Aussicht auf Heilung sehr zweifelhaft. Die Kontrolle der Darmgeräusche entscheidet über die einzuleitende Behandlung.

Therapie: ist darauf gerichtet, die Peristaltik und den Kot-

absatz schnell wieder in Gang zu setzen. Zur Anregung der Darmmotorik kann als Parasympathomimetikum ein Carbacholpräparat wie Dorlen® in einer Dosierung von 0,01 ml/kg KM oder Neo-Cholentyl® für Kleintiere 0,1 ml/Tier subkutan injiziert werden. Innerhalb von 15 Minuten wird die Sekretion der Darmdrüsen angeregt. Damit wird erreicht, daß sich an der Darmwand festgeklebte Kotballen lösen und der angeschoppte Darminhalt bei Darmsaftsekretion durchweicht und die Darmperistaltik wieder in Gang gesetzt oder beschleunigt wird. 0,2 ml Buscopan®, subkutan injiziert, können die Therapie unterstützen. Zur Anregung der Magen-Darm-Peristaltik hat sich auch die Verabreichung von Metoclopramid (Cerucal®) in einer Dosierung von 0,5 bis 1 ml s.c. bewährt. Die Behandlung läßt sich mit Cerucal-Tabletten® (1–2mal täglich $^1/_2$ Tablette) fortführen.
Als Gleitmittel kann 0,5 ml Paraffinöl eingegeben oder $^1/_4$ Tube Mikroklist® rektal verabreicht werden (Berghoff, 1989). Zur Aufrechterhaltung der Darmbewegung ist dafür Sorge zu tragen, daß die Tiere wieder Futter aufnehmen. Notfalls muß zwangsgefüttert werden (Breter, 1975; Wasel, 1984). Hinsichtlich der Verabreichung von Rizinusöl (1 ml/kg KM) per os, wie es von Breter (1975) und Wasel (1984) empfohlen wird, verfügen wir über keine eigenen Erfahrungen. Die Weiterbehandlung richtet sich nach den bei Durchfall beschriebenen Therapieempfehlungen.

Antibiotikaempfindlichkeit

Meerschweinchen reagieren auf die systemische Applikation von Penicillin und anderen Antibiotika mit einseitiger Wirkung auf die überwiegend grampositive Darmflora besonders empfindlich. Indem die physiologische darmeigene Keimflora des Dickdarms durch Antibiotika in ihrer Entwicklung gehemmt wird oder zum Erliegen kommt, können sich koliforme Keime und Clostridien im

gesamten Darmkanal massenhaft vermehren. Die Resorption der von ihnen gebildeten Endotoxine führt zu dem im Abschnitt „Koliseptikämie" beschriebenen, meist sehr schweren Krankheitsverlauf und zu schnellem Tod des erkrankten Tieres. Sowohl Kunstýř und Mitarb. (1977) als auch Isenbügel (1985) gehen von der Annahme zweier Wirkungsmechanismen aus, auf denen die sogenannte Toxizität von Antibiotika basiert:
– Hemmung der physiologischen, vorwiegend grampositiven Flora zugunsten der gramnegativen Keime. Endotoxine werden resorbiert und bewirken eine Enterotoxämie.
– Klinische Manifestation latenter Virusinfektion durch das Hervorrufen immunsuppressiver Zustände.

Sebesteny (1977), Isenbügel (1985), Wasel (1984, 1987) und zahlreiche andere Autoren nennen folgende für die Meerschweinchenbehandlung ungeeignete Antibiotika: Penicillin, Methicillin, Erythromycin, Lincomycin, Bacitracin, Spiramycin, Streptomycin, Tylosin. Auch Tetracyclin ist nur bei strenger Indikationsstellung angezeigt. Gleiches gilt für Streptomycin und Tylosin. Wasel (1987) empfiehlt bei notwendigem therapeutischem Einsatz von Tetracyclin eine unterstützende Behandlung mit einer Kombination von 5 mg Neomycin und 3 mg Polymyxin B über 5 Tage per os. Auch die Verabreichung von Vitamin-B-Komplex zur Unterstützung der Darmflora kann hilfreich sein.

Gut vertragen werden Chloramphenicol, Neomycin, Polymyxin B und Gentamicin.

Erkrankungen der Leber

Primäre Lebererkrankungen sind selten. Durch ihre Stellung als zentrales Stoffwechselorgan kann die Leber jedoch in eine Vielzahl von Krankheitsprozessen einbezogen sein. Während bei der klinischen Untersuchung des

Meerschweinchens Leberkrankungen nur selten erkannt werden, zeigen Sektionsergebnisse, daß viele Erkrankungen bestimmter Organkomplexe mit Hepatopathien einhergehen. Bei Auswertung von 400 pathologisch-histologischen Meerschweinchenuntersuchungen wurde bei 70 % der untersuchten Tiere eine Leberbeteiligung nachgewiesen, in 38 % war die Lebererkrankung die Hauptdiagnose.

Ätiologie: Hepatopathien entwickeln sich bei Stoffwechsel- und Kreislaufstörungen (Fettleber, Stauungsleber), bei bakteriellen Allgemeininfektionen besonders durch solche Keimarten, die Toxine produzieren oder bei deren Zerfall Toxine frei werden (Kolidysenterie, Tyzzersche Krankheit, Salmonellose, Pseudotuberkulose) und bei Vitaminmangelsituationen (Güttner, 1979; Löliger, 1986). Entsprechend der Bedeutung der Leber für den Kohlenhydrat- und Fettstoffwechsel kommt der pathologischen Leberverfettung mit Störung im Leberstoffwechsel infolge fütterungsbedingter Stoffwechselstörung beim Meerschweinchen eine besondere Bedeutung zu. Sie wird durch plötzliche Energiemangelsituation im Anschluß an eine energiereiche Fütterungsperiode ausgelöst. Mangelsituationen können entstehen bei stark reduzierter Futteraufnahme oder Futterverweigerung infolge von Verdauungsstörungen unterschiedlicher Genese, aber auch bei Trächtigkeitstoxikose und bei energetischer Unterversorgung. Unterstützend wirken Streßsituationen. Die pathologische Leberverfettung ist Ausdruck eines chronischen Krankheitsprozesses.

Energetische Unterversorgung führt zum schnellen Verbrauch der Glycogenreserven der Leber und zu einer Hunger- und Fastenketose. Durch Einschmelzung körpereigener Fettdepots und Umlagerung in die Leber (Fettmobilisation) wird der Energiebedarf zeitweilig gedeckt. Im Verlauf dieser Fettmobilisation kommt es zur starken Einlagerung von Fetttröpfchen in das Lebergewebe, in Herz, Nieren und Skelettmuskulatur. Der Abbau derartiger Fettdepots mit dem Ziel der Energiegewinnung führt

zu einem Anstieg der Transaminasenaktivität (ASAT, ALAT) und der Gesamtbilirubinkonzentration im Blutplasma (Holdt, 1986).
Klinisches Bild: Gewichtsverlust mit Abmagerung. Die Futteraufnahme kann normal, reduziert oder ganz eingestellt sein. Junge Tiere bleiben in ihrer Entwicklung zurück, werden apathisch und sterben. Spezifische Symptome richten sich nach der Grundkrankheit.
Diagnose: Am lebenden Tier werden Lebererkrankungen sehr selten diagnostiziert. Entscheidend ist der klinische Untersuchungs- oder Sektionsbefund (pathologisch-anatomisch und -histologisch). Labordiagnostisch ist der Nachweis erhöhter Transaminasenwerte und des Gesamtbilirubins im Blutplasma möglich. Unter Umständen können Ketokörper im Harn nachgewiesen werden.
Therapie und Prophylaxe: Rationierung des Futters, Fütterung auf Schadfaktoren überprüfen und ändern, Grundkrankheit behandeln, Leberschontherapie. Weitere Behandlungshinweise s. Trächtigkeitstoxikose.

Erkrankungen der Harnorgane

Erkrankungen der Harnorgane können die Nieren, das Nierenbecken, die Ureter, die Harnblase und die Urethra betreffen.

Nephritis

Nierenerkrankungen werden beim Meerschweinchen selten diagnostiziert. Nach Auswertung von 316 Meerschweinchensektionen des Patientenmaterials der Klinik und Poliklinik für kleine Haus- und Heimtiere der Universität Leipzig betrug die Erkrankungshäufigkeit der Harnorgane nur 3,8 %. Der prozentuale Anteil der Nierenerkrankungen als Begleiterscheinung anderer Grundkrankheiten war höher. Bei der klinischen Untersuchung wurden nur 1,3 % Harnwegsinfektionen diagnostiziert. Hierbei handelt es sich fast ausschließlich um Erkrankungen der harnableitenden Organe. Heimann und Kunstýř (1975) kamen bei 300 pathologisch-anatomischen Befunderhebungen zu ähnlichen Aussagen. Nach ihrer Auswertung betrug der Anteil krankheitsbestimmender Entzündungen der Harnorgane 2 %, wobei ältere Tiere oft chronische Nephritiden aufwiesen. Häufig sind die Nieren in das Krankheitsgeschehen bakterieller Allgemeininfektionen, Stoffwechselstörungen oder Intoxikationen einbezogen. Dadurch werden die klinischen Erscheinungen bei Nephritiden unterschiedlicher Verlaufsform von Symptomen der Grundkrankheit überlagert (Güttner, 1979). Nieren- und Harnwegsinfektionen werden hauptsächlich durch Diplokokken, Klebsiellen, Streptokokken, Salmonellen und Kolikeime verursacht (Juhr und Hiller, 1972; Güttner, 1979). Über die Besiedlung der Nieren mit *Klossiella cobayae* wird im Kapitel Endoparasiten hingewiesen.

Klinisches Bild: wenig spezifisch, in leichten Fällen symptomlos. Meist dominieren Symptome einer Allgemeininfektion oder Symptome anderer erkrankter Organe. Auffällig können Apathie, Inappetenz, Abmagerung und Anämie sein, vereinzelt auch Ödeme (Kunstýř und Mitarb., 1977; Wasel, 1987).

Diagnose: Sektionsergebnisse bei gestorbenen Tieren. Bei erkrankten Tieren unterstützt eine Harnuntersuchung die diagnostische Abklärung, Combur-Test (Boehringer, Mannheim), eventuell auch eine bakteriologische Untersuchung.

Therapie: wenig aussichtsreich. Behandlung wie bei Zystitis.

Zystitis

Entzündungen der ableitenden Harnwege beschränken sich beim Meerschweinchen im wesentlichen auf die Harnblase und Harnröhre.

Ätiologie: Auslösende Ursachen für eine Zystitis sind infektiöser, selten traumatischer Art (Blasensteine), vereinzelt auch Abflußstörungen und Harnblasentumoren (Güttner, 1979). Als *Infektionserreger* kommen Kolikeime, Staphylokokken, Streptokokken, Pseudomonaden und Proteus in Frage. Bei einer chronischen Zystitis schaffen das Vorhandensein von Bakterien und der stark alkalische Harn (bei pH 9) günstige Voraussetzungen für die Bildung von Blasensteinen.

Blasensteine, Harngrieß oder Harnröhrensteine (Abb. 18) werden als Zufallsbefund durch Röntgenaufnahmen oder bei gezielter Untersuchung bei Symptomen einer Zystitis vereinzelt nachgewiesen. Harnsteine kommen sowohl bei weiblichen als auch bei männlichen, meist älteren Tieren vor. Von 10 Meerschweinchen mit röntgenologisch nachgewiesenen Blasen- und Harnröhrensteinen aus dem Patientengut der Kleintierklinik der Universität Leipzig waren alle Tiere mit einer Ausnahme (3 Jahre) $4^{1}/_{2}$–7 Jahre alt. Am häufigsten werden Struvitsteine nachgewiesen. Ihre Kristalle erscheinen im Harnsediment als Tripelphosphate. Die Steinanalyse ergab 30 bis 60 % Struvit, 60 % Calciumcarbonat und 40 bis 100 % Calcit. Schmidtke und Schmidtke (1983) kamen zu annähernd gleichen Ergebnissen.

Neben echten Harnsteinen kommen bei männlichen, erwachsenen, geschlechtsaktiven Meerschweinchen *Harnröhrenpfröpfe* vor, welche die Harnröhre abgußähnlich im oberen Drittel ausfüllen. Diese aus erstarrtem Sekret der Samenblasen bestehenden Pfröpfe, die im Zusammenhang mit den Besonderheiten der Kopulation bei Nagetieren eine Rolle zu spielen scheinen, sind im Gegensatz zu echten Harnsteinen röntgenologisch nicht nachweisbar. Obgleich sie streckenweise die Harnröhre ausfüllen, bilden sie kein Passagehindernis für den Harnabsatz. Kunstýř und Mitarb. (1983) charakterisieren sie als ein bisher nicht beschriebenes sekundäres Geschlechtsmerkmal bei erwachsenen männlichen Nagetieren.

Klinisches Bild: Hämaturie oder mit blutigem Harn durch-

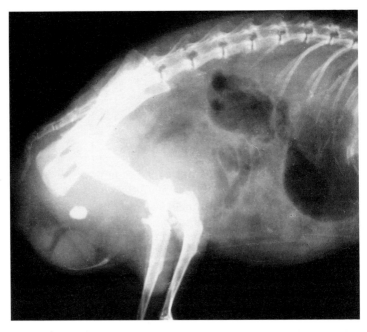

Abb. 18. Harnröhrenstein beim männlichen Meerschweinchen. Penisknochen gut sichtbar

feuchtetes Fell in der Perinealgegend, Harndrang, Anorexie, Apathie, aufgezogener Bauch, verminderte Futteraufnahme sind die auffälligsten Symptome. Auf eine Zystitis ohne Abflußstörungen weist der häufige Absatz kleiner Harnmengen hin, besonders wenn er unter Schmerzäußerungen und bei sich krümmendem Rücken erfolgt. Bei Einengung oder vollständiger Verlegung der Harnröhre versuchen betroffene Tiere oft vergeblich, träufelnd oder in kleinen Mengen Harn unter kolikartigen Anfällen und Schmerzlauten abzusetzen. Über ein multifaktorielles Krankheitsgeschehen mit therapieresistenter Hämaturie und Zystitis bei einem Meerschweinchen berichteten Kunstýř und Mitarb. (1989).
Diagnose: Die Diagnose „Harnsteine" wird durch das klinische Bild mit Hämaturie oder Harnabsatzschwierigkei-

ten, eventuell durch den Palpationsbefund und den Nachweis von Steinen gestellt. Werden bei weiblichen Tieren Steine nachgewiesen, ist kurz vor dem geplanten Operationstermin noch einmal zu röntgen, da erfahrungsgemäß durch vorherige Spasmolytikagaben der Stein bereits abgegangen ist. Die retrograde Zystographie ist mit Luftfüllung der Blase oder einem jodhaltigen Kontrastmittel möglich (s. Röntgenuntersuchung).
Für eine Zystitis sprechen das klinische Bild, eine Hämaturie, der Palpationsbefund (Schmerzempfindlichkeit der Harnblase bei akuter Zystitis) und das positive mikroskopische Untersuchungergebnis des Harnsedimentes (Blasenepithelien, Leukozyten, Bakterien und Tripelphosphate).
Therapie: Bei einer Zystitis mit Keimbesiedlung ist eine gezielte Chemotherapie durchzuführen. Geeignet sind Chloramphenicol-, Trimethoprim-Sulfonamid-, Nifurantoin- oder Nalidixinsäurepräparate. Meist sind auch Spasmolytikagaben erforderlich und zur pH-Wert-Senkung Methionin (Uro-pet; Fa. Chasot) als Paste p.o. Bei Anzeichen einer Exsikkose ist für eine subkutane Verabreichung von Elektrolytlösung zu sorgen und bei einer Hämaturie für unterstützende Vitamin-K-Gaben. Blasen- und Harnröhrensteine werden operativ entfernt (s. Bauchoperationen), sofern eine konservative Behandlung erfolglos bleibt. Wichtig ist es, für ein ausreichendes Flüssigkeitsangebot und für erhöhte Flüssigkeitsaufnahme Sorge zu tragen.

Erkrankungen der weiblichen Geschlechtsorgane

Prä- und peripartaler Fruchttod

Die durchschnittliche Wurfgröße beträgt bei Meerschweinchen 3,1 Junge. Durch vorzeitigen Fruchttod sterben bereits 25% der Embryonen oder Früchte in verschiedenen Trächtigkeitsstadien. Sie werden resorbiert oder abortiert. Hinzu kommen noch Verluste während der Geburt (Zimmermann, 1973). Nach Untersuchungen von Juhr und Obi (1970) ist der Uterus bei klinisch gesunden, nichtträchtigen Tieren zu einem hohen Prozentsatz durch Mykoplasmen (bis 100%) oder durch Staphylokokken (bis 55%) infiziert. Seltener können auch Streptokokken den Uterus besiedeln. Es handelt sich meist um eine latente Infektion, wobei Konzeption und Ausreifung der Frucht durchaus möglich sind (Güttner, 1979). Für den vorzeitigen Fruchttod sind außer einer Keimbesiedlung noch weitere Faktoren verantwortlich zu machen, wie Fütterungsfehler, Stoffwechselstörungen, Störungen der Nährstoffzufuhr über die Plazentagefäße und Hyperthermie (Edwards, 1971; Löliger, 1986).

Geburtsstockungen

Geburtskomplikationen sind beim Meerschweinchen selten. Zu Geburtsstockungen führen vereinzelt Einträchtigkeit mit extrem großem Fetus, Lageanomalien oder Mißbildungen, ein noch nicht voll entwickeltes Becken bei zu jung gedeckten Weibchen oder auch Wehenschwäche und Trächtigkeitstoxikose.
Die Diagnose wird durch das klinische Bild, den Palpationsbefund und unterstützend durch eine Röntgenaufnahme gestellt. Für die eingeleitete Geburt ist die weit geöffnete Beckensymphyse und die nicht mehr durch die epitheliale Membran verschlossene Vagina von diagnostischer Bedeutung (Ittner-Bosch, 1989). Gemeinsam mit röntgenologisch sichtbaren Lageanomalien sind diese Untersuchungsbefunde bei Geburtskomplikationen für die Entscheidung weiterer therapeutischer Maßnahmen zu nutzen.
Therapie: Mit 1–2 IE Oxytocin und zusätzlicher intramuskulärer Verabreichung eines uteruswirksamen Spasmoly-

tikums kann die Geburt erfolgreich beendet werden. Bleiben die Wehen aus, sollte als weitere konservative Maßnahme die Extraktion der Früchte durch die meist weit geöffneten Geburtswege versucht werden. Anderenfalls ist die Geburt durch Kaiserschnitt zu beenden (s. Bauchoperationen).
Prognose: vorsichtig bei gestörtem Allgemeinbefinden.

Endometritis

Beim Meerschweinchen ist immer mit einer Keimbesiedlung des Uterus zu rechnen. Nach Güttner (1979) entwickelt sich die *Endometritis* im Ergebnis einer Sepsis durch *Yersinia pseudotuberculosis* oder *Pasteurella multocida*.
Klinisches Bild: Die Endometritis äußert sich in entzündlicher Exsudatbildung mit bräunlich-blutigem Scheidenausfluß, gestörtem Allgemeinbefinden bis hochgradiger Apathie und Futterverweigerung. Gleiche Symptome sind bei verzögerter Geburt, infektiösem Abort oder nach traumatischen Einwirkungen auf einen hochträchtigen Uterus zu erwarten.
Die *Diagnose* wird durch das klinische Bild gestellt. Auszuschließen ist differentialdiagnostisch blutiger Harnabsatz bei Blasenentzündungen oder Blasensteinen.
Therapie: Bei gering gestörtem Allgemeinbefinden ist eine Sectio caesarea oder die operative Entfernung von Uterus und Ovarien erfolgversprechend. Bei stark gestörtem Allgemeinbefinden sollte die konservative Behandlung mit medikamentöser Auslösung des Aborts einer chirurgischen Behandlung vorgezogen werden. Eine antibiotische Absicherung ist erforderlich.
Prognose: vorsichtig. Oft sind die Tiere so geschwächt, daß sie die nächsten Tage nicht überleben.

Torsio uteri

Über die Torsio eines oder beider trächtiger Uterushörner um 1- bis 3mal 360° berichteten Brandt (1972), Sparrow (1980), Kunstýř (1985) und Isenbügel (1985).
Klinisches Bild: Die voll entwickelten Früchte werden mit abgeschnürt. Das erkrankte Tier ist hochgradig apathisch, frißt nicht, hat ein stark angespanntes, bei Palpation schmerzhaftes Abdomen und eventuell bräunlich-blutigen Scheidenausfluß. Wehen können noch vorhanden sein, klingen aber schnell ab.
Diagnose: Eine Röntgenaufnahme gibt über Lage und Anzahl der Früchte Auskunft und unterstützt den Palpationsbefund.
Therapie: Aussicht auf Heilung ist nur gegeben, wenn der Kaiserschnitt ohne Verzögerung vorgenommen wird. Bei eröffneter Bauchhöhle findet man das verdrehte Uterushorn stark gestaut und fast schwarz gefärbt. Alle inneren Organe erscheinen anämisch. Die Ovariohysterektomie erfolgt in üblicher Weise (s. Bauchoperationen). Isenbügel (1985) empfiehlt eine intensive Nachbehandlung mit subkutanen Antibiotikagaben und Infusionen. Zusätzlich sollen Vitamin-B-Komplex und Vitamin C bis zur Normalisierung des Allgemeinbefindens verabreicht werden.

Trächtigkeitstoxikose

Die Trächtigkeitstoxikose tritt besonders bei fettleibigen Muttertieren am Ende der Trächtigkeit oder 3-4 Tage nach der Geburt auf, wenn Tiere im fortgeschrittenen Trächtigkeitsstadium verschiedenen Streß- und Mangelsituationen unterworfen werden. Sie ist die häufigste Ursache für Muttertiertod und Abort.
Ätiologie: Die Krankheit wird ausgelöst durch eine akute Leberverfettung mit Beeinträchtigung der Leberfunktion bei Energiemangelsituationen oder erhöhtem Energieverbrauch im Anschluß an energiereiche Fütterungsperioden.

Unter normalen Bedingungen ist der Organismus in der Lage, eine zeitweilige Mangelversorgung durch Freisetzung von Fettreserven ohne Schaden zu kompensieren. Übersteigt jedoch die negative Energiebilanz vor oder während der Geburt die physiologischen Grenzen, kommt es zur krankhaften Steigerung der Fettmobilisierung (Ganaway und Allen, 1976) und zum Verlust an Körpermasse. Unterstützende Faktoren bei der Ausbildung der Trächtigkeitstoxikose sind:

– eingeschränkte Bewegungsaktivität bei Verabreichung energie- und eiweißreicher, jedoch rohfaserarmer Kost (Muttertiere über 900 g Körpergewicht).
– Einwirkung von Streßfaktoren, wie plötzliche Futterumstellung, Aufregungen, Futterverweigerung (besonders bei Mehrfrüchtigkeit am Ende der Trächtigkeit).
– Vitamin-C-Mangel, der bei Meerschweinchen zu einer erhöhten Fetteinlagerung in der Leber führt (Ganaway und Allen, 1976; Brandt, 1972; Sebesteny, 1976; Holdt, 1986).

Klinische Symptome sind sehr eindeutig. Kurz vor oder nach der Geburt werden betroffene Meerschweinchen plötzlich teilnahmslos, fressen und trinken nicht mehr und bekommen ein stumpfes, rauhes Fell. Auffällig ist ein rapider Gewichtsverlust, der nach Untersuchungen von Holdt (1986) täglich bis 32,5 Gramm (120 Gramm in 4 Tagen) betrug. Somnolenz und Krämpfe folgen. Der Tod tritt innerhalb von 2–4 Tagen ein.

Die *Diagnose* wird durch das *klinische Bild* gestellt. Palpation und Röntgenaufnahme geben Auskunft über die Anzahl der Früchte oder die bereits beendete Geburt.

Die Trächtigkeitstoxikose ist beim Meerschweinchen durch eine sich schnell entwickelnde Azidose, Proteinurie und Ketonurie charakterisiert (Ganaway und Allen, 1976; Sebesteny, 1976; Löchelt, 1977; Isenbügel, 1985; Holdt, 1986). Ketonurie tritt erst im späteren Verlauf der Krankheit sehr variabel auf, da nach Untersuchungen von Kolb (1981) Meerschweinchen in der Lage sind, Ketokörper im

Hungerzustand in beträchtlichem Umfang im Gehirn zu verbrennen, ohne daß es zu Funktionsstörungen kommt. Zur diagnostischen Sicherung sind deshalb die Bestimmung des pH-Wertes (Azidose) und der Nachweis der Ketokörper (Aceton) im Harn von Nutzen. Der pH-Wert kann von pH 9 bis auf Werte von pH 5–6 absinken. pH-Wert-Veränderungen, erhöhter Ketokörpergehalt und eine Proteinurie lassen sich mit Hilfe von Combur-Teststreifen nachweisen. Im Blutplasma sind die Transaminasen (ASAT, ALAT) und die Gesamtbilirubinkonzentration als Ausdruck hochgradiger Leberstoffwechselstörungen erhöht. Die Blutfarbe erscheint leicht milchig verändert (Hyperlipämie).

Pathologisch-anatomisch wird eine extrem fettige Degeneration der Leber, weniger des Herzens und der Nieren, festgestellt. Makroskopisch fällt die gleichmäßig blaßgelbbraune bis gelbe, in einigen Fällen sogar nach Weiß tendierende Farbe auf (Hyperlipämie und fettige Leberdegeneration; Ganaway und Allen, 1976; Sebesteny, 1976; Holdt, 1986).

Therapie: Die Aussicht auf *Heilung* ist zweifelhaft, da die Tiere sich sehr schnell in einem schlechten Allgemeinzustand befinden. Kommt es nicht zum Abort, macht sich je nach Allgemeinbefinden des Tieres ein Kaiserschnitt erforderlich (s. Laparotomie). Hierdurch können eventuell die Jungen, seltener das Muttertier, gerettet werden. Die Verabreichung subkutaner Glucose- und Calciumgluconicum- oder Calciumcarbonat-Gaben kann versucht werden, ebenfalls die Behandlung mit Natriumhydrogencarbonat, Glucocorticoiden und subkutanen Elektrolytinjektionen. Meist kommt jedoch jede Behandlung zu spät.

Prophylaxe: Mit einer meerschweinchengerechten Fütterung mit ausreichendem abbaufähigem Kohlenhydrat- und etwas restriktivem Energieangebot unter Vermeidung von Futtermangelsituationen kann das Fettmobilisationssyndrom und damit die Trächtigkeitstoxikose sicher vermieden werden (Lachmann und Mitarb., 1989).

Ovarialzysten

Ovarialzysten kommen vor allem bei einzeln gehaltenen Meerschweinchen vor. Nach Isenbügel (1985) erreichen sie im Sektionsgut weiblicher Tiere eine Häufigkeit von über 90 %. Über auslösende Ursachen ist bisher nichts bekannt.

Klinisches Bild: symptomlos. Bei Palpation des Abdomens sind Ovarialzysten beiderseitig als walnuß- bis hühnereigroße Gebilde in der Regio abdominalis cranialis fühlbar. Dem Meerschweinchenhalter fällt ein umfangsvermehr-

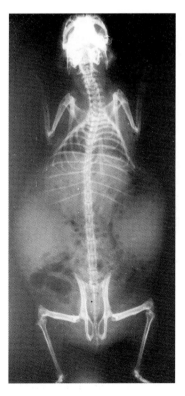

Abb. 19. Ovarialzysten beidseitig, ventro-dorsaler Strahlengang

tes Abdomen auf. Sind die Zysten hormonal aktiv, kommt es zu symmetrischem Haarausfall in der Flankenregion. Die Tiere zeigen ungestörtes Allgemeinbefinden.
Diagnose: Palpationsbefund, symmetrischer Haarausfall, Röntgenbefund. Im dorso-ventralen Strahlengang erkennt man die großzystisch entarteten Ovarien als diffuse Verschattungen (Abb. 19). Bei der Sektion sind Ovarialzysten häufig Zufallsbefunde.
Therapie: Entscheidend ist der Untersuchungsbefund. Medikametös ist eine Rückbildung der Zysten nicht zu erwarten. Eine Punktion schafft nur vorübergehend Abhilfe. Schon nach kurzer Zeit haben die Zysten ihren ursprünglichen Füllungsstand wieder erreicht. Kleine Zysten werden belassen. Eine Kastration mittels Flankenschnitt sollte durchgeführt werden, wenn der Verdacht besteht, daß großzystisch entartete Ovarien andere Organe verdrängen oder wenn hormonal bedingter Haar-

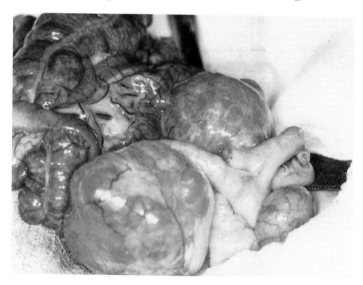

Abb. 20. Ovarialzysten, Operationssitus. Erkennbar sind weiterhin die Harnblase, der Uterus mit Neubildung (Leiomyom) und Blinddarmschlingen

ausfall besteht (s. Operationen). Bei nicht eindeutigem Befund (Ovarial- oder Abdominaltumor) ist die Laparotomie dem Flankenschnitt vorzuziehen (Abb. 20). Als konservative Behandlungsmethode empfiehlt Isenbügel (1985) die Verabreichung von 10 mg Chlormadinonacetat subkutan (Gestafortin®). Die Injektion ist alle 5 bis 6 Monate zu wiederholen.

Erkrankungen der männlichen Geschlechtsorgane

Penisverletzungen führen bei eitriger Infektion unbehandelt zum Tode. Sie werden gar nicht selten mangels gründlicher Inspektion übersehen (Schmidt, 1981).
Penisvorfall wird bei erwachsenen Böcken beobachtet. Die Ursachen sind unbekannt. Bei Adspektion findet man das Begattungsorgan entzündet und ödematisiert. Exsu-

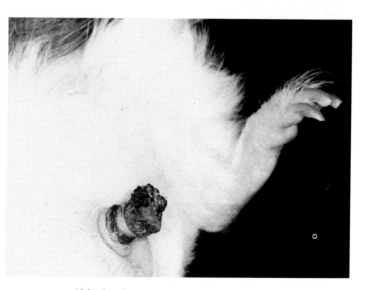

Abb. 21. Penisvorfall mit Strangulation

dat und Eiter, vermischt mit anhaftenden Einstreupartikeln, bilden krustöse Auflagerungen. Sie können den Penis ringförmig umspannen, zum Teil strangulieren und ein Zurückgleiten in das Präputium verhindern (Abb. 21).
Therapie: Die Krusten sind mit Ethacridinlösung zu erweichen und vorsichtig mit der Pinzette zu entfernen. Anschließend ist häufig mit adstringierenden und desinfizierenden Flüssigkeiten zu spülen. Bei Entzündungen und Infektionen fördert die lokale Behandlung mit einem Chemotherapeutikum oder einem Liniment den Heilungsprozeß.

Hitzschlag

Werden Meerschweinchen hohen Außentemperaturen, intensiver Sonneneinstrahlung bei fehlender Luftbewegung oder einem Wärmestau ausgesetzt, ohne daß ihnen als Ausgleich ein kühles, schattiges Plätzchen zur Verfügung steht, können sie einen Hitzschlag erleiden. Besonders gefährdet sind schwere, fette oder trächtige Tiere. Begünstigend wirken fehlendes oder eingeschränktes Trinkwasserangebot.
Das *klinische Bild* äußert sich in völliger Teilnahmslosigkeit, beschleunigter Atemfrequenz, erhöhtem, schwachem Puls und zyanotischen Schleimhäuten. Wird die Ursache nicht rechtzeitig erkannt und eine Behandlung eingeleitet, sterben die betroffenen Tiere durch Kreislaufversagen (Sebesteny, 1976; Isenbügel, 1985).
Therapie: Tiere an kühlem, dunklem Ort unterbringen, in kaltes, feuchtes Leinentuch einwickeln. Nasse, kalte Kopfkompressen tragen zum schnelleren Abklingen des Wärmestaus bei. Die medikamentöse Behandlung ist mit Dexamethason (Fortecortrin®), 0,1–0,2 mg/kg KM s.c. oder p.o., und Elektrolyt- und/oder Ringer-Lactat-Infusionen subkutan einzuleiten. Zur Steigerung der Diurese wird unterstützend Furosemid (Dimazon®), 1,0–5,0 mg/kg KM s.c. oder p.o., verabreicht.

Störungen im Vitamin- und Mineralstoffhaushalt

Vitamine, Mineralstoffe und Spurenelemente werden nur in geringen Mengen benötigt, sind aber für den Ablauf physiologischer Vorgänge im Organismus unentbehrlich. Besteht an einem dieser Stoffe Mangel, so treten Störungen, Ausfallerscheinungen und typische Mangelkrankheiten auf.

- *Vitaminmangelkrankheiten*

Vitaminmangelerkrankungen können ausgelöst werden durch:
1. Fütterungsfehler, schlechte Futterqualität und Lagerungsverluste.
2. Zökotrophieverhinderung oder Unvermögen, den Vitaminkot aufzunehmen.
3. Verdauungsstörungen und Dysbakterie, einschließlich Resorptionsstörungen, mit Schädigungen der Mikroflora und -fauna.
4. Unzureichende Vitaminzufuhr, z. B. Vitamin-C-Mangel in den Wintermonaten, oder Nichtbeachten der oxydativen Eigenschaften des Vitamin C.
5. Behandlungsfehler – Antibiotikaintoxikation durch Verabreichung von Penicillin.
6. Hungerketose als Folge verminderter oder verweigerter Nahrungsaufnahme, Vitamin-C-Defizit, evtl. auch Mangel an Viamin-B-Komplex. Beides sind wasserlösliche Vitamine, die nur in geringem Umfang kurzfristig im Körper gespeichert werden können.

Vitaminmangelerscheinungen äußern sich in: Anfälligkeit gegenüber Infektionskrankheiten, Störungen in vitaminabhängigen Stoffwechselreaktionen, bei schweren Fällen häufig in Darmstörungen mit Appetitlosigkeit, in Bewegungsunlust, Abmagerung, Wachstumsstörungen, Krämpfen, Lähmungen, Hautveränderungen und bei Jungtieren nicht selten in Todesfällen.

Eine *Hypovitaminose* über längere Zeit bewirkt nur unklare, äußerlich nicht sichtbare Symptome. Die Tiere reagieren schon auf geringste Belastungen, z. B. Futterwechsel, mit äußerlich erkennbaren Störungen. Hypovitaminosen sind vor allem durch Entwicklungsstörungen, verminderte Reproduktionsleistungen, herabgesetzte Resistenz gegenüber Infektionen sowie erhöhte Tierverluste gekennzeichnet. Bei Zufuhr hoher Vitamingaben kommt es bei verschiedenen Vitaminen (z. B. A und B) ebenfalls zu krankhaften Erscheinungen *(Hypervitaminosen)*.

Folgen des Vitaminmangels

Vitamin A: wird vom Meerschweinchen in genügend hoher Reserve in Zeiten hohen Grünfutterangebotes in der Leber gespeichert (bei weiblichen Tieren auch im Fettgewebe). Es kommt deshalb selten zu Mangelerscheinungen. Bei Mangel: Appetitlosigkeit, Durchfall Bewegungsstörungen, Wachstumsstillstand, Krämpfe, Nasenkatarrh, Haut- und Schleimhautläsionen.

Vitamin B_1: Magen-Darm-Störungen, Durchfall, Abmagerung, Wachstumsstörungen, Störungen im Nervensystem.

Vitamin B_2: Hauterkrankung (Pellagra), Cheilitis.

Ein Mangel an Vitamin-B-Komplex und an Vitamin B_{12} tritt nur ein, wenn durch Verdauungsstörungen, Antibiotikaabusus, starken Darmparasitenbefall u. ä. die natürliche Keimflora des Darmes vernichtet oder die Resorption gestört wird.

Vitamin D: Nur bei falschem Ca-P-Verhältnis, Rachitis. Überdosierung führt beim Meerschweinchen zur Erhöhung des Phosphorspiegels.

Vitamin E: Nachlassen der Fruchtbarkeit. Führt bei trächtigen Weibchen zum Absterben der Feten, zu Hodendegenerationen, Muskelschädigungen (Muskeldystrophie, Muskelschwund), Lähmungen der Jungtiere bei vitamin-E-arm ernährten Muttertieren.

Vitamin K: Blutungsneigung in Haut und Schleimhäuten, vor allem bei Verdauungsstörungen und grünfutterarmer

Ernährung, sowie Störungen der Darmflora (Antibiotikagabe – Penicillin).
Folsäure: Störung der Erythropoese (nur bei Vernichtung der natürlichen Darmflora).
Biotin (Vitamin H): Infektionsanfälligkeit, schuppige Dermatitiden, Haarverlust.
Mesoinosit: Ist im Getreide enthalten und für den Transport der Fettsäuren im Organismus von Bedeutung, ferner für die Aufrechterhaltung eines normalen Wachstums. Milchbildung und Fortpflanzung sollen beeinflußt werden. Mangel führt zu Gewichtsverlust, kleineren Würfen, mangelndem Aufzuchtvermögen, Darmträgheit, Hautentzündungen; Pantothensäure kann Mesoinosit in seinen Wirkungen ersetzen (Schmidt, 1985).
Vitamin C: Skorbut (bei unsachgemäßer Fütterung im Winter, Todesursache der Tiere!). *Symptome:* Tiere liegen mit weit abgespreizten Beinen auf der Seite, Schmerzempfindlichkeit der Beine, Auftreibung der Gelenke, Bewegungsunlust, Neigung zu Knochenbrüchen, Zahnfleischblutungen, Zahnlockerungen, Störung der Dentinbildung, Verzögerung von Wundheilungen, innere Blutungen, Verkümmerung der Geschlechtsorgane, gesteigerte Kälteempfindlichkeit, erhöhte Anfälligkeit gegenüber Infektionskrankheiten.

- **Organverkalkung**

Eine fütterungsbedingte Erkrankung ist die Organverkalkung (soft tissue calcification) beim Meerschweinchen.
Ätiologie: Über auslösende *Ursachen* für die Entwicklung eines derartigen Krankheitsbildes bestehen noch weitgehend Unklarheiten. Vermutet wird eine Störung im Calcium-Phosphor-Verhältnis mit übermäßigem Blutphosphorspiegel und geringem Magnesiumgehalt (Brandt, 1972; Kunstýř und Mitarb., 1977; Löchelt, 1977; Gialamas und Mitarb., 1983; Isenbügel, 1985). Der Verdacht, daß eine D-Hypervitaminose für die Organverkalkung mit verantwortlich ist, wurde durch Fütterungsversuche von Gialamas und Mitarb. (1983) widerlegt, die bei

einer Fütterung mit einem gut ausbilanzierten Ca-P-Verhältnis und mit dem Zusatz einer 10fachen Menge Vitamin D keine derartigen Symptome über einen Beobachtungszeitraum von 3 Monaten auslösen konnten.
Klinisches Bild: Kranke Tiere zeigen Apathie, zunehmende Abmagerung mit Gewichtsverlust, Obstipation bei Kalkablagerungen in der Dickdarmmuskulatur. In schweren Fällen Nachhandschwäche und Seitenlage infolge Unvermögens, sich zu erheben. Mitunter soll diese Krankheit auch mit ausgedehntem Haarausfall vergesellschaftet sein. Nach bisherigen Mitteilungen werden besonders ältere männliche Tiere und Jungtiere bis zum 3. Lebensmonat befallen (Brandt, 1972; Kunstýř und Mitarb., 1977; Löchelt, 1977; Gialamas und Mitarb., 1983; Isenbügel, 1985).
Die *Diagnose* ist wegen der unspezifischen Symptomatik am lebenden Tier kaum zu stellen. Bei Blutuntersuchungen wies Isenbügel (1985) einen erhöhten Phosphorgehalt (Normalwert: 5,6 mg/100 ml Serum) und Kreatininwert nach. Bei gestorbenen Tieren beschränkt sich der Krankheitsbericht meist auf eine chronische fortschreitende Abmagerung. Die Diagnose wird bei der Sektion gestorbener, stark abgemagerter Tiere nach vorbestehendem Verdacht oder als Zufallsbefund gestellt.
Pathologisch-anatomische Befunde: Es werden Kalkablagerungen in die Muskulatur des Colon ascendens, der großen Kurvatur des Magens, der Herzmuskulatur, der Aortenwand, in den Nieren und den Wänden der Bronchien, Bronchiolen und Alveolen der Lunge festgestellt. In seltenen Fällen lassen sich derartige Kalkinkrustationen auch in der Leber nachweisen. Es bleibt noch zu klären, ob es sich bei der Organverkalkung um eine ausgesprochene Versuchstiererkrankung handelt oder ob auch als Heimtier gehaltene Meerschweinchen an dieser Erkrankung leiden. In unserem umfangreichen Sektionsmaterial wurden solche massiven Verkalkungen nicht gefunden.
Therapie: keine. Fütterung von gutem Wiesenheu (Ca-P-Verhältnis 2 : 1) und ausreichende Vitaminversorgung als *vorbeugende Maßnahme.*

Erkrankungen des Nervensystems

Der Untersuchung sind anamnestische Erhebungen über Verhaltensstörungen, sensorische und motorische Symptome voranzustellen. Sie können bedingt sein durch Funktionsausfälle ganzer Körperteile, einzelner Gliedmaßen oder Muskelgruppen.

Ätiologie: Beim Meerschweinchen sind nervale Störungen in seltensten Fällen durch Erkrankungen des zentralen Nervensystems bedingt, wie die von Berghoff (1989) als Tortikollis beschriebene, mit Kopfschiefhaltung und Bewegungsstörungen (Kreisbewegungen) einhergehende Erkrankung, für die eine erfolgversprechende Therapie nicht bekannt ist.

In der Mehrzahl der Fälle sind nerval bedingte Ausfallserscheinungen oder Symptome sekundär bedingt durch differentialdiagnostisch abzuklärende Erkrankungen wie: Otitis media, Traumen unterschiedlicher Art, Toxoplasmose, Viruserkrankungen, Rückenmark- und Gehirnentzündungen (Meerschweinchenlähme), Koliseptikämie, Vitamin-C-Mangel.

Symptome: Inkoordination, Paresen, Paralysen nach Traumen oder virusbedingt, Myoklonien, Krämpfe, Zwangsbewegungen mit Dreh-, Roll- oder Kreisbewegung; Ataxien, Kopfschiefhaltung, Nystagmus.

Diagnose: anhand des klinischen Bildes; falls erforderlich, durch röntgenologische Darstellung. Kontrolle vorhandener Reflexe.

Die *Therapie* richtet sich nach der Grundkrankheit oder ist eine sympomatische.

Virusinfektionen

Meerschweinchenlähme

Die Meerschweinchenlähme wird als eine mit Gehirn- und Rückenmarkentzündung einhergehende Infektionskrankheit beschrieben.
Der *Erreger* dieser sporadisch auftretenden Erkrankung ist ein *nicht klassifiziertes Virus* mit neurotropem Charakter. Es wird eine diaplazentare und orale Übertragungsweise angenommen. Die Inkubationszeit beträgt 9 bis 23 Tage.
Klinisches Bild: Erste Symptome sind Futterverweigerung, leicht erhöhte Körpertemperatur und gesträubte Haare. Auffällig sind die anfangs kauernde Stellung, Atembeschwerden, Zittern und im weiteren Verlauf krampfartige Zuckungen der Rücken-, Hals- und Schultermuskulatur. Die Tiere magern stark ab. In der Perinealtasche findet man eine Kotanschoppung. Eine zunehmende Erschlaffung der Muskulatur im Bereich der Hinterextremitäten führt zur Schwäche der Hinterextremitäten bis zur schlaffen Lähmung. Der Tod tritt oft erst nach 3–4 Wochen ein, bei akutem Verlauf nach 2–10 Tagen (Isenbügel, 1985; Schmidt, 1985; Wasel, 1984, 1987).
Die *Diagnose* ergibt sich aus dem klinischen Bild und der Sektion. Histologisch werden starke Hyperämie und perivaskuläre Infiltrationen der Pia des Gehirns und der gesamten Rückenmarksubstanz gefunden. In den Infiltraten überwiegen Lymphozyten und Histiozyten (Cohrs und Mitarb., 1958). Wasel (1987) charakterisiert die pathologisch-anatomischen Veränderungen als disseminierte lymphozytäre Meningoenzephalitis mit Beteiligung poly-

morphkerniger Leukozyten. Als Hauptsitz der Veränderungen wird die graue Substanz des Lumbalmarks angegeben.
Differentialdiagnostisch ist an Avitaminose und äußere traumatische Einwirkungen zu denken.
Die *Prognose* ist ungünstig, der Krankheitsverlauf oft mit Komplikationen durch Harn- und Kotabsatzstörungen verbunden. Eine spezifische Behandlung ist nicht bekannt. Im Anfangsstadium Vitamin-B- und -C-Gaben.
Prophylaktische Maßnahmen: Vor Neubesetzung müssen Käfig und Umgebung gründlich mit 3%iger Natronlauge desinfiziert werden. Wegen der langen Inkubationszeit sollten zugekaufte Tiere mindestens $3\frac{1}{2}$ Wochen isoliert werden, bevor sie in den Bestand eingegliedert werden (Schmidt, 1985).

Speicheldrüsenvirus-Infektion

Der *Erreger* ist ein Zytomegalievirus (Speicheldrüsenvirus) aus der Familie der Herpesviren mit hoher Artspezifität.
Ätiologie: Nach oraler Infektion kommt es unter Belastung zur Entzündung der Speicheldrüsen und ihrer Gänge. In den erkrankten Organen sind Herde von chronisch entzündeten Zellen vorhanden. Sehr charakteristisch sind die Einschlußkörperchen, die nach Schmidt (1985) auch bei Tieren zu finden sind, die äußerlich gesund erscheinen.
Klinisches Bild: Typisch sind das starke Speicheln erkrankter Tiere und bei gleichzeitig entzündeten Tränendrüsen vermehrte Tränensekretion. Auch mumpsähnliche und respiratorische Erscheinungen mit Lungensymptomen sind möglich. Obgleich die Infektion meist einen unauffälligen Verlauf nimmt, wird sie als verlustreiche Seuche beschrieben (Sebesteny, 1976; Löchelt, 1977; Schmidt 1985). So tritt bei schwerem Verlauf eine vom hinteren

Ende der Wirbelsäule kopfwärts fortschreitende Lähmung hinzu.
Diagnose: Nachweis der Einschlußkörperchen in den Mandibulardrüsen, eventuell klinisches Bild.
Therapie: symptomatisch. In der Regel heilt die Krankheit von selbst aus (Isenbügel, 1985). Bei schwerem Verlauf müssen alle befallenen und verdächtigen Tiere getötet werden. Genesene Tiere sind gegen die Krankheit immun.

Adenovirus-Pneumonie

Über eine tödlich verlaufende Virusinfektion mit Bronchopneumonie ohne sekundäre Keimbesiedlung berichten Naumann und Mitarb. (1981) und Kunstýř und Mitarb. (1984).
Erreger: Die Morphologie des Virus, seine vorwiegend intranukleäre Lokalisation, der Krankheitsverlauf und die ultrastrukturellen Veränderungen geben Hinweise darauf, daß es sich bei dem Erreger um ein für Meerschweinchen spezifisches Adenovirus handelt. Neugeborene Hamster und Ratten erwiesen sich als nichtempfänglich für diese Infektion. Es gab keine serologische Kreuzreaktion zwischen diesem Virus und dem Adenovirus des Menschen und des Geflügels (Kunstýř und Mitarb., 1984).
Ätiologie: Ansteckung und Verbreitung erfolgen durch gegenseitigen Kontakt. Wahrscheinlich ist auch die Aufnahme des Erregers durch virushaltigen Kot und Harn. Die Inkubationszeit wurde mit 5–10 Tagen ermittelt. Todesfälle sind 6–15 Tage nach dem Auftreten der ersten Symptome zu erwarten. Die Sterblichkeit ist außerordentlich hoch. Dagegen sind Ansteckungs- und Erkrankungsrate meist gering.
Pathologisch-anatomische Befunde: Eine nekrotisierende Bronchitis und Bronchiolitis mit basophilen intranukleären Einschlußkörperchen in den bronchialen Epithel-

zellen stehen als pathologische Veränderung im Vordergrund.
Klinisches Bild: Lungenaffektionen, Nasenausfluß. Die klinischen Symptome gleichen denen der Lymphozytären Choriomeningitis (LCM).
Diagnose: intranukleäre Einschlußkörperchen in den Alveolarepithelien. Eine Differenzierung von der LCM ist nur serologisch möglich (Isenbügel, 1985). Das histologische Bild ähnelt demjenigen, welches bei Adenovirusinfektionen anderer Tiere und des Menschen erhoben wird (Naumann und Mitarb., 1981). Die Prognose ist ungünstig.
Therapie: nur symptomatisch möglich, meist erfolglos. Wegen der Gefahr der Verbreitung sind in größeren Beständen alle erkrankten Tiere zu töten. Bei Massentierhaltung können ganze Zuchten vernichtet werden (Wasel, 1987).

Lymphozytäre Choriomeningitis

Ätiologie: Die Infektion wird durch ein Arenavirus verursacht, dessen Hauptreservoir mit regional unterschiedlicher Befallsstärke die latent infizierte wildlebende Hausmaus ist. Der Erreger wird bei Mäusen vorwiegend diaplazentar, aber auch über Harn, Kot und Speichel übertragen und weiterverbreitet. Empfänglich für die Infektion sind der Goldhamster, das Meerschweinchen und der Mensch. Die Tiere können Virusträger sein, ohne selbst zu erkranken, und den Erreger ausscheiden. Das Krankheitsbild der LCM bildet sich nach neonataler Kontamination nur mit Hilfe der sogenannten T-Lymphozyten aus, aber nicht bei deren Fehlen. Die T-Lymphozyten führen, ähnlich einer Immunkrankheit, hierbei zur Zerstörung der virusinfizierten Zellen im Gehirn (Güttner, 1979).
Klinisches Bild: Die Krankheit kann unauffällig oder fieberhaft mit Konjunktivitis, Exsikkose, bei Jungtieren

mit Entwicklungsstörungen verlaufen. Selten werden Krämpfe und Lähmungen beobachtet. Sebesteny (1976) und Isenbügel (1985) nennen als Hauptsymptom beim Meerschweinchen die Erkrankung des Atemtraktes. Die Tiere leiden an einer Pneumonie, oft mit Pleuritis und einer serös-eitrigen Konjunktivitis verbunden. Auskultatorisch werden starke Lungengeräusche wahrgenommen.
Diagnose: Die KBR ist möglich. Der Erreger ist in der Gewebekultur oder mit fluoreszierenden Antikörpern nachweisbar.
Differentialdiagnose: Viruspneumonie.
Wegen der möglichen Ansteckungsgefahr für den Menschen sind Tiere mit bestätigter LCM zu euthanasieren (Löchelt, 1977; Isenbügel, 1985).
Die Lymphozytäre Choriomeningitis ist eine *Zoonose!*

Leukämie

Wie bei einigen anderen Tierarten wurden auch beim Meerschweinchen Oncornaviren elektronenmikroskopisch nachgewiesen (Güttner, 1979; Isenbügel, 1985). Nach unseren Erfahrungen scheint mit der längeren Lebensdauer der Meerschweinchen in der Heimtierhaltung die Zahl der Leukosefälle anzusteigen. Die Inkubationszeit ist nicht bekannt. Die Übertragung erfolgt bereits während der Trächtigkeit vom Muttertier auf die Feten oder nach der Geburt über die Milch (Juhr und Hiller, 1983).
Klinisches Bild: Es ist abhängig von der Lokalisation des Krankheitsherdes. Häufig sind Inappetenz und zunehmende Apathie die ersten auffälligen Symptome. Im fortgeschrittenen Stadium findet man vergrößerte Hals- und Achsellymphknoten (Abb. 22). Leber, Milz, Nieren und die Darmlymphknoten sind oft leukotisch verändert. Ihre Vergrößerung läßt sich zum Teil palpatorisch oder röntgenologisch nachweisen. Der Krankheitsverlauf ist schleichend und endet mit dem Tod des Tieres.

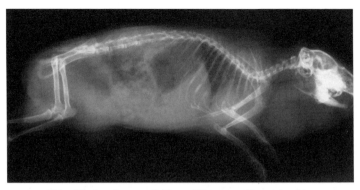

Abb. 22. Leukose mit Vergrößerung aller palpablen Lymphknoten und Leberschwellung.

Diagnose: Bei gleichzeitiger Anämie kann nach Berichten von Isenbügel (1985) die Leukozytenzahl bis auf 250 000/ml ansteigen. Im fortgeschrittenen Stadium: klinisches Bild oder Probelaparotomie. Pathologischer Befund. Eine *Therapie* ist nicht bekannt.

Tollwut

Meerschweinchen sind auch für Tollwut empfänglich, jedoch ist die Gefahr bei Einzelhaltung als Heimtier gering.
Erreger: neurotropes Virus, das Erkrankungen des zentralen Nervensystems mit sehr variablem Symptomenbild verursacht. Es ist im Speichel wutkranker Tiere enthalten und kann über Bißverletzungen oder kleine Haut- und Schleimhautläsionen zur Infektion führen.
Ätiologie und klinisches Bild: Über einen Fall natürlicher Tollwut beim Meerschweinchen berichteten Weyhe und Mitarb. (1992). Bei Freilandhaltung wurde ein Meerschweinchen von einem Fuchs im Käfig durch die Lattenumgrenzung angefallen, aber nicht getötet. Nach einer

Inkubationszeit von 11 Tagen gab das Tier Fieptöne von sich, zeigte Unruhe, lief aufgeregt umher und fraß nicht. Zwei Personen wurden bei Betreuungsversuchen gebissen. Die Tatsache, daß das einen Tag später gestorbene Meerschweinchen zu einer Gemeinde in einem Tollwutsperrbezirk gehörte, war Anlaß, es auf Tollwut zu untersuchen, nachdem es vorher zwei Menschen verletzt hatte. Der direkte IFT als Doppelansatz mit dem Mäusetierversuch war positiv.

Wenn auch die Tollwut beim Meerschweinchen epidemiologisch bedeutungslos ist, sollte sie doch in die Tollwutdiagnostik einbezogen werden, sobald Verdachtsmomente bestehen.

Bakterielle Infektionen

Bakterielle Infektionen mit vorwiegend respiratorischen Symptomen

Das Zustandekommen einer Infektionskrankheit ist abhängig von den krankmachenden Eigenschaften des Mikroorganismus und der Empfangsbereitschaft des Tierkörpers. Der Infektionsablauf hängt von der Weiterverbreitung des Erregers ab. Bakterien, aber auch Viren können auf den verschiedensten Wegen in den Organismus gelangen und sich dort in der Nähe der Eintrittspforte, im Blut oder in anderen Organen vermehren. In kürzester Zeit können sie den ganzen Organismus überschwemmen und ihn direkt oder durch freiwerdende Stoffwechsel- oder Zerfallsprodukte örtlich oder allgemein schädigen. Die Folge ist eine lokale oder allgemeine Entzündungsreaktion mit schwerer Allgemeinerkrankung des Organismus.

Der Infektionsverlauf ist abhängig von der spezifischen Abwehrlage des Meerschweinchens einerseits und der krankmachenden Eigenschaft, der Vermehrungsfähigkeit sowie Befallsdosis an Erregern andererseits. Kunstýř und Heimann (1977) stellen heraus, daß man bei keiner anderen Tierart so viele verschiedene Erreger findet, die sowohl zu akut als auch zu chronisch verlaufenden Krankheitserscheinungen führen können.

Staphylokokken-Infektion

Staphylokokken sind Besiedler von Haut und Schleimhäuten bei Mensch und Tier. Nach Bosse (1968) gehören Staphylokokken beim Meerschweinchen ebenso wie Streptokokken zu den atypischen Keimen der Hautflora, die aber beim gesunden Tier keine Hautveränderungen verursachen.

Erreger: Die eitererregenden Staphylokokken der Art *Staphylococcus aureus* sind grampositive, unbewegliche, nicht sporenbildende, traubenförmig gelagerte Kugelbakterien, die sehr vielgestaltige Krankheitsbilder hervorrufen können.

Ätiologie: Ihre Verbreitung ist von vielen prädisponierenden Faktoren abhängig. Günstige Voraussetzungen für die Ausbreitung der Infektion schaffen vor allem Mängel in der Hygiene, Haltung und Fütterung und eine gestörte Widerstandskraft der Tiere.

Die Infektion erfolgt vorwiegend als Kontakt- oder Schmierinfektion und mechanisch durch Hautläsionen. Hierzu tragen Kratz- und Bißverletzungen der Tiere bei. Wegbereitend für das Eindringen der Erreger sind auch Kastrationswunden und in die Mundschleimhaut eingespießte kleine Futterpartikel. Dem Menschen kommt als Überträger besondere Bedeutung zu.

Am häufigsten werden Staphylokokken bei Wundinfektionen mit Eiterungen gefunden. Es sind meist lokal begrenzte Krankheitsprozesse. Eine große Rolle spielen Staphylokokken auch bei Mischinfektionen.

Neben lokalen, meist chronisch verlaufenden Infektionen ist die septikämische Verlaufsform bekannt, bei welcher der Organismus in kurzer Zeit mit den Bakterien überschwemmt wird. Diese Krankheitsform führt schon nach kurzer Zeit zum Tod.

Klinisches Bild: Die Krankheitsbilder sind durch pyogene Prozesse gekennzeichnet. Eine Staphylokokken-Infektion wird infolge von Kontakt- und Schmierinfektionen nach Hautverletzungen, bei Dermatitis (Eiterpusteln), an den

Lippen (Cheilitis) und bei subkutaner Abszeßbildung nachgewiesen. Staphylokokken können auch bei der eitrig-abszedierenden Lymphadenitis submandibularis et cervicalis (nach primärer Infektion der Mund- und Pharynxschleimhaut), bei Zahnfach- und Kieferentzündungen, bei einer Conjunctivitis purulenta sowie bei Verletzungen der Kornea und bei einer durch Erregerinvasion nachfolgenden eitrigen Panophthalmie beteiligt sein. Selten werden beim Meerschweinchen auch eine Mastitis, eine Pyometra oder eine Infektion der harnableitenden Wege durch Staphylokokken verursacht. Bei der Pyometra entleert sich dann zeitweilig schleimig-eitriger bis blutiger Ausfluß aus der Scheide. Bei Harnwegsinfektionen werden Eiterflocken mit dem Harn abgesetzt (Juhr und Hiller, 1973; Güttner, 1979).

Mischinfektionen mit Staphylokokken und Streptokokken werden bei der Pododermatitis oder Ballenabszessen wie auch bei der Otitis media nachgewiesen. Durch Hospitalismus von Staphylokokken im Käfig- oder Stallmilieu sind besonders Jungtiere gefährdet. Sie können sich auch über infizierte Muttermilch anstecken. Allgemeininfektionen mit septikämischem Verlauf gehen mit Rhinitis und Bronchopneumonie einher.

Pathologisch-anatomische Befunde: Bei der Sektion gestorbener Tiere werden neben der Bronchopneumonie Lungen-, Leber- und Milzstauung sowie Abszeßbildung in den Lymphknoten der Brust- und Bauchhöhle gefunden.

Diagnose: Sie ist sowohl bei der Allgemeininfektion als auch bei lokalen Krankheitsprozessen durch den kulturellen Erregernachweis zu erbringen. Für die Anzüchtung der Erreger können Tupferproben, Hautabstriche, Abszeßinhalt, Sekrete oder veränderte Organproben genutzt werden (Juhr und Hiller, 1973).

Therapie: Wundreinigung und lokale Wundbehandlung, Spalten von Abszessen, Spülen mit Ethacridin-Lösung, 1:1000 verdünnt, Wundtoilette der Abszeßhöhle mit Supronal® oder einem anderen geeigneten Chemotherapeutikum. Bei der lokalen Behandlung ist die Antibiotikaunverträglichkeit zu berücksichtigen. Behandlung entsprechend den Syptomen, s. Hautkrankheiten. Systemische Therapie: Chloramphenicol, Trimethoprim-Sulfonamid-Lösung (Borgal®). Bei größeren Beständen ist die Wahl des Medikamentes von einem Antibiogramm abhängig zu machen. Wichtigste Voraussetzung für die Unterbrechung des Infektionskreislaufs sind die sorgfältige Reinigung und Desinfektion der Käfige und des Futtergeschirrs.

Streptokokken-Infektion

Streptokokken sind Schleimhautbesiedler und Saprophyten des Verdauungstraktes. Als Eitererreger verursachen sie bei Belastungen unterschiedlicher Art akut-septikämisch verlaufende Infektionen mit Pneumonie oder bei chronischem Verlauf Abszeßbildung, vorzugsweise lokalisiert auf die Halslymphknoten.

Der *Erreger, Streptococcus zooepidemicus*, ist kugelförmig, grampositiv und sporenlos. Von den verschiedenen Serotypen gehören die beim Meerschweinchen vorkommenden den ß-hämolysierenden Streptokokken der serologischen Gruppen C und A an (Kunstýř und Mitarb., 1977; Weber und Brunner, 1979; Weber und Lembke, 1982; Wasel, 1984).

Ätiologie: Untersuchungen zum Kranheitsspektrum des Meerschweinchens wiesen Streptokokken als häufigsten Erreger von Atemtrakterkrankungen und oft als alleinige Todesursache aus (Kunstýř und Mitarb., 1977; Weber und Lembke, 1982). Mischinfektionen mit *Bordetella bronchiseptica, Yersinia pseudotuberculosis* oder *Salmonella typhimurium* sind möglich.

Die Infektion erfolgt über den Verdauungs- oder Atemtrakt durch Hautwunden, aerogen, konjunktival, häufig auch über Verletzungen der Mundhöhle. Wie bei den meisten bakteriellen Infektionskrankheiten sind begünstigende Faktoren für die Vermehrung und Ausbreitung der

Erreger allgemein resistenzmindernde Einflüsse. Besonders prädisponierend wirken ungünstige Haltungs- und Fütterungsbedingungen, Streßfaktoren, z. B. Überhitzung, Unterkühlung, plötzlicher Futterwechsel, sowie Verletzungen der Wangenschleimhaut. Auch neu erworbene, latent infizierte, gesund erscheinende Meerschweinchen können als Keimträger Ursache für sporadisch auftretende Erkrankungsfälle sein.

Klinisches Bild: Die Streptokokken-Infektion äußert sich in zwei klinisch verschiedenen Verlaufsformen; der akuten bis perakuten, septikämischen Form mit im Vordergrund stehenden Lungenveränderungen und der chronischen Form mit spezifischer, lokalisierter Abszeßbildung.

Bei akut-septikämischem Krankheitsverlauf sind die Symptome sehr unspezifisch. Neben plötzlichen Todesfällen ohne auffällige Krankheitszeichen zeigen erkrankte Tiere Apathie, Inappetenz, Konjunktivitis und Zittern. Möglich sind auch blutiger Nasenausfluß und blutig gefärbter Harn (Kunstýř und Matthiesen, 1973; Sebesteny, 1976, Möller, 1984).

Der Tod tritt nach 2 bis 4 Tagen ein. Weber und Brunner (1979) fanden bei plötzlich gestorbenen Tieren als auffälligstes Symptom Blutaustritt aus Mundhöhle und Nase.

Für den chronischen Krankheitsverlauf sind die Entzündung und Abszeßbildung der submandibularen und zervikalen Lymphknoten (Lymphadenitis apostematosa) kennzeichnend. Das Allgemeinbefinden ist in der Regel bei dieser lokal begrenzten Streptokokken-Infektion nicht gestört. Klinische Symptome, Krankheitsverlauf und Therapie s. unter Abschnitt Halsabszesse (S. 105).

Gelegentlich rufen hämolysierende Streptokokken Mittelohr- und Innenohrentzündungen hervor. In Einzelfällen bildet sich nachfolgend eine Stirnfistel aus (Kunstýř, 1979). Erkrankte Tiere haben Fieber, fressen schlecht oder verweigern die Nahrungsaufnahme völlig und sind apathisch. Auffällig sind Gleichgewichtsstörungen, Kopfschiefhaltung oder Dreh-, Roll- oder Kreisbewegungen und Nystagmus (Kunstýř und Mitarb., 1977; Weber und Lembke, 1982; Wasel, 1984, 1987).

Nach Güttner (1979) treten beim Meerschweinchen gelegentlich spontane chronische Entzündungen der Zehen- und Mittelfußgelenke der Vorderpfoten auf, die durch eine posttraumatische Superinfektion mit Streptokokken verursacht werden. Die Entzündung äußert sich in Gelenkschwellungen mit Verdickung der Epidermis des Ballenflächenbereiches und Exsudation.

Die *Diagnose* wird durch den kulturellen Erregernachweis aus eitrigen Sekreten, Abszeßinhalt (Tupferprobe) und Organbefunden gesichert. Bei eitriger Mittelohr- oder Innenohrentzündung läßt sich unter Umständen die mit Eiter und Flüssigkeit angefüllte Bulla tympanica röntgenologisch darstellen (Wasel, 1984).

Nach akutem Krankheitsverlauf werden bei der Sektion regelmäßig schwere hämorrhagisch-nekrotisierende Bronchopneumonien gefunden. Herzbeutel, Brust- und Bauchhöhle können blutige Flüssigkeitsansammlungen enthalten. Offensichtlich zerstören toxische Stoffwechselprodukte der Bakterien die Erythrozytenmembran, und es kommt zum Austritt von Blutfarbstoff. Auch die Blutgefäße werden geschädigt. Damit können die Erythrozyten in die Alveolen und Atemwege gelangen und beim Tod als blutiger Schaum aus Mund und Nase austreten. Lunge, Herz, Leber und Nieren zeigen eine akute Stauungshyperämie (Weber und Brunner, 1979). Der Tod tritt bei der Mehrzahl der akut erkrankten Tiere durch Ausfall zerstörten Lungengewebes, kombiniert mit septischem Schock ein. Die akute Stauungshyperämie deutet zusätzlich auf ein terminales, infektiös-toxisches Rechtsherzversagen hin (Weber und Brunner, 1979)

Therapie: Abszesse werden gespalten und entleert, eventuell austamponiert. Zum Spülen eignen sich Chemotherapeutika wie Supronal® oder Desinfektionsmittel in Form von Ethacridin®, 1:1000 verdünnt. Erkrankte Tiere sind zu isolieren, die Käfige intensiv zu reinigen und zu desinfizieren. Bei akuten Verlaufsformen kann die Behandlung mit Tetracyclin 10 mg/kg KM s.c. 3–4 Tage lang versucht werden, da ohne Erregernachweis die Behandlung durch die Verdachtsdiagnose bestimmt werden muß. Bei ausgeprägt septischen Schockzuständen oder infektiös-toxischem Geschehen ist Dexamethason® (1,0–2,0 mg/kg KM s.c.) zusätzlich zu applizieren. In den meisten Fällen bleibt die Behandlung ergebnislos. Möller (1984) berichtete über den erfolglosen Einsatz von Chloramphenicol, Tylosin und Terramycin bei Infektionen der Lunge und des Darmes mit Streptokokken und Staphylokokken. Behandlungserfolge waren nur kurzfristig. Akute Infektionen durch diese beiden Erreger endeten stets letal.

Quarantänemaßnahmen für neu erworbene Tiere versagen, da die latente Infektion ohne belastende Faktoren nicht zum Krankheitsausbruch führt.

Diplokokken-Infektion

Diplokokken besiedeln häufig die Schleimhäute des oberen Atemtraktes von Mensch und Tier, ohne Krankheitserscheinungen hervorzurufen. Beim Meerschweinchen gehören sie zu den Schnupfenerregern, wobei sie als Mischinfektion häufig zusammen mit *Bordetella bronchiseptica* nachgewiesen werden. Unter ungünstigen Bedingungen verursachen Diplokokken Krankheitsausbrüche mit oft schwer verlaufenden Lungen-Brustfell-Entzündungen.

Der *Erreger, Streptococcus pneumoniae,* ist ein grampositiver, unbeweglicher, paarweise gelagerter und von einer Kapsel umgebener Keim.

Entsprechend bestimmten Kapselreaktionen werden diese Streptokokken, auch Pneumokokken genannt, verschiedenen Typen zugeordnet (Juhr und Hiller, 1973). Der Typ 19 ist für Meerschweinchen besonders gefährlich. Andere Typen treten offensichtlich nur bei Spontanerkrankungen auf, einschließlich der durch den Menschen übertragenen Streptokokkenpneumonie Typ 3. Sebesteny

(1976) berichtete über den Krankheitsausbruch in einem Meerschweinchenbestand von 2400 Tieren mit Typ 19, dem innerhalb weniger Tage 450 Meerschweinchen zum Opfer fielen. Auch Weber und Lembke (1982) fanden bei Auswertung bakteriologischer Befunde aus Organmaterial während eines Untersuchungszeitraumes von drei Jahren Pneumokokken dieses Kapseltyps als zweithäufigsten Erreger (10%) bakterieller Erkrankungen des Meerschweinchens.

Ätiologie: Die Übertragung erfolgt als Tröpfcheninfektion über die Nasenschleimhaut. Zur Weiterverbreitung tragen besonders niesende und hustende Tiere bei. Pfleger und andere Kontaktpersonen können, ohne selbst krank zu sein, Pneumokokken auf Meerschweinchen übertragen, sofern enger Kontakt besteht (Kunstýř und Schwanzer, 1971). Seltener sind die Konjunktiven, die Mundschleimhaut und Hautdefekte Eintrittspforten für Diplokokken.

Für eine zeitweilig latente Schleimhautbesiedlung der oberen Atemwege des Meerschweinchens sprechen Untersuchungsergebnisse von Kunstýř und Schwanzer (1971), die in einer Bestandsuntersuchung älterer Meerschweinchen bei 27,9% der Tiere Diplokokken nachwiesen.

Krankheitsauslösende Ursachen sind haltungs- und fütterungsbedingte Störungen und Problemsituationen, wie sie besonders in den Wintermonaten vorkommen können. Die Infektionsbereitschaft des Organismus wird durch Vitamin-C-Mangel, überheizte Räume (25–28 °C) und zu geringe relative Luftfeuchtigkeit gefördert. Weber und Lembke (1982) führen einen hohen Prozentsatz der bakteriellen Erkrankungen des Atmungsapparates auf ungünstiges Stallklima zurück.

Klinisches Bild: In der Regel ist der Krankheitsverlauf unauffällig. Wird die Widerstandskraft durch äußere Einflüsse geschwächt, kommt es zum plötzlichen Krankheitsausbruch. Schnupfen mit Nasenausfluß, Niesen und Husten, verschwollene und eitrig verklebte Augen sowie

Atembeschwerden und Gewichtsverlust sind auffällige Symptome. Typisch ist das durch häufiges Nasereiben verklebte Fell auf der Innenseite der Vorderbeine. Durch Abschlucken des Nasensekretes treten Magen-Darm-Katarrhe auf. Eine absteigende Infektion hat die Entzündung von Bronchien, Lunge und Brustfell zur Folge, oft ist sie verbunden mit eitriger Flüssigkeitsbildung. Nach 6–8wöchigem Krankheitsverlauf ist mit hoher Sterblichkeitsrate zu rechnen (Isenbügel, 1985; Schmidt, 1985).
Als Begleiterscheinung einer generalisierten hämatogenen Infektion kommt es zu einer diffusen, fibrinös-eitrigen Peritonitis mit reichlich Exsudat in der Bauchhöhle und zu einer doppelseitigen Nephritis. Auch Leber- und Lungenabszesse wurden beschrieben (Isenbügel, 1985). Manchmal wird die Diplokokken-Infektion als geschwürige Entzündung des Uterus und der Vagina angetroffen.
Wie bei der *Streptococcus-zooepidemicus*-Infektion können auch Diplokokken die Gehörgänge besiedeln und für eine Mittelohrentzündung Anlaß sein. Meist ist das Trommelfell perforiert. Im Mittelohr liegt reichlich Eiter, der über den äußeren Gehörgang abfließt. Der akute Verlauf ist klinisch oft nicht als Otitis erkennbar. Fieber, Teilnahmslosigkeit, Freßunlust und Schwellung der regionären Halslymphknoten sind die hervorstechenden Symptome. Nachfolgende Meningitis ist möglich.
Die *Diagnose* wird durch den kulturellen Erregernachweis aus Tupferproben oder Sektionsmaterial gestellt. Beim narkotisierten Tier kann die Otitis media röntgenologisch diagnostiziert werden. Bei generalisierter Infektion ist im Harn der Nachweis von Eiweiß, Leukozyten, Nierenzylindern und Bakterien positiv. Bei Palpation des aufgetriebenen Abdomens zeigen die Tiere Druckschmerz. Die Atmung ist oberflächlich.
Therapie: Breitspektrumantibiotika (Oxytetracyclin, Chloramphenicol), Trimethoprim-Sulfonamid-Lösung oder Tabletten, unterstützend Vitamin-C-Gaben oder Vitamin AD$_3$EC®, bei Darminfektionen Vitamin-B-Komplex neben symptomatischer Behandlung, bei Exsikkose oder

gestörter Futteraufnahme und schlechtem Allgemeinbefinden subkutane isotonische Elektrolytlösung (10 bis 20 ml/kg KM). Bei Rhinitis und Otitis zusätzlich symptomatische Behandlung. Oft bleibt der therapeutische Einsatz erfolglos.

Bordetellen-Infektion

Bordetellen sind als Bewohner der Schleimhaut des Respirationstraktes bei Meerschweinchen, Kaninchen und einigen anderen Tierarten sowie gelegentlich beim Menschen weit verbreitet. Sie werden häufig bei Erkrankungen der Atemwege angetroffen, jedoch auch bei klinisch gesunden Tieren aus dem Nasen-Rachen-Raum isoliert (Isenbügel, 1985; Löliger, 1986).

Der *Erreger, Bordetella bronchiseptica,* ist ein kurzes, gramnegatives, bewegliches, toxinbildendes Stäbchenbakterium, dem sowohl bei Infektionen mit anderen bakteriellen Erregern als auch als selbständige bakterielle Infektionskrankheit große Bedeutung zukommt. So fanden Kunstýř und Mitarb. (1977) diesen Erreger bei der mikrobiologischen Untersuchung spontan erkrankter Meerschweinchen eines großen Versuchstierbestandes bei 22,3 % (von 166 Erkrankungsfällen bei 37 Meerschweinchen) mit Entzündungen der Lunge, Leber oder Nasenmuscheln. Winter (1981) kam bei seinen Untersuchungen auf 14,5 %.

Ätiologie: Die Infektion erfolgt über die Atemwege als Tröpfcheninfektion. Den Ausbruch begünstigende Faktoren sind Streßsituationen, wie schlechte klimatische Verhältnisse, Überbelegung, plötzliche Futterumstellung oder schlechte Futteraufnahme, Vitaminmangel, Erkältungen mit Erregeranreicherung und andere streßbedingte resistenzmindernde Faktoren. Elies und Mitarb. (1983) wiesen in umfangreichen bakteriologischen Untersuchungen bei Versuchstierbeständen und Meerschweinchen privater Züchter nach, daß in den Monaten mit schlechten Umweltbedingungen (November bis April) in beiden Fällen die Bordetellen-Infektion stark zunahm. Die positive Nachweisrate betrug 28,7–73,2% in den Wintermonaten, nur 0,7–7,8% in den Sommermonaten. Über intervallmäßige Ausbrüche mit zahlreichen Verlusten berichteten auch Nickels und Mullink (1971).

Klinisches Bild: Durch die komplexen Erscheinungen des ansteckenden Schnupfens mit seinen Sekundärinfektionen einschließlich Bronchopneumonie ist mit hohen Verlusten (bis 100%) zu rechnen. Neben unauffälligen Symptomen sind die Krankheitserscheinungen häufig sehr eindeutig. Nasen- und Nebenhöhlenentzündungen äußern sich in eitrigem Nasenausfluß, krustig verklebten Nasenlöchern, Niesen, Atembeschleunigung, Konjunktivitis oder verklebten Augenlidern. Bei Pneumonie zeigen sich schnelle, erschwerte Atmung, Husten, Keuchen, Atemnot. Erkrankte Tiere haben keinen Appetit, magern ab, sitzen oft teilnahmslos in einer Ecke, das Haarkleid ist struppig und stumpf. Als Komplikation wird Otitis media genannt, die mit Gleichgewichtsstörungen einhergehen kann. Todesfälle sind bei akutem Verlauf einige Tage nach Ausbruch der Erkrankung, bei chronischem Verlauf nach 6 bis 8 Wochen zu erwarten (Juhr und Hiller, 1973; Schmidt, 1981).

Die *Diagnose* wird durch den kulturellen Erregernachweis aus Nasensekret oder Exsudat und durch die Sektion gestellt. Als diagnostische Methode am lebenden Tier empfehlen Elies und Mitarb. (1983) den Erregernachweis mittels Anzüchtung über Nasentupfer.

Pathologisch-anatomische Befunde: Die Untersuchung gestorbener Tiere ergibt neben einer akut-eitrigen Rhinitis akute bis subakute, eitrige Bronchopneumonie und besonders auf die Spitzenlappen beschränkte Lungenveränderungen. In chronischen Fällen sind Pleuritis, Perikarditis, Leberdegeneration und Milzschwellung möglich (Juhr und Hiller, 1973; Isenbügel, 1985).

Eine *Therapie* sollte möglichst früh eingeleitet werden. Es können sowohl Antibiotika als auch Sulfonamide zum

Einsatz kommen. Eine Resistenzbestimmung unterstützt die richtige Wahl des Medikaments. Bei Futterverweigerung sind subkutane Infusionen von Elektrolytlösungen oder Glucose von Nutzen. Nach Erfahrungen von Nickels und Mullink (1971) kann eine massive Bordetellen-Infektion in größeren Meerschweinchenbeständen durch Vakzination mittels Autovakzine unter Kontrolle gebracht werden.

Für große Bestände mit wiederholten Krankheitsausbrüchen wird die Impfung der Meerschweinchen mit einer stallspezifischen Vakzine empfohlen.

Als vorbeugende Maßnahmen dienen gute Haltungsbedingungen, ausreichende Wärme und Luftfeuchtigkeit und ein optimales Vitamin-C-Angebot in den Wintermonaten. Zugekaufte Tiere sind mindestens 3 Wochen zu quarantänisieren.

Klebsiellen-Infektion

Zur Klebsiellen-Infektion kommt es bei abwehrgeschwächten Meerschweinchen. Krankhafte Veränderungen gehen besonders von der Keimbesiedlung der Schleimhäute des Respirationstraktes aus, sind aber in fast allen Organsystemen möglich. Beim Meerschweinchen verursachen Klebsiellen vor allem schwer verlaufende Pneumonie und Pleuritis. Sie gehören außerdem zu den Schnupfenerregern, sind an Otitis media beteiligt und können im Verlauf von Wundinfektionen für Haut- und Lymphknotenabszesse verantwortlich sein.

Der *Erreger, Klebsiella pneumoniae,* ist ein gramnegatives, sporenloses, von einer Kapsel umgebenes Stäbchen (Kapselbakterien). Klebsiellen sind ubiquitäre Keime, die über die verschiedensten Eintrittspforten in den tierischen Körper gelangen. Sie sind normale Bewohner der Schleimhäute des Nasen-Rachen-Raumes sowie des Verdauungskanals. Hier vermehren sie sich auf Grund der gegenseitigen Beeinflussung der physiologischen Darmflora nur begrenzt. Krankhafte Veränderungen sind immer an eine starke Vermehrung der Keime gebunden.

Ätiologie: Voraussetzung für das Zustandekommen einer Infektion sind resistenzmindernde Faktoren, wie die herabgesetzte Abwehrkraft geschwächter Tiere, Vitamin-C-Mangel, starker Parasitenbefall, mangelhafte Haltungs- und Fütterungshygiene, gestörtes Gleichgewicht der physiologischen Darmflora durch Eliminierung empfindlicher Keime, z. B. durch eine intensive, einseitig wirkende Antibiotikatherapie (Blobel und Schließer, 1982). Die Infektion kann oral oder aerogen erfolgen. Bestandserkrankungen treten spontan auf. Sie werden gehäuft in der Zeit von August bis Mai beobachtet (Dennig und Eidmann, 1960; Schmidt, 1985).

Klinisches Bild: Der Krankheitsverlauf kann perakut, akut oder chronisch sein. Bei perakutem Verlauf sterben Meerschweinchen innerhalb von Stunden, ohne daß vorher auffällige Symptome bemerkt werden. Der akute Krankheitsverlauf führt nach 1–2tägiger Futterverweigerung, erschwerter und beschleunigter Atmung, Fieber, Zittern und vollständiger Teilnahmslosigkeit bis zur Bewußtlosigkeit als Ausdruck einer schweren Pneumonie und Septikämie in 2–3 Tagen zum Tode.

Auch beim chronischen Verlauf ist die Sterblichkeit sehr hoch. Zunächst fallen krustig verklebte Nasenlöcher auf. Im weiteren Verlauf wird das Nasensekret eitrig (ohne Augenausfluß), die Tiere husten und keuchen beim Atmen. Sie stellen das Fressen ein, magern schnell ab und sind apathisch. Spätestens 6–8 Wochen nach Krankheitsbeginn sterben sie unter Krämpfen. Für die gesunden Tiere eines Bestandes ist die Ansteckungsgefahr sehr groß (Dennig und Eidmann, 1960; Isenbügel, 1985; Schmidt, 1985).

Die *Diagnose* stützt sich auf den kulturellen Erregernachweis in Kotproben oder bei gestorbenen Tieren auf den Keimnachweis aus Exsusdaten oder aus Proben veränderter Organe.

Bei perakutem Verlauf gestaltet sich der Nachweis der Todesursache schwierig. Dennig und Eidmann (1960) fanden bei der Untersuchung von Meerschweinchen, die im Verlauf einer durch Klebsiellen verursachten Bestandserkrankung plötzlich gestorben waren, weder makroskopische Organveränderungen noch einen kulturellen Hinweis auf diese Erkrankung. Der kulturelle Nachweis gelang erst nach zusätzlicher Untersuchung von Liquor und Hirnsubstanz.

Pathologisch-anatomische Befunde: Bei der Sektion akut oder chronisch verlaufener Fälle werden herdförmige bis nekrotisierende Pneumonien mit Beteiligung der Pleura gefunden. In der Mehrzahl der Fälle sind fibrinöse Auflagerungen auf Lunge und Perikard und serofibrinöses bis fadenziehendes Exsudat in der Brusthöhle vorhanden. Auch Magen-Darm-Entzündungen, Milzschwellungen, serofibrinöse Ergüsse in der Bauchhöhle, im Herzbeutel, Abszesse in verschiedenen Organen, Meningitis und Harnwegsinfektionen sind möglich (Dennig und Eidmann, 1960).

Therapie: Nur wenn Tiere frühzeitig vorgestellt werden, kann eine Behandlung Erfolg versprechen. Als wirksame Medikamente haben sich bei parenteraler Applikation Chloramphenicol und Tetracycline erwiesen (Schmidt, 1985).

Pasteurellose

Die Pasteurellose (hämorrhagische Septikämie) ist eine meist akut verlaufende Infektionskrankheit, die in Meerschweinchenbeständen zu seuchenhaften Ausbrüchen führen kann. Sie verläuft unter dem Bild der hämorrhagischen Septikämie.

Der *Erreger*, *Pasteurella multocida*, wird häufig als harmloser Keim auf den Schleimhäuten gesunder Meerschweinchen gefunden. Durch Schwächung der Widerstandskraft und das Zusammentreffen verschiedener

belastender Faktoren kommt es zur Vermehrung und krankmachenden Wirkung der Keime.
Die Ausscheidung des Erregers erfolgt über Kot und Nasensekret. In der Außenwelt können die Keime unter günstigen Verhältnissen bis zu drei Monaten vermehrungsfähig bleiben. Gegenüber Austrocknung, Lichteinwirkung und hohen Temperaturen sind sie sehr empfindlich.
Ätiologie: Spontane Krankheitsausbrüche werden besonders im Winter und Frühjahr und nach einer lang anhaltenden feuchten Witterungsperiode beobachtet (Kötsche und Gottschalk, 1989. Die Ansteckung erfolgt aerogen oder durch Aufnahme der Keime mit infiziertem Grünfutter nach dessen Verunreinigung mit Mäuse-, Ratten- oder Hasenkot. Innerhalb des Tierbestandes können sich Meerschweinchen durch Absonderungen der Nase und Bindehaut und durch in der Luft befindliche Keime anstecken (Schmidt, 1985).
Klinisches Bild: Die Pasteurellose nimmt einen akuten oder chronischen Infektionsverlauf. Bevorzugt erkranken Weibchen und Jungtiere.
Zum akuten oder perakuten Verlauf kommt es durch Septikämie mit Überschwemmung und Schädigung aller Organe. Die Tiere stellen das Fressen ein, das Haar sträubt sich. Sie sitzen mit gesenktem Kopf und zittern. Die Augen werden halb geschlossen gehalten und tränen. Die Konjunktiven sind entzündet und blutig injiziert. Die Nase zeigt einen eitrigen Ausfluß oder eingetrocknetes, borkiges Sekret.
Krampfhafte, geräuschvolle Atmung weist auf eine Pneumonie hin. Manchmal wird auch Diarrhoe beobachtet. Erkrankte Tiere sterben innerhalb von 2–3 Tagen (Schmidt, 1985). Nach Schmidt (1985) beträgt die Sterblichkeit bei unbehandelten Tieren 30–100%.
Beim chronischen Verlauf stehen respiratorische Erscheinungen im Vordergrund. Die Tiere zeigen Freßunlust, Abmagerung, struppiges Fell, Atembeschwerden, Nasenausfluß und unter Umständen auch Zyanose der Ohren (Juhr und Hiller, 1973).

Die *Diagnose* der oft recht uncharakteristischen Symptome wird durch die Sektion und den kulturellen Erregernachweis gestellt.
Pathologisch-anatomische Befunde: Bei der Sektion akut erkrankter Tiere stehen blutige Entzündungen der Schleimhäute, besonders der Atmungsorgane, punktförmige Blutungen im Brust- und Bauchfell, der Serosen und der Magen-Darm-Schleimhaut (hämorrhagische Gastroenteritis) im Vordergrund.
Auf chronischen Verlauf weist eine Bronchopneumonie hin. In der Brusthöhle, dem Herzbeutel und der Bauchhöhle findet sich vermehrt entzündliche, blutige Flüssigkeit. Auch in den Bronchien und den Nasenhöhlen ist blutig-eitriges Exsudat anzutreffen (Juhr und Hiller, 1973; Kötsche und Gottschalk, 1989).
Therapie: Eine wirkungsvolle Behandlung kommt für die klinisch erkrankten Tiere meist zu spät. Nach Isenbügel (1985) eignen sich für die Einzeltierbehandlung Oxytetracycline, Chloramphenicol, Trimethoprim-Sulfonamid-Kombination und zur Unterstützung der allgemeinen Kondition Polyvitamingaben per os sowie im Falle von Exsikkose subkutane Infusionen einer isotonischen Elektrolytlösung.
Wichtig sind strenge hygienische Maßnahmen, täglicher Einstreuwechsel nach vorheriger Reinigung und Desinfektion zur Verhinderung der Erregeranreicherung. Kranke Tiere sind separat unterzubringen.

Pseudotuberkulose (Rodentiose)

Eine von Meerschweinchenzüchtern und -haltern gleichermaßen gefürchtete bakterielle Infektionskrankheit mit hohen Bestandsverlusten ist die Pseudotuberkulose. Wegen zum Teil seuchenhafter Krankheitsausbrüche, vorwiegend bei Hasen, Kaninchen und Meerschweinchen, wird sie auch als Nagertuberkulose (Rodentiose) bezeichnet. Mit der Tuberkulose hat diese Infektionskrankheit jedoch außer den sich bei erkrankten Tieren ähnlich entwickelnden Organbefunden nichts gemein. Charakteristisch sind stark vergrößerte Darm- und Darmbeinlymphknoten mit Neigung zur Abszeßbildung, Entzündung von Leber und Milz mit kleinen weißen Nekroseherdchen, Abmagerung und Durchfall oder Husten mit Atemnot. Vielfach verläuft die Krankheit ohne auffallende Krankheitszeichen oder mit uncharakteristischen Symptomen und plötzlichen Todesfällen.

Der *Erreger* ist *Yersinia pseudotuberculosis*, ein kokkoides Stäbchen ohne Kapselbildung.

Ätiologie: Die Ansteckung erfolgt beim Meerschweinchen oral-alimentär durch Aufnahme von kontaminiertem frischem Grünfutter oder Wasser, das durch Exkremente von Vögeln (besonders zu nennen sind als Übertrager die Ringeltauben), Hasen und Kaninchen verunreinigt ist. Auch Schadnager können Erregerreservoire sein; deshalb ist ihre planmäßige Bekämpfung notwendig. Als weitere Infektionsquelle sind latent infizierte, aber klinisch gesund erscheinende, zugekaufte Meerschweinchen zu nennen, die den Erreger mit dem Kot oder Harn ausscheiden. Ideale Voraussetzungen für eine Weiterverbreitung bieten die gemeinsame Haltung mehrerer Meerschweinchen in einem Käfig oder Laufstall und die Möglichkeit des gegenseitigen Kotfressens bei Bodenhaltung. Unterstützende Faktoren für den Ausbruch der Pseudotuberkulose sind feuchtes, kaltes Wetter, Streßsituationen, plötzliche Futterumstellung, Vitamin-C-Mangel und andere, das Allgemeinbefinden beeinträchtigende Störungen. Bis zum Ausbruch der Erkrankung können 5–10 Tage vergehen.

Klinisches Bild: Weber und Zamora (1981) unterscheiden drei verschiedene Verlaufsformen:
– Am häufigsten wird der chronische Verlauf beobachtet, der in der Regel mit nicht auffälligen oder uncharakteristischen Krankheitssymptomen einhergeht. Der Tod tritt inerhalb von 10–30 Tagen ein, nachdem es zu einer starken Vergrößerung der Gekröselymphknoten

mit Neigung zur Abszeßbildung und zu zunehmend starker Abmagerung, Durchfall, Schwäche und Lähmung erkrankter Tiere gekommen ist. Bei der Untersuchung weiblicher Tiere werden die stark vergrößerten und in der Bauchhöhle fühlbaren Lymphknoten vielfach mit einem trächtigen Uterus verwechselt. Die Sterblichkeit beträgt bis zu 70 %.
– Bei der akuten Verlaufsform lautet der Vorbericht „plötzlich gestorben". Die Septikämie führt meist ohne vorhergehende klinische Erscheinungen oder mit Husten und Atemnot innerhalb von 1–2 Tagen zum Tode.
– Die dritte Verlaufsform, vielfach als Drüsenform bezeichnet, äußert sich als chronische Lymphadenitis besonders im Kopf- und Halsbereich infolge von Bißverletzungen. Die Tiere sollen trotz dieser lokalen Veränderungen ein gutes Allgemeinbefinden zeigen. Subkutane Herde im Nackenbereich oder entzündete Halslymphknoten abszedieren gelegentlich (Juhr und Hiller, 1973) und werden damit zu einer hochgradigen Infektionsgefahr für andere Tiere und den Menschen (Schmierinfektion).

Die *Diagnose* stützt sich auf den bakteriologischen Nachweis von *Yersinia pseudotuberculosis* und auf den pathologisch-anatomischen Befund.
Therapieversuche mit Antibiotika, als geeignet werden Oxytetracycline angegeben, verlaufen meist ergebnislos. Wird in einem Meerschweinchenbestand *Yersinia pseudotuberculosis* festgestellt, müssen die erkrankten Tiere getötet und unschädlich beseitigt werden.
Weber und Zamora (1981) raten zu einer Merzung des ganzen Bestandes, um eine Weiterverbreitung der sehr ansteckenden Krankheit zu verhindern.
Prophylaxe: vor Neubesetzung der Käfige gründliche Desinfektion einschließlich der verwendeten Gerätschaften. Wichtig sind allgemeinhygienische Maßnahmen, Bekämpfung oder Tilgung der Schadnager und eine mög-

liche Verhütung der Verschmutzung des Futters durch Vögel und Wildnager (Brandt, 1972; Sebesteny, 1976; Kunstýř und Mitarb., 1977; Löchelt, 1977; Lott-Stolz, 1979; Weber und Zamora, 1981; Weber und Lembke, 1982; Wasel, 1984; Isenbügel, 1985).

Für den Menschen ist *Yersinia pseudotuberculosis* ebenfalls ansteckend. Nach Lott-Stolz (1979) und Weber und Zamora (1981) ist die Gefährdung gering. Wenn Kinder in engem Kontakt mit erkrankten Tieren gestanden haben, muß jedoch an die Möglichkeit der Ansteckung gedacht werden. Erkrankungen bei Kindern und Jugendlichen ähneln in der Symptomatik meist dem Bild einer akuten Blinddarmreizung. Um Ansteckungen vorzubeugen, sind die allgemeingültigen hygienischen Verhaltensregeln einzuhalten.

Die Infektion mit *Yersinia pseudotuberculosis* ist eine Zoonose!

Bakterielle Infektionen mit vorwiegend gastrointestinalen Symptomen

Bakterielle Infektionskrankheiten mit vorherrschenden gastrointestinalen Symptomen sind die Kolibazillose, die Salmonellose und die Tyzzersche Krankheit.

Kolibazillose, Dysbakterie

DieKolibazillose ist eine akut bis perakut verlaufende Erkrankung mit hoher Sterblichkeit, die als Faktorenseuche durch Änderung der Darmflora infolge einer durch Enterotoxine bedingten Schädigung des Organismus zurückzuführen ist (Blobel und Schließer, 1982).

Der *Erreger, Escherichia coli,* ist ein gramnegatives, aerob wachsendes, sporenloses Stäbchen aus der Familie *Enterobacteriaceae.*

Pathogenese: Die Darmflora gesunder Meerschweinchen besteht vorwiegend aus grampositiven Bakterien (Bazillen, Laktobazillen). Kolikeime sind bei Meerschweinchen kein Bestandteil der physiologischen Darmflora. Mit dem Futter aufgenommen, werden sie als harmlose Darmpassanten wieder ausgeschieden. Belastungen unterschiedlicher Art (Haltungs- und Fütterungsfehler) können mit einer Störung der physiologischen Darmflora verbunden sein und eine Ansiedlung und starke Vermehrung gramnegativer Bakterien, insbesondere von *Escherichia coli*, ermöglichen. Damit tritt die darmeigene grampositive Keimbesiedlung des Dickdarms anteilmäßig in den Hintergrund oder kommt ganz zum Erliegen *(Dysbakterie)*. Folgen sind: unvollständige Aufschließung des Nahrungsbreis, Verschiebung des Säure-Basen-Gleichgewichtes, Alkalisierung des Dickdarminhaltes durch veränderte Sekretionstätigkeit der Darmdrüsen. Nach eigenen Messungen änderte sich die physiologische saure Reaktion des Zäkums von pH 6,05 (5,5–6,8) und des Kolons von pH 5,51 (5,0–6,8) auf Werte von pH 7,5 und höher. Damit sind günstige Bedingungen für die weitere Vermehrung der Kolikeime gegeben, die aszendierend den Dünndarm besiedeln, auf dem Blutweg in verschiedene Organe gelangen und Enterotoxine produzieren. Das Krankheitsgeschehen kann einen perakuten oder akuten Verlauf nehmen, mit Enteritis, Koliseptikämie und hoher Sterblichkeitsrate oder als subakute Dysenterie mit kaum gestörtem Allgemeinbefinden in Erscheinung treten.

Ätiologie: Auslösende *Ursachen* sind sehr vielgestaltig. Im Vordergrund stehen futter- und fütterungsbedingte Verdauungsstörungen, plötzliche Futterumstellung, Zahn- und Gebißanomalien und unhygienische Haltungsbedingungen. Belastende Einflüsse, die das natürliche Gleichgewicht der Darmflora stören, sind Schwächung des Körpers durch eine andere Infektionskrankheit, massiver Endoparasitenbefall, Streßsituationen oder die Verabreichung von Penicillin oder anderer, nur auf grampositive Keime wirkender Antibiotika. Alle diese Faktoren schaf-

fen zusätzliche Vorbedingungen für eine schnelle Vermehrung der Kolikeime im Zäkum und Kolon und bei massiver Infektion für eine Septikämie.
Klinisches Bild: Der Krankheitsverlauf gestaltet sich akut. Erkrankte Tiere sitzen mit gesträubtem Fell apathisch im Käfig. Futterverweigerung, Durchfall, schnelle Abmagerung mit Gewichtsverlust, Exsikkose mit tiefliegenden, tränenden Augen sind die auffälligsten Symptome. Ein gleichzeitiger Abfall der Körpertemperatur ist Ausdruck eines schweren septikämischen Krankheitsverlaufes und verminderter Widerstandskraft gegenüber der Koliinfektion und den durch Endotoxine bedingten Organschädigungen.
Todesfälle können sich bereits 1–2 Tage nach Auftreten erster Symptome zeigen. Hohe Verluste sind nach 4–9tägigem Krankheitsverlauf zu erwarten (Juhr und Hiller, 1973; Wasel, 1984, 1987; Isenbügel, 1985).
Die *Diagnose* wird bei entsprechendem Vorbericht und klinischem Bild durch den Erregernachweis im Kot oder bei gestorbenen Tieren in den Organen gestellt.
Pathologisch-anatomische Befunde: Bei der Sektion zeigt sich das Bild einer hämorrhagischen oder katarrhalischen Dünndarm- und Dickdarmentzündung mit gelblich-flüssigem, aufgegastem Darminhalt. Im Zäkum und Anfangsteil des Kolons befindet sich der Darminhalt oft in kleinschaumiger Gärung. Bei einer Septikämie oder Toxämie werden neben Milzschwellung und Leberverfettung oft auch entzündliche Veränderungen der Nieren und Lunge gefunden (Juhr und Hiller, 1973).
Eine *Therapie* ist wegen des schnellen Krankheitsverlaufes sofort einzuleiten, jedoch oft aussichtslos. Mittel der Wahl sind Breitspektrumantibiotika mit hemmender Wirkung auf grampositive und gramnegative Bakterien (Behandlungshinweise s. Tab 13). Unterstützend wirken Vitamin-B-Komplex- und Vitamin-C-Gaben, Elektrolytlösungen und Glucose. Die Fütterung ist mit einer Knäckebrot- und Heudiät oder bei Futterverweigerung durch Zwangsfütterung mit in Wasser gekochten Haferflocken

oder Grieß mit geriebenen Möhren oder Äpfeln einzuleiten. Trinkwasser oder stark verdünnter Schwarzer Tee ist in ausreichender Menge zur Verfügung zu stellen. Weitere Hinweise siehe Durchfallbehandlung (S. 126–128).
Haltung und Fütterung sind zu überprüfen. Es ist eine trockene, hygienisch einwandfreie Haltung anzustreben. In größeren Problembeständen ist der Einsatz einer stallspezifischen Vakzine zu empfehlen (Isenbügel, 1983).

Salmonellose

Salmonellen-Infektionen werden bei Meerschweinchen am häufigsten durch *Salmonella typhimurium* und *Salmonella enteritidis* hervorgerufen.
Die *Erreger* sind gramnegative, kurze, plumpe Stäbchen, die einzeln, paarweise oder in Ketten auftreten, keine Sporen bilden und durch Geißeln beweglich sind.
Ätiologie: Bei Mensch und Tier können Salmonellen klinische Erkrankungen mit Gastroenteritiden verursachen. Selten verlaufen Infektionen unter dem Bild einer schweren Allgemeininfektion. Als Überträger von Salmonellen wurden wildlebende Vögel, besonders Tauben (die fast ausschließlich *Salmonella typhimurium* beherbergen), außerdem Wildnager und Insekten ermittelt. Ohne selbst krank zu sein, verbreiten sie den Erreger über den Kot. Allerdings ist die Infektionsmöglichkeit der Meerschweinchen über kontaminiertes Grünfutter oder Trinkwasser gering. Am häufigsten scheinen neu erworbene, gesunde, aber latent infizierte Meerschweinchen als Salmonellenausscheider und Überträger zu fungieren. Dabei bietet auch eine genügend lange Quarantänezeit der Neuankömmlinge keine Gewähr, sie als eventuell infizierte Keimausscheider rechtzeitig zu erkennen.
Nach unseren Erfahrungen kommen Salmonellenerkrankungen bei Meerschweinchen in Einzelheimtierhaltung selten vor. Dagegen sind verlustreiche Bestandserkrankungen in Versuchstierhaltungen und Meerschweinchen-

zuchten zu erwarten. Wenn sie bei ungünstigen Haltungs- und Fütterungsbedingungen sporadisch auftreten, sind sowohl Erkrankungshäufigkeit als auch die Sterblichkeit sehr hoch (bis 50%; Schmidt, 1985). Die Aufnahme der Erreger erfolgt über infiziertes Futter, Trinkwasser oder über die Einstreu.

Da es sich bei der Salmonellose um eine faktorenbedingte Erkrankung handelt, ist die Infektion von verschiedenen krankheitsbegünstigenden Faktoren abhängig. Erfahrungsgemäß ist bei ungünstigen Haltungs- und Fütterungsbedingungen, vor allem bei feuchter Kälte, Erkältung, Vitamin-C-Mangel, mangelnder Stallhygiene, bei Trächtigkeit und anderen krankheitsbegünstigenden Streßsituationen mit Krankheitsausbrüchen zu rechnen. Die Tiere sind besonders im Winter und bei einseitiger Fütterung anfällig.

Klinisches Bild und Krankheitsverlauf: Die Fähigkeit der Erreger, Enterotoxine zu bilden, prägt wesentlich die lokal ablaufenden Darmsymptome. Der Krankheitsverlauf kann symptomlos, akut, subakut oder chronisch sein. Durchfälle mit dünnflüssigem, stinkendem, schleimigem oder blutigem Kot, hohem Fieber, oft auch mit Erbrechen (trotz Fehlens der dafür erforderlichen Muskulatur) und plötzlichen Todesfällen in 3-4 Tagen kennzeichnen den akuten Verlauf (Isenbügel, 1985; Schmidt, 1985). Bei subakutem und chronischem Verlauf fehlt meist der blutige Durchfall. Die Krankheitserscheinungen sind unspezifisch. Erkrankte Tiere magern ab, kümmern, können nach 2-3 Wochen Rhinitis, Konunktivitis und Atembeschwerden zeigen und als weiteres auffälliges Symptom Lähmungen der Hinterextremitäten. Die Sterblichkeit ist hoch.

Besonders infektionsgefährdet sind Jungtiere und trächtige Weibchen. Die Folgen sind Jungtiersterblichkeit und Absterben der Früchte oder Verwerfen. In Verbindung mit anderen Erregern erzeugen Salmonellen-Infektionen beim Meerschweinchen gelegentlich akuten oder chronischen ansteckenden Schnupfen.

Die *Diagnose* wird beim lebenden Tier durch das klinische Bild, die bakteriologische Kotuntersuchung und bei gestorbenen Tieren durch den Sektionsbefund gestellt. Bei septikämischem Verlauf können die Erreger wegen der unspezifischen klinischen Symptomatik auch aus dem Herzblut oder der Milz isoliert werden. Literatur: Juhr und Hiller (1973); Sebesteny (1976); Kunstýř und Mitarb. (1977); Sparrow (1980); Isenbügel (1985); Schmidt (1985).

Pathologisch-anatomische Befunde: Als pathologisch-anatomische Veränderungen werden neben unspezifischen Befunden Entzündungen der Darmschleimhaut, vergrößerte Darmlymphknoten, Leber- und Milzschwellung, gelegentlich auch Lungenbefunde angetroffen. Nach chronischem Krankheitsverlauf sind außerdem kleine weißgelbliche Nekroseherde in Milz, Leber und Mesenteriallymphknoten vorhanden (Juhr und Hiller, 1973; Sparrow, 1980). Sie ähneln makroskopisch den herdförmigen Nekrosen bei der Pseudotuberkulose.

Therapie: Die Behandlung muß sowohl die Bekämpfung des Erregers als auch die Beseitigung der durch ihn ausgelösten Symptome beinhalten. Mittel der Wahl ist Chloramphenicol. Wir verabreichen Ursophenicol® 20 bis 30 mg/kg KM s.c. oder als Pulver zum Eingeben mit dem Futter oder Trinkwasser (A.V.E.-Normilax; Fa. Pitman-Moore; 500 mg/kg KM/Tag, 2mal täglich 3–5 Tage) bei Bestandsbehandlungen. Bei einer Bestandserkrankung sollte die Behandlung entsprechend Antibiogramm eingeleitet werden. Zusätzlich können Sulfonamide eingesetzt werden. Als symptomatische Behandlung dienen diätetische Maßnahmen, wie Knäckebrotdiät, Heudiät, außerdem Vitamin C und Vitamin-B-Komplex. Bei Durchfall mit Flüssigkeitsverlust und Abmagerung sind Glucose 10%ig) und eine Elektrolyt-Infusionslösung von Nutzen. Bei Tieren mit stark gestörtem Allgemeinbefinden ist die schmerzlose Tötung anzuraten, da sie Ansteckungsquelle für andere Meerschweinchen sein können. Vorbeugend

empfiehlt es sich, das Futter vor Fliegen und Mäusen geschützt zu lagern. Äußere Sauberkeit und vitaminreiche Ernährung sind neben den guten Haltungsbedingungen die wichtigsten Voraussetzungen, um einen Seuchenzug zu kupieren oder ihm vorzubeugen.
Als Desinfektionsmittel ist 2%ige Natronlauge in einer Einwirkungszeit von 6 Stunden geeignet.
Eine Ansteckung der betreuenden Person ist ebenfalls möglich. In erster Linie sind Kinder gefährdet, die beim Umgang mit ihrem Meerschweinchen allgemeinhygienische Vorsichtsmaßregeln kaum oder gar nicht beachten. Da jedoch einzeln oder paarweise in Familien gehaltene Meerschweinchen nur in den seltensten Fällen Salmonellenträger oder -ausscheider sind, ist bei guten hygienischen Haltungsbedingungen eine Ansteckungsgefahr kaum gegeben. So wurde z. B. bei Auswertung einer Jahresstatistik über 5 Jahre nur eine durch Meerschweinchen ausgelöste Salmonellen-Infektion beim Menschen ermittelt. Bei unseren Meerschweinchenpatienten wurde im Laufe von 10 Jahren auch nur bei einem Tier ein bakteriologisch positiver Salmonellennachweis erbracht.
Die Salmonellose ist eine *Zoonose!*

Tyzzersche Krankheit

Es handelt sich um eine bei Nagetieren vorkommende Infektionskrankheit, die mit Enteritis und Leberveränderungen einhergeht.
Der Erreger, Bacillus piliformis, ist ein gramnegativer Keim von vielgestaltiger Stäbchenform, bei der es sich um verschiedene Funktionsstadien handeln soll.
Die Infektion erfolgt durch Aufnahme des Erregers aus der Einstreu oder über kontaminiertes Futter. Die Erreger werden durch latent infizierte Mäuse oder Meerschweinchen eingeschleppt (Löliger, 1986).
Zu Erkrankungen kommt es nur bei starken Belastungs- und Streßsituationen, häufig zusammen mit einer *E.-coli-*

Darminfektion (Juhr und Hiller, 1973; Sparrow, 1980; Löliger, 1986).

Das *klinische Bild* ist gekennzeichnet durch Teilnahmslosigkeit, Appetitlosigkeit, Durchfall oder plötzliche Todesfälle ohne vorherige auffällige Krankheitssymptome. Die Krankheit verläuft in ihrer typischen Form subakut oder chronisch. Latente Infektionen sind möglich. Allgemein gleicht der Krankheitsverlauf dem einer Koliseptikämie. Erkrankte Tiere sterben meist innerhalb von 1–3 Tagen, seltener im Zeitraum von drei Wochen.

Pathologisch-anatomische Befunde: Bei der Sektion werden diphtheroid-nekrotisierende Blinddarmentzündung und charakteristische fokale Lebernekrosen gefunden. Histologisch sind in der Umgebung von Nekroseherden der Leberzellen häufig Bazillen in Ketten oder Bündeln nachweisbar.

Die *Diagnose* wird durch mikroskopischen Erregernachweis in Leber- oder Darmzellen oder durch Erregerkultivierung aus dem Kot gestellt (Juhr und Hiller, 1973; Sparrow und Naylor, 1978; Sparrow, 1980; Löliger, 1986).

Therapie: Über Behandlungserfolge wird berichtet. Im Ergebnis repräsentativer Untersuchungen wurde nachgewiesen, daß der Erreger der Tyzzerschen Krankheit noch 24 Stunden nach der Infektion auf Oxytetracyclin hochempfindlich reagiert. Wirksam ist Terramycin® in einer Dosierung von 5–10 mg/kg KM tägl. s.c., 3–5 Tage oder Terramycin-HCl-Pulver, 40 mg OTC/100 ml Wasser, 5–10 Tage oral, zusätzlich Vitamin-B-Komplex. Andere Antibiotika haben keine oder nur sehr geringe Wirkung. Sulfonamide fördern die Erkrankung. Symptomatische Behandlung und vorbeugende Bekämpfungsmaßnahmen entsprechen denen der Kolisepsis (s. Koliseptikämie, S. 181).

In Tabelle 14 sind Infektionserreger zusammengefaßt, die beim Meerschweinchen in Versuchstierzuchten vorkommen und für den Menschen pathogen sein können.

Tabelle 14. Infektionserreger bei Meerschweinchen mit Pathogenität für den Menschen (nach Kunstýř und Mitarb., 1977; Güttner, 1979)

Erreger	Pathologische Veränderungen oder klinische Erscheinungen	Pathogenität für den Menschen
Streptococcus zooepidemicus	Pneumonie, Halsabszeß	selten pathogen
Salmonella typhimurium	Gastroenteritiden, Hepatitis, und Splenitis – herdförmige Nekrosen	pathogen, Zoonose
Bordetella bronchiseptica	Rhinitis, Entzündung der Nasenmuscheln und Nebenhöhlen, Entzündung von Lunge und Leber	selten pathogen
Yersinia pseudotuberculosis	hochgradig geschwollene Gekröselymphknoten mit Nekrosen, multiple granulomatös-nekrotisierende Entzündungsprozesse in Leber, Lunge, Milz und Gekröse	u. U. hochpathogen, Zoonose
Pasteurella multocida	Bronchopneumonie, multipleAbszesse in Leber, Milz und Gekröse	pathogen, Zoonose
Streptococcus pneumoniae	Schnupfen, Perikarditis, Pneumonie, Pleuritis	pathogen
Klebsiella spp.	Abort	u. U. pathogen
Trichophyton mentagrophytes	Dermatitis	pathogen, Zoonose

Dermatomykosen

Dermatomykosen werden beim Meerschweinchen fast ausschließlich durch *Trichophyton mentagrophytes* (Ring- oder Glatzflechte) verursacht. Selten sind sie auf andere *Trichophyton*- oder auf *Microsporum*-Arten zurückzuführen (Weiß und Weber, 1983). Wegen der Übertragbarkeit auf den Menschen (Zoonose) sind Hautkrankheiten, die nur den kleinsten Verdacht einer Pilzinfektion aufkommen lassen, diagnostisch abzuklären. Als besonders gefährdet gelten Kinder, die zu ihren Meerschweinchen, die nicht selten mit *Trichophyton mentagrophytes* latent infiziert sind, einen sehr engen Kontakt pflegen. Viele Autoren weisen auf das hohe Risiko der Übertragung von Mykosen auf Pfleger und andere Kontaktpersonen hin (Penzenburg, 1960; Bosse, 1968; Meier, 1975; Kunstýř und Matthiesen, 1976; Böhm, 1978; Weiß und Weber, 1983; Weber, 1992).

Ätiologie: Die Übertragung geschieht sowohl durch direkten Kontakt mit infizierten Tieren als auch indirekt durch Zwischenträger, denen Pilze oder Sporen anhaften (Putzzeug, Einstreu). Zugekaufte infizierte Meerschweinchen können bis zu 12 Monate asymptomatische Sporenträger sein und als Infektionsquelle für gesunde Tiere dienen. In abgelösten Borken und Schuppen bleiben die Pilze monatelang ansteckungsfähig.

Infektionsbegünstigende Faktoren sind: schlechte Haltungsbedingungen, zu hohe Luftfeuchtigkeit (feuchtwarmes Milieu bietet den Pilzen günstige Lebensbedingungen), Haltung vieler Meerschweinchen auf zu engem Raum, Stoffwechselstörungen oder eine geschwächte Konstitution. Auch mangelnde Hautpflege, Ektoparasitenbefall oder mechanische Einflüsse (Kratzen und

Scheuern) setzen die Widerstandskraft der Haut herab und schaffen einen geeigneten Nährboden für die Ausbreitung der Pilze (Penzenburg, 1960; Böhm, 1978). Hyphen dringen in Haare, Haarwurzeln und Haarbälge ein und umspinnen sie mit einem feinen Myzelgeflecht. Die geschädigten Haare brechen ab oder fallen aus.
Klinisches Bild: Die Trichophytie äußert sich beim Meerschweinchen in Form runder, haarloser Stellen im Bereich des Nasenrückens, der Augenumgebung, der Schnauze und am Ohrgrund, um sich im weiteren Krankheitsverlauf über Rücken und Gliedmaßen zu verbreiten. Charakteristisch sind die von einem erhöhten Randsaum umgebenen, teils leicht nässenden, teils von Schuppen und Krusten überlagerten Kahlstellen (Fehr, 1990; Weber, 1992). Der Krankheitsverlauf wird durch bakterielle Sekundärinfektion kompliziert, indem Schmutzkeime in die vorgeschädigten Haarbälge eindringen und zur Bläschen- oder Eiterpustelbildung führen. Juckreiz ist nur gering ausgeprägt, nimmt aber bei Sekundärinfektion an Intensität zu. Die beim Meerschweinchen selten beschriebene *Microsporum-gypseum*-Infektion verläuft vielfach ohne auffällige klinische Krankheitserscheinungen oder zumindest mit nur uncharakteristischen Veränderungen. Typische Erscheinungen sind auch bei der *Mikrosporie* runde Herde mit Haarausfall, Krustenbildung und Schuppung.
Diagnose: klinisches Bild, mikroskopischer Pilzhyphen- und Sporennachweis aus Hautgeschabsel nach vorherigem Reinigen mit 70%igem Alkohol und Einweichen in 10%iger Kalilauge. Die exakte Pilzdiagnose ist nur durch den kulturellen Erregernachweis möglich, der beim Meerschweinchen zum Nachweis von *Trichophyton*-Arten in annähernd bis zu 40% der Fälle gelingt (Weiß und Weber, 1983). Eine *Microsporum*-Infektion ist mit Hilfe der UV-Licht-Untersuchung (Woodsche Lampe) durch eine charakteristische gelb-grüne Fluoreszenz zu erkennen, jedoch ist eine fehlende Fluoreszenz nicht beweisend für einen negativen Befund.

Therapie: In die lokale Behandlung sind Befallsstellen und umgebende Hautbezirke einzubeziehen. Vorher sind die veränderten Hautpartien und ihre Umgebung zu scheren. Die Anwendung von lokal wirkenden Antimykotika ist dann angezeigt, wenn die Hautveränderungen gering und wenig ausgedehnt sind. Hierfür eignen sich Clotrimazolpräparate, wie Canesten®-Creme 1%ig (Bayer) oder Fungizid-ratiopharm®-Creme oder -Pumpspray. Isenbügel (1985) empfiehlt zusätzlich die lokale Anwendung von Jodglycerol. Eine erfolgversprechende Behandlung bietet die orale Verabreichung von Griseofulvin, wie Licuden®M-Tabletten; 15–20 mg/kg KM täglich über 3 Wochen oder bis zur völligen Ausheilung weiter reduziert geben.
Wichtig ist die Verbesserung der Hygiene, der Haltungsbedingungen und der Fütterung. Erkrankte Tiere sind zu isolieren, getrennt zu pflegen und von Kindern fernzuhalten. Bei der Pflege und Reinigung sollten sowohl erkrankte als auch hautgesunde Tiere eines erkrankten Bestandes mit Gummihandschuhen angefaßt werden (Böhm, 1978). Zur Desinfektion sind hautpilzwirksame Mittel zur Hände- und Gerätereinigung anzuwenden.
Dermatomykosen sind *Zoonosen!*

Ektoparasiten

Die häufigsten beim Meerschweinchen vorkommenden Ektoparasiten sind Haarlinge und Milben. Starker Befall verursacht Pruritus, Dermatitis und Alopezie mit zunehmender Abmagerung und Infektionsbereitschaft (Tabelle 15).

Tabelle 15. Ektoparasiten des Meerschweinchens (nach Mutua, 1973; Stroh, 1981; Hiepe und Ribbeck, 1982)

Parasit	Lokalisation	Ernährung/Schäden
Haarlinge		
Gliricola porcelli Eier vorwiegend an feinen, kurzen Haaren	Achselhöhle und Innenfläche der Vorderbeine	ernährt sich von Hautdrüsensekreten und Serum; Juckreiz, Haarausfall, Ekzeme, Haarbruch
Gyropus ovalis Eier vorwiegend an stärkeren Haaren	Ohrbasis, bei stärkerem Befall auch seitlicher Halsbereich, seitliche Kopfpartien und Rücken	ernährt sich von Hautdrüsensekreten und Serum; Juckreiz, Abmagerung, Epilepsie, Kratzekzem
Trimenopon hispidum Eier sowohl an stärkeren, kurzen als auch langen Haaren, bis 4 Eier am gleichen Haar	seitliche Kopfpartien, bei massivem Befall auch Hals-, Nacken- und Rückenbereich	nimmt Blut aus Kratzwunden auf; Krankheitsüberträger; Juckreiz, ekzematöse Hautveränderungen, reflektorische Epilepsie

Parasit	Lokalisation	Ernährung/Schäden
Milben		
Chirodiscoides caviae (300–445 µm), Eier einzeln hängend, an je einem Haar befestigt	hintere Rückenpartie, Außenseite der Oberschenkel	ernährt sich von Hautausscheidungen; bei Massenbefall Juckreiz, Beunruhigung, Kratzen, Scheuern, Haarausfall, Krustenbildung
Trixacarus caviae (Räudemilbe, Grabmilben)	Lippen, Nasenrücken, bei Generalisation Achselgegend, Gesicht, Rücken (Körperräude)	starker Juckreiz, Hautläsionen, Dermatitis, häufig bakterielle Sekundärinfektionen, Schuppen, Hautfältelung
Demodex caviae Haarbalgmilbe	vereinzelt schütterer Haarwuchs an Körperseiten, Unterschenkeln, Bauch	bleibt beim Meerschweinchen meist symptomlos

Haarlinge

Die drei beim Meerschweinchen vorkommenden Haarlingsarten sind *Gliricola porcelli* (Abb. 23), *Gyropus ovalis* (Abb. 24) und *Trimenopon hispidum* (Kunstýř und Mitarb., 1977; Güttner, 1979; Sparrow, 1980; Hiepe und Ribbeck, 1982).
Bei Haarlingen ist der Kopf breiter als der Brustabschnitt (s. Abb. 23). Sie haben beißend-kauende Mundwerkzeuge. Begattete Weibchen legen Eier in Hautnähe an Einzelhaaren ab und kleben sie daran fest (Nisse; Abb. 25). Innerhalb von 5–8 Tagen entwickeln sich in den gedeckelten Eiern die Larven und nach deren Schlupf, in weiteren 2 Wochen, geschlechtsreife Haarlinge. Ihre Lebenserwar-

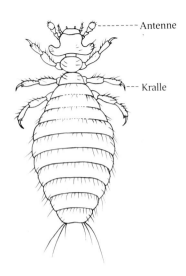

Abb. 23. Haarling
(Gliricola porcelli).
Zeichnung: Elisabeth Illert

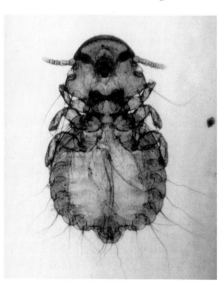

Abb. 24. Haarling *(Gyropus ovalis)*

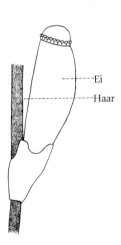

Abb. 25. Haarlingsei.
Zeichnung:
Elisabeth Illert

tung beträgt 2–3 Monate. Haarlinge ernähren sich von Hautschuppen, Hautabsonderungen, Hautdrüsensekreten, gelegentlich auch von Blut *(Trimenopon hispidum)*, nachdem durch ihre Mundwerkzeuge die Epidermis verletzt wurde. Die Übertragung erfolgt von Tier zu Tier, über Gerätschaften (Bürste, Kamm, Käfig, Einstreu) oder über neu zugekaufte Tiere. Invasionsstärke und Schadwirkung sind abhängig von der Widerstandsfähigkeit des Wirtes. Bevorzugter Sitz der Haarlinge sind die Ohren- und Augenumgebung sowie der Hals. Bei starkem Befall findet man sie am ganzen Kopf und Rücken. Nur Gliricola porcelli ist überwiegend im Bereich der Achselhöhlen und auf der Innenseite der Vorderbeine anzutreffen (Löchelt, 1977).

Klinisches Bild: Die lebhaft beweglichen Haarlinge rufen beim Meerschweinchen Hautreizung und -entzündung, Kratzekzeme, Haarbruch und Haarausfall an den von Haarlingen bevorzugten Hautstellen hervor. Bei starkem Befall, besonders im Kopf-Hals-Bereich, können Juckreiz und Unruhe der Meerschweinchen so stark werden, daß reflektorisch das Bild epileptiformer Anfälle ausgelöst wird. Tiere mit hoher Befallsintensität magern ab und sind anfällig für bakterielle Infektionskrankheiten und besonders empfindlich für Pneumonien. Eine Behandlung solcher bereits vorgeschädigter Tiere ist häufig erfolglos, oder die Heilung ist verzögert (Isenbügel, 1985).

Die *Diagnose* wird durch parasitologische Untersuchungen zum Nachweis der Parasiten oder ihrer Eier gestellt. Hierzu werden Hautgeschabsel oder Haarproben entnommen und mikroskopisch untersucht. Die Diagnose ist auch makroskopisch bzw. mit Handlupe möglich.

Therapie: Bestäuben, Besprühen oder Benetzen der Haut mit einem gängigen, verträglichen Kontaktinsektizid bzw. Akarizid gegen Haarlinge und Milben. Bäder mit Insektizid-Shampoo einmal wöchentlich. Weitere Behandlungsempfehlungen siehe bei Milbenbefall.

Milben

Milbenbefall führt bei Meerschweinchen zu starker Unruhe, heftigem Juckreiz, Dermatitiden mit Haarausfall, mitunter auch zu bakteriellen Sekundärinfektionen.
Neben der sogenannten Pelzmilbe *(Chirodiscoides caviae)* kommt die Meerschweinchenräudemilbe *(Trixacarus caviae)* vor. Werden Meerschweinchen gemeinsam mit Kaninchen gehalten, ist eine Ansteckung mit der Kaninchenräudemilbe *(Sarcoptes scabiae* var. *cuniculi)* möglich.
Milben sind Spinnentiere. Bei ihnen sind Kopf und Thorax zu einem Kopf-Bruststück (Cephalothorax) verwachsen. Die 4 Beinpaare tragen häufig gestielte Haftscheiben. Die Mundwerkzeuge der Milben sind entsprechend der Art und Nahrungsaufnahme beißend, stechend oder saugend.
Die Übertragung erfolgt bei allen Milbenarten durch direkten oder indirekten Kontakt.
Pelzmilben *(Chirodiscoides caviae)* sind nur 0,3–0,4 mm groß und mit bloßem Auge kaum erkennbar. Pelzmilben leben an den Haaren, wo sie mit ihren kurzen, mit Haftscheiben versehenen ersten Beinpaaren je ein Haar umklammern. Die Eier werden einzeln an einem Haar angeklebt. Die Milben ernähren sich nur von Hautausscheidungen. Sie werden deshalb nicht als echte Parasiten, sondern als relativ harmlose Fellbewohner des Meerschweinchens angesehen. Prädilektionsstellen der Milben sind die hinteren Rückenpartien und die Außenseite der Oberschenkel. Erst bei Massenbefall verursachen sie Juckreiz, Haarkleid- und Hautveränderungen.
Trixacarus-caviae-Milben stehen den Erregern der Sarkoptesräude nahe. Es sind Grabmilben, die in den oberen Hautschichten, speziell in den Haarbälgen leben. Wie andere Milben nehmen sie als Nahrung Lymphe und Zellflüssigkeit auf. Die Entwicklung vom Ei bis zum geschlechtsreifen Weibchen erfolgt in 2–3 Wochen auf

demselben Wirt. Als prädisponierende Faktoren werden Belastungssituationen und unphysiologische Haltungsbedingungen angesehen.

Klinisches Bild: Befallene Tiere zeigen ähnliche Hautveränderungen wie bei Erkrankungen durch Hautpilze. Zunächst sind die sich entwickelnden schuppig-krustigen Hautentzündungen auf Lippen und Nasenrücken beschränkt. Im Verlauf von einigen Wochen werden auch andere Körperregionen befallen. Die Haut ist schuppig, verdickt, gefaltet und nicht selten dunkel pigmentiert. Starker Juckreiz führt zu Hautläsionen und entzündlichen Hautreaktionen. Hinzu kommt ein sich ausbreitender unsymmetrischer Haarausfall. Eine generalisierte Räude wird nicht selten durch sekundäre Keimbesiedlung kompliziert. Mit zunehmender Hautveränderung steigert sich die Unruhe der Tiere, sie magern ab und verenden an Entkräftung. Befallene Jungtiere können besonders leicht erkranken (Bosse, 1968; Hiepe und Ribbeck, 1982; Isenbügel, 1985 ; Schmidt, 1985).

Diagnose: Zur Absicherung der Diagnose genügt bei Pelzmilbenbefall die parasitologische Untersuchung tief abgeschnittener oder ausgezupfter Haare oder die Untersuchung eines Abklatschpräparates mit durchsichtigem Klebeband. Zum Nachweis der Räudemilben ist die parasitologische Untersuchung eines tiefen Hautgeschabsels mit 10%iger Kalilauge erforderlich. Ein negativer Befund des Hautgeschabsels schließt Milben als Ursache für die Hautveränderungen nicht aus.

Demodikose wird in seltenen Fällen auch beim Meerschweinchen nachgewiesen. Von den sehr wirtsspezifischen *Demodex-caviae-Milben* sind bisher keine auffälligen Krankheitssymptome bekannt geworden. Ob auch bei Meerschweinchen eine Immundefizienz besteht, ist ungeklärt (Fehr, 1990).

Klinisches Bild: Demodex bleibt beim Meerschweinchen meist symptomlos. In vereinzelten Beständen oder in Einzelfällen können schütterer Haarwuchs an Körperseiten, Unterschenkeln und Bauch sowie leichtgradiger Pruritus

auf die Erkrankung hinweisen. In schweren Fällen besteht ausgeprägter Haarausfall mit Erythem, Hautverdickung und squamopapulösen Effloreszenzen (Häfeli, 1990; Graf, 1993).
Diagnose: Hautgeschabsel, nachdem Milben aus den Haarbälgen einer gequetschten Hautfalte mit Gewebsflüssigkeit hochgedrückt wurden. *Demodex-* oder Haarbalgmilben werden in geringer Zahl auch in gesunder Haut nachgewiesen. Bei Pyodermie bakterielle Untersuchung mit Antibiogramm.
Therapie: Ensprechend der Ätiologie ist die Behandlung mit Akariziden, Insektiziden, Antimykotika oder lokal mit Antibiotika einzuleiten. Bei Haarlingsbefall hat sich Alugan® bewährt. Es ist sowohl als Puder-, Spray- und Badetherapie wirksam. Die Badebehandlung wird vom Hersteller mit 0,5–0,6%iger Waschbehandlung in 8–10tägigen Abständen über 3 Wochen sowohl für die Bekämpfung der Haarlinge als auch der Milben empfohlen. Möller (1984) berichtete über zufriedenstellende Behandlung mit 2%igen Aluganbädern 2mal wöchentlich. Nach 10 Tagen waren die Tiere von Haarlingen befreit, nach 3 Wochen von Milben. Zusätzlich können Dermakulin®-Emulsion lokal und die Lagerstätten-Einstreu mit Alugan®-Puder kontaminiert werden. Maeß und Kunstýř (1981), Kunstýř (1989) und Fehr (1990) eliminierten Räudemilben und Haarlinge erfolgreich durch die Untermischung des Präparates Atgard®V (Fa. Shell). Der Wirkstoff Dichlorvos ist in Plastikgranula eingearbeitet, wird aber an der Luft freigesetzt. Zur Behandlung wurden 3mal im Abstand von einer Woche pro Käfig (Makrolonkäfig Typ III = 27×42×15 cm) 4 Gramm Atgard V in die Einstreu zwischen die Tiere gemischt. Die Belastung für die Tiere ist wesentlich geringer als beim Tauchbad. Die Behandlung ist sehr effektiv. Schlossier und Fehr (1989) berichteten über die erfolgreiche Behandlung der Sarkoptesräude bei Meerschweinchenbeständen mit Amitraz (Tactic®) und Ivermectin (Ivomec®). Die Therapie erfolgte mit Amitraz-Waschungen (0,025%), zweimal wöchentlich

über drei Wochen und/oder subkutane Injektion von Ivermectin, 0,2–0,4 mg/kg KM, dreimalig im Abstand von sieben Tagen. Von Häfeli (1990) wurde Ivomec® auch zur Demodikosebehandlung eingesetzt (0,1 mg/kg KM subkutan in Abständen von 10–14 Tagen). Weiterhin werden Neguvon®-Bäder 0,15 %, dreimal in wöchentlichem Abstand (Berghoff, 1989; Gabrisch und Zwart, 1987), Pyrethrumsprays oder Akarizidshampoos für die Haarlings- und Milbenbekämpfung des Meerschweinchens eingesetzt.

Endoparasiten

Der Meerschweinchendarm ist von zahlreichen Parasiten besiedelt, von denen die meisten harmlos sind.

Protozoen

Unter natürlichen Bedingungen parasitieren bis zu 46 Protozoenarten aus den Klassen der Amöben, Flagellaten, Sporozoen und Ziliaten. Außer den Kokzidien sind es vorwiegend harmlose Blinddarm- und Dickdarmbewohner, die als Kommensalen oder Symbionten im Darm leben, ohne das Wirtstier zu schädigen. Einige von ihnen wirken als Verdauungshelfer.

Durch ungünstige Haltungs- und Fütterungsbedingungen können diese Kleinlebewesen recht gefährliche Krankheitserscheinungen verursachen (Isenbügel, 1985; Schmidt, 1985).

Amöbiasis

Entamoeba caviae sind Amöben, die beim Meerschweinchen als harmlose Kommensalen im Zäkum und Kolon leben und sich vom Nahrungsüberschuß und von Abfallprodukten dieser Darmabschnitte ernähren. In den Verdauungstrakt gelangen sie durch Aufnahme abgekapselter Dauerzysten aus der Umwelt. Unter ungünstigen Bedingungen kann Massenbefall gelegentlich Krankheitserscheinungen verursachen.

Das *klinische Bild* äußert sich in Durchfällen mit gestör-

tem Allgemeinbefinden und Futterverweigerung. Wird eine wirksame Behandlung nicht rechtzeitig eingeleitet, sterben erkrankte Tiere in 3–4 Tagen.
Diagnose: Der *Nachweis* der Zysten erfolgt im nativen Kotausstrich oder nach Zinkchlorid-Kochsalz-Anreicherung (Flotationsmethode). Bei gestorbenen Tieren läßt die pathologisch-anatomische Untersuchung eine unterschiedlich stark ausgeprägte Blinddarmentzündung mit geschwürigen Veränderungen oder ohne solche erkennen (Juhr und Hiller, 1976; Isenbügel, l985; Schmidt, 1985).
Therapie: Zur *Behandlung* wird Metronidazol 50 mg/kg KM über 7 Tage, eventuell unterstützt durch Sulfonamide, empfohlen.

Trichomoniasis

Erreger: Von der großen Zahl der Flagellaten bevölkern *Trichomonas caviae* (Hiepe, 1983) und seltener *Trichomonas flagellipora* (Isenbügel, 1985) das Zäkum und Kolon des Meerschweinchens, ohne eine krankheitsauslösende Wirkung zu entfalten.
Ätiologie: Unter nicht bekannten Umständen können diese Flagellaten pathogen wirken. Die Infektion erfolgt durch Aufnahme der ausgeschiedenen Zysten mit dem Kot. Obgleich die Flagellatenzysten außerhalb des Tierkörpers wenig widerstandsfähig sind und schnell austrocknen, bleibt die Infektionskette durch die Zökotrophie mit Aufnahme des frischen Vitaminkotes geschlossen (Maeß und Kunstýř, 1981).
Klinisches Bild: Erste typische *Symptome* der Erkrankung sind Durchfall, zunehmende Abmagerung und struppiges, stumpfes Fell. Bei Jungtieren und geschwächten erwachsenen Tieren führt die Infektion unter Pulsbeschleunigung und Krämpfen im Endstadium vereinzelt zum Tode (Isenbügel, 1985). Trichomonaden verursachen eine Hyperämie der Schleimhäute des Dickdarms.
Die *Diagnose* wird durch mikroskopischen Nachweis der

Erreger eines nativen Kotabstriches gestellt (Juhr und Hiller, 1981).
Therapie: 50 mg/kg KM Metronidazol 7 Tage lang einmal täglich eingeben. An die Kur sollte sich eine Kotuntersuchung anschließen. Bei positivem Befund ist eine zweite Kur durchzuführen (Schmidt, 1985; Isenbügel, 1985). Schmidt (1985) empfiehlt zur Beseitigung sowohl der Amöbeninfektion als auch zur günstigeren Beeinflussung der Trichomonadeninfektion eine eiweißreiche, kohlenhydratarme Ernährung (40% Eiweiß).

Kokzidiose

- **Darmkokzidiose**

Eimeria caviae wurde als eine Kokzidienart des Meerschweinchens beschrieben. Diese zu den Sporozoen gehörige Spezies ist ein Parasit des Dickdarms und in manchen Zuchten stark verbreitet. Bei klinisch gesunden Meerschweinchen gilt *Eimeria caviae* als apathogener Parasit, der aber bei Belastungssituationen mit starkem Durchfall und Abmagerung einhergehende Krankheits- und Todesfälle verursachen kann (Maeß und Kunstýř, 1981; Hiepe und Jungmann, 1983).

Ätiologie: Kokzidien sind streng wirts- und organgebunden. Ihr *Entwicklungszyklus* vollzieht sich zum Teil innerhalb, zum Teil außerhalb des Körpers. Die erste Entwicklungsphase umfaßt die *Schizogonie* und die sich anschließende *Gametogonie*. Während dieser Phase parasitieren die Entwicklungsstadien in den Epithelzellen der Lieberkühnschen Krypten der Dickdarmschleimhaut und schädigen sie. Mit der Bildung von Oozysten endet die Entwicklung im Wirtstier. Mit der außerhalb des Wirtes verlaufenden zweiten Entwicklungsphase, der Sporogonie mit Bildung von Sporozoiten erlangen sie die Infektionsreife. Die Sporulationszeit beträgt 5–7 (8) Tage, nach Maeß und Kunstýř (1981) 2–11 Tage. Die Zeit von der Aufnahme der reifen Oozysten bis zur Ausscheidung (Präpatenzperiode) wird mit 11–13 Tagen angegeben. Gegen Umwelteinflüsse sind Oozysten sehr resistent. Am ehesten lassen sie sich durch Hitze oder Trockenheit abtöten. Ein feuchtes Milieu begünstigt den Reifungsvorgang der Oozysten. Werden sie noch unreif von den Meerschweinchen aufgenommen, erfolgt keine Ansteckung. Durch die Kenntnis der Sporulationszeit im Freien, nach der Oozysten günstigstenfalls 2 Tage zur Infektionsreife benötigen, besteht für den Züchter oder Meerschweinchenhalter die Möglichkeit, in das Infektionsgeschehen durch vorbeugende Maßnahmen einzugreifen.

Als Infektionsquelle oder *die Ansteckung begünstigende Faktoren* sind zu nennen: Einschleppung durch neu zugekaufte Meerschweinchen, infizierte Transportbehälter, gemeinsame Haltung von Meerschweinchen verschiedener Besitzer als Pensionsgäste (z. B. in Urlaubszeiten), Überbelegung von Käfigen oder Ställen, unregelmäßige Reinigung der Käfige, schlechte Fütterungs- und Haltungshygiene, Vitamin-C-Mangel, Verdauungsstörungen anderer Genese, gleichzeitig bestehende Kolidysbakterien oder geschwächte Abwehr des Organismus durch andere bakterielle Infektionen.

Das *klinische Bild* weist unterschiedliche Verlaufsformen auf. Bei *subakutem Verlauf* ist der Kot normal, und befallene Tiere erscheinen klinisch gesund. Maeß und Kunstýř (1981) bestätigten diese Verlaufsform durch positive Kokzidienbefunde bei klinisch gesunden Tieren einer großen Versuchsgruppe von 120 Tieren. Eine Belastungssituation führte dann zum Ausbruch der klinischen Erkrankung. Die Tiere magerten ab und litten an heftigen Durchfällen. 8 % der erkrankten Tiere starben.

Bei *akutem Verlauf* erkranken besonders Jungtiere schwer. Neben Durchfällen, die blutig und schleimig sein können, sind Abmagerung bis zu einem Körpermasseverlust bis 50 %, struppiges Fell mit verschmutzter Analregion, Appetitlosigkeit und eine gekrümmte Haltung die auffälligsten Symptome. Kunstýř und Naumann (1981) wiesen auf die große Ähnlichkeit dieser Symptome mit denen des Skorbuts hin. Nach Hiepe und Jungmann (1983) und Isenbügel (1985) können bei schwerem akutem Krankheitsgeschehen 40 % der erkrankten Tiere innerhalb von 2–3 Wochen sterben. Verläuft die Krankheit *chronisch,* so kann es nach zeitweiligen Durchfällen innerhalb von 20 Tagen zur Ausheilung kommen, und zwar mit Ausbildung einer Prämunität (Schmidt, 1985; Isenbügel, 1985), welche die Tiere vor weiteren Infektionen schützt.

Die *Diagnose* kann gestellt werden:

1. als Verdachtsdiagnose, wenn im Bestand mehrere Meerschweinchen mit blutig-schleimigem, schmierigem Durchfall gleichzeitig erkranken, ohne daß der Verdacht auf eine andere Ursache gerichtet werden kann.
2. Durch die mikroskopische Untersuchung mit Nachweis von Kokzidienoozysten im Kot (Anreicherungsverfahren). Ein schwacher oder mäßiger Befall kann auch bei klinisch gesunden Meerschweinchen angetroffen werden.
3. Durch die Sektion gestorbener Tiere.

Pathologisch-anatomische Befunde: Kunstýř und Naumann (1981) fanden bei allen positiven Fällen makroskopisch Ödeme des Mesenteriums und eine Kolitis im Bereich der Spirale des Colon ascendens. Die Darmwand war verdickt, blaß und mit weißen Stippchen quer zur Längsrichtung des Darmes durchsetzt.

Histologisch wurden zahlreiche Kokzidienentwicklungsstadien im Lumen, in den Darmdrüsen und in der Muskularis sichtbar. Ödeme in der Mukosa mit Leukozyteninfiltraten lassen sekundäre bakterielle Schäden vermuten.

Therapie: erfolgt durch den Einsatz von Sulfonamiden. Wir verwenden Sulfadimidin pro inj.® 100 mg/kg KM 3×4 Tage in 7tägigen Intervallen. Soll Sulfadimidin über das Trinkwasser verabreicht werden, wird eine 0,2%ige Lösung (1 ml/100 ml Trinkwasser) 3 Tage lang gegeben, anschließend 2 Tage Pause, 1× Vitamin AD$_3$EC®, dann

2 Tage lang wieder Sulfadimidin 2%ig,1× Vitamin A, zum Schluß der Kur wird noch einmal Sulfadimidin verabreicht. Wichtig ist eine zusätzliche Vitamin-B-Komplex- und Vitamin-C-Versorgung.
Als unterstützende Therapie zur Ausheilung der Darmentzündung eignen sich Magen-Darm-Antiseptika oder Antidiarrhoika wie Ventrarctin®.
Vorbeuge: gute hygienische Haltungsbedingungen. Durch täglichen Einstreu- oder Käfigwechsel kann die Aufnahme reifer Oozysten verringert oder weitgehend verhindert werden.

- **Nierenkokzidiose**

Klossiella cobayae ist eine in den Nieren parasitierende Sporozoenart, deren Entwicklungszyklus dem der Kokzidien entspricht. Jedoch finden alle Vermehrungsformen im gleichen Wirt, also im Meerschweinchen statt. Während die erste ungeschlechtliche Vermehrung sich in den Kapillarendothelien verschiedener Organe vollzieht, findet die weitere Entwicklung in den Harnkanälchen und Blutgefäßen der Nieren statt. Die Infektion erfolgt über orale Aufnahme der mit dem Harn ausgeschiedenen reifen Sporen (Güttner, 1979; Hiepe und Jungmann, 1983; Schmidt, 1985). Über den Verdauungstrakt und auf dem Blutweg erreichen die Sporen die Nierenkanälchen.
Klinisches Bild: Klossiella-Infektionen rufen im allgemeinen keine klinisch-manifesten Krankheitserscheinungen hervor. Bei Symptomen einer Nephritis sollte vor allem bei Jungtieren mit an eine *Klossiella*-Infektion gedacht werden.
Diagnose: Die mikroskopische Harnuntersuchung kann zur Bestätigung der Verdachtsdiagnose einer Nierenkokzidiose herangezogen werden. Hofmann und Hänichen (1970) fanden bei der pathologisch-anatomischen Untersuchung von Meerschweinchen mit Nierenkokzidiose die Nieren unauffällig. Histologisch wurden interstitielle Infiltrate nachgewiesen. Der mikroskopische Nachweis der Parasiten bestätigt die Diagnose.

Therapie: entspricht den Empfehlungen bei der Darmkokzidiose.

Toxoplasmose

Die Toxoplasmose ist eine weltweit verbreitete Infektionskrankheit einer Vielzahl von Säugetieren, einschließlich der Meerschweinchen und anderer Kleinsäuger.
Der *Erreger, Toxoplasma gondii,* gehört zu den Kokzidien. Er ist ein einzelliger Parasit von ovaler, sichelförmiger Gestalt.
Die Ansteckung erfolgt durch die mit infiziertem Futter aufgenommenen, sehr resistenten Vermehrungsformen, die Oozysten. Im Entwicklungszyklus der Toxoplasmose nimmt die Katze die Stellung des Endwirtes ein. Sie ist die einzige bekannte Tierart, in der sich sowohl eine ungeschlechtliche Vermehrung (Schizogonie) als auch eine geschlechtliche Fortpflanzung (Gametogonie) vollzieht.
Mit der Bildung von Oozysten in der Darmschleimhaut und deren Ausscheidung mit dem Kot gelangen die Oozysten in die Außenwelt, wo sie bereits in wenigen Tagen nach Versporung (Sporogonie) ihre Ansteckungsfähigkeit erlangen. Werden die infektionsfähigen Oozysten erneut von einer Katze aufgenommen, wiederholt sich über einen begrenzten Zeitraum dieser Entwicklungszyklus.
Anders gestaltet sich der Entwicklungszyklus bei der Aufnahme infektiöser Oozysten durch Zwischenwirte (etwa 300 Säugetierarten und 60 Vogelarten). In ihnen, wie auch im Menschen, vermehren sich Toxoplasmen nur ungeschlechtlich. Da die Oozysten in der Außenwelt über viele Monate infektiös bleiben (in feuchtem Milieu bis 24 Monate; Hiepe, 1983), läßt sich die hohe Toxoplasmose-Durchseuchungsrate bei vielen Tierarten erklären.
Bei der Aufnahme der infektionstüchtigen Oozysten durch Meerschweinchen oder andere Zwischenwirte vermehren sich die Toxoplasmen nur ungeschlechtlich. Nach Freiwerden der Parasiten im Darm werden sie über die

Blut- und Lymphbahnen in verschiedene Organe transportiert, bilden in Wirtszellen Pseudozysten, zerstören die Zellen und befallen neue, oder es entstehen größere Ansammlungen von Toxoplasmen, die Zysten. Solche Zysten können praktisch in allen Organen vorkommen. Bevorzugter Sitz sind das Gehirn, die Skelettmuskulatur, die Augen und die Geschlechtsorgane. Diese Dauerstadien können jahrelang nach der Infektion im Organismus überleben.

Meerschweinchen sind für diese Infektion sehr empfänglich. Neben der Infektion durch kontaminiertes Futter können bereits Neugeborene in der Säugephase durch die Milch infizierter Muttertiere angesteckt werden. Die Infektion verläuft in der Regel latent oder mit nur leichten, unspezifischen Symptomen. Gelegentlich entwickelt sich jedoch eine akute Toxoplasmose.

Klinisches Bild: Der akute Krankheitsverlauf beginnt mit Inappetenz, Apathie und Fieber. Das Fell wird glanzlos und struppig. Im weiteren Verlauf werden Diarrhoe, Kachexie, aber auch Krankheitserscheinungen mit dem Bild einer Lungenentzündung mit serös-eitrigem Augen- und Nasenausfluß, beschleunigter Atmung und Atemnot beschrieben. Die Tiere sterben 2–8 Tage nach Beginn der klinischen Erscheinungen. Zentralnervale Symptome gehen mit schlaffer Lähmung der Vorder- und Hintergliedmaßen oder Krampfanfällen, Blasenlähmung und Opisthotonus einher. Gelegentlich treten Anämien, Augenerkrankungen, Aborte oder Totgeburten auf. Auch Aszites wurde beobachtet. Hierbei können die Toxoplasmen in der nach Giemsa gefärbten Bauchhöhlenflüssigkeit nachgewiesen werden (Juhr und Hiller, 1973; Güttner, 1979; Hiepe und Jungmann, 1983; Isenbügel, 1985; Löliger, 1986).

Die *Diagnose* wird durch den Nachweis der Erreger in veränderten Organen oder im Tierversuch gestellt. Der serologische Nachweis ist beim Meerschweinchen als Heimtier nicht üblich. Er wird aber zur Ermittlung des Durchseuchungsgrades genutzt. Kunstýř und Schwanzer

(1971) untersuchten Meerschweinchenzuchten auf Toxoplasmose-Antikörper. Sie fanden zwischen 0 und 80% positive Reagenten. Die ermittelten Titer waren niedrig und die Tiere klinisch gesund.
Für die serologische Untersuchung werden der Sabin-Feldman-Test, die Komplementbindungsreaktion (KBR) und der indirekte Immunfluoreszenztest genutzt. Die vom Meerschweinchen gebildeten Antikörper bleiben längere Zeit bestehen und schützen die Tiere vor Neuinfektionen.
Therapie: Verabreichung hoher Dosen von Sulfonamiden über mehrere Tage bei hohem Titer. Löliger (1986) empfahl die Verabreichung von Sulfonamiden in Kombination mit Trimethoprim.
Die Toxoplasmose ist eine *Zoonose!* Meerschweinchen sind aber *keine* Ansteckungsquelle für den Menschen!

Wurmbefall

Nematoden

Paraspidodera uncinata ist der einzige beim Meerschweinchen vorkommende Rundwurm. Nach Eldib (1977) sind etwa 25% aller Meerschweinchen mit diesem, den Oxyuren zugehörigen Darmparasiten befallen. Die spindelförmigen, 11–19 mm langen Würmer werden wegen des spitz zulaufenden Hinterendes der Überfamilie der Pfriemenschwänze zugeordnet. Zur Invasion kommt es besonders bei schlechten Haltungsbedingungen, bei verwahrlosten Tieren und nach Sebesteny (1976) bei Tieren in Freiausläufen.
Die Weibchen legen nichtembryonierte, dickschalige Eier ab, die mit dem Kot in die Außenwelt gelangen. Im Freien vollzieht sich in 5–7 Tagen die Entwicklung zu infektiösen Larven, die im Erdboden mehrere Monate und bei Austrocknung bis zu 3 Wochen ansteckungsfähig bleiben können.

Die Infektion der Meerschweinchen erfolgt durch Aufnahme infektiöser Eier mit dem Futter. Im Zäkum entwickeln sich die Larven ohne Körperwanderung in 70 Tagen zu geschlechtsreifen Würmern (Eldib, 1977).

Klinisches Bild: Während bei geringgradiger Befallsintensität keine Symptome zu beobachten sind, führen massive Infektionen der im Zäkum parasitierenden Oxyuren zu Jungtiersterben und häufigem Verwerfen trächtiger Weibchen. Weitere auffällige Symptome sind: gesträubtes Haarkleid, Abmagerung bei gestörtem Allgemeinbefinden, vereinzelt auch Durchfall bei starkem Befall (Sebesteny, 1976). Bis zu 30 Würmer werden pro Tier scheinbar ohne sichtbare klinische Symptome vertragen. Bei Störungen des Wirt-Parasit-Verhältnisses können jedoch geringere Befallsintensitäten ausgeprägte Schäden verursachen (Eldib, 1977).

Diagnose: Der mikroskopische Nachweis der dickschaligen, ovalen Eier von *Paraspidodera uncinata* erfolgt durch Kotuntersuchung mit Hilfe des Flotationsverfahrens. Als Sektionsergebnis werden bei starkem Befall adulte Würmer im Blinddarm nachgewiesen. Die Blinddarmschleimhaut erscheint durch die sich in der oberflächlichen Schleimhaut entwickelnden Larven verletzt und entzündet.

Bekämpfung: Als gut wirksam erwies sich Mebendazol in einer Dosierung von 50 mg/kg KM nach einmaliger Verabreichung oder je 20 mg/kg KM über 3 Tage oral als Suspension oder als Paste. Mebendazol wirkt sowohl auf die adulten Würmer als auch auf die Larvenstadien durch Hemmung der Glucoseaufnahme der Parasiten.

Unterstützt wird die Behandlung durch gute Haltungshygiene, regelmäßigen Einstreuwechsel und Auswaschen der Käfige und Futtergeschirre mit heißer Sodalösung (über 40 °C). Diese Temperatur tötet frisch ausgeschiedene, noch nicht embryonierte Eier in kurzer Zeit ab und trägt so zur Verdünnung des Invasionsmaterials bei.

Trematoden

Leberegelbefall ist beim Meerschweinchen äußerst selten. Eine Ansteckung ist nur in Gebieten zu erwarten, in denen die für den Leberegel notwendigen Entwicklungsbedingungen existieren (stehende, flache Gewässer, Überschwemmungsflächen, nasse Wiesen, Ränder von Entwässerungsgräben) und in denen Rind und Schaf als Ansteckungsquelle gehäuft durch Leberegelbefall erkranken. Im Meerschweinchen können zwei Trematodenarten angetroffen werden: sowohl *Fasciola hepatica* (Großer Leberegel) als auch *Dicrocoelium dendriticum* (Kleiner Leberegel), Lanzettegel. Der Große Leberegel erreicht eine Körperlänge von 3 cm, der Kleine Leberegel wird nur 1 cm lang. Beide bewohnen die Gallengänge des Meerschweinchens (Schmidt, 1985). Lanzettegelbefall ist bei Meerschweinchen sehr selten.

Der *Entwicklungskreislauf* des Großen Leberegels ist an die Zwergschlammschnecke *Limnaea truncatula* als Zwischenwirt gebunden und an genügend Feuchtigkeitsgebiete, die der schwimmfähigen Larve und der Zwergschlammschnecke Entwicklungsmöglichkeit bieten. Nach ungeschlechtlicher Vermehrung verlassen die Zerkarien als Schwanzlarven den Zwischenwirt, kapseln sich unter der Wasseroberfläche an Gräsern ein. Werden mit Zysten behaftete Gräser von einem geeigneten Wirt aufgenommen, schlüpfen die jungen Egel aus und gelangen über Darmwand, Bauchhöhle und Gefäße in die Leber. Hier entwickeln sich in 1–3 Monaten die geschlechtsreifen Saugwürmer.

Klinisches Bild: Die Symptome sind von der Befallstärke abhängig. Neben Inappetenz und zunehmender Abmagerung, gesträubten und stumpfen Haaren können auch Diarrhoe und Tympanieerscheinungen Hauptsymptome eines starken Leberegelbefalls sein. In seltenen Fällen sind Leberegel mitverantwortlich für einen Aszites oder Lähmungserscheinungen der Hinterextremitäten infolge Störung der Muskelfunktion durch Fehlwanderung. In der

Leber kommt es zu reaktiven, akuten und chronischen Entzündungen, in den Gallengängen nach anfänglicher Entzündung zu Wandverdickungen mit inkrustierten Kalksalzeinlagerungen. In Leberegeljahren mit starken Niederschlägen und Überschwemmungen der Wiesen ist bei Grün- oder Heufütterung von verseuchten Grünfutterflächen durch Egel auch beim Meerschweinchen mit Massenbefall und Todesfällen zu rechnen. Dem Kleinen Leberegel dienen kalkliebende Landschnecken als Zwischenwirt. Als zweiter Hilfswirt gilt die gewöhnliche schwarzbraune Ameise. Infizierte Ameisen werden über das Grünfutter von Meerschweinchen aufgenommen. Die freiwerdenden Jungegel wandern nach Durchbohrung der Darmwand auf dem Blutweg in die Gallengänge der Leber. Massenbefall bleibt nicht ohne Auswirkungen auf das Gedeihen befallener Tiere, wenn auch die Zerstörung des Lebergewebes durch wandernde Jugendformen, wie sie der Große Leberegel verursacht, wegfällt.

Klinisches Bild: meist symptomlos, selten Todesfälle. Bei massiver Infektion stehen Appetitlosigkeit und zunehmende Abmagerung im Vordergrund.

Die *Diagnose* wird bei beiden Egelarten durch den Nachweis von Eiern bei der Kotuntersuchung mit dem Sedimentationsverfahren oder durch den Nachweis der Saugwürmer bei der Sektion gestellt.

Therapie und Vorbeuge: Bei der Grünfutter- und Heugewinnung sind verseuchte Flächen zu meiden. Heu muß gut gelüftet und trocken gelagert sein.

Zur Behandlung empfiehlt Isenbügel (1985) Praziquantel als Droncit® (Bayer), 5 mg/kg KM als einmalige Dosis per os. Nach Hiepe und Mitarb. (1983) kann Mebendazol in der Dosis von 20 mg/kg KM über 3–4 Tage per os verabreicht werden.

Cestoden

Isenbügel (1985) beschieb das gelegentliche Vorkommen von *Hymenolepis fraterna*, einem 25–40 mm langen und

1 mm breiten, weißlichen Bandwurm, der sich direkt oder indirekt in Insekten (Käfer, Flöhe, Fliegen) als Zwischenträger vermehrt (Maeß und Kunstýř, 1981). Selten ist das Meerschweinchen der Träger von Finnen des Dreigliedrigen Bandwurms *(Echinococcus granulosus)*. Eine zweite, beim Meerschweinchen beschriebene Finne ist *Cysticercus tenuicollis*, die Larve des geränderten Hundebandwurms *(Taenia marginata)*. Für beide kann das Meerschweinchen als Zwischenwirt fungieren. Die Infektion erfolgt durch die Aufnahme von Bandwurmeiern mit kontaminiertem Futter, das durch den Kot bandwurmtragender Hunde verschmutzt ist. Die im Darm des Meerschweinchens freiwerdenden ersten Larven durchbohren die Darmwand und gelangen mit dem Blutstrom in verschiedene Organe, siedeln sich in ihnen an und wachsen zu Finnenblasen heran. Die Echinokokkusfinnen rufen durch bindegewebige Kapselbildungen Störungen in den befallenen Organen, vor allem in Leber und Lunge hervor. *Cysticercus tenuicollis*-Finnen werden als schlaffe Blasen mit wasserklarem Inhalt und Scolexanlage bevorzugt im Netz gefunden (Isenbügel, 1985; Schmidt, 1985; Berghoff, 1989).

Klinisches Bild: keine oder unspezifische Symptome. Bei Massenbefall Appetitstörungen, Abmagerung, glanzloses Fell, selten Lebersymptome oder Aszites.

Diagnose: Kotuntersuchung; Nachweis der abgestoßenen Proglottiden oder Eier. Zystenbefall wird erst bei der Sektion oder als Zufallsbefund bei Bauchoperationen nachgewiesen.

Therapie: entfällt bei Finnenbefall. Bei Bandwurmbefall können bewährte Bandwurmmittel verabreicht werden, wie Praziquantel (Droncit®) 5 mg/kg KM per os oder Mebendazol in einer Dosis von 20 mg/kg KM per os 4 bis 5 Tage lang.

Tabelle 16 gibt eine Übersicht der Endoparasiten des Meerschweinchens.

Tabelle 16. Endoparasiten des Meerschweinchens

Krankheit/Erreger	Lokalisation	Infektion	Symptome	Behandlung
Amöbiasis	Zäkum, meist als Kommensale	orale Aufnahme von Zysten	gelegentlich geschwürige Blinddarmentzündung Durchfall mit Nachfolgeerscheinungen	Metronidazol 50 mg/kg KM über 7 Tage, dazu eiweißreiche Fütterung (40%) Eiweiß)
Trichomoniasis (*Trichomonas caviae*, mit drei Geißeln)	Zäkum und Kolon	oral, Hyperämie der Schleimhaut des Dickdarms	Durchfall, Abmagerung bei Jungtieren, gelegentlich Todesfälle	Metronidazol 50 mg/kg KM über 7 Tage oder als 0,1–0,3%ige Wirkstoffkonzentration im Trinkwasser
Darmkokzidiose (*Eimeria caviae*)	Epithelzellen der Dickdarmschleimhaut	orale Aufnahme der Oozysten	bei Jungtieren schleimig-blutiger Durchfall, Abmagerung, Kolitis	Sulfadimidin 100 mg/kg KM oder 0,2%ige Lösung, Multivitaminpräparate, gute Vitamin-C-Versorgung
Nierenkokzidiose (*Klossiella cobayae*)	Nieren, Harnkanälchen und Blutgefäße	oral, Sporen erreichen Nierenkanälchen über den Darmkanal	keine	Sulfonamide bei gesicherter Diagnose, i.d.R. aber keine Behandlung
Toxoplasmose (*Toxoplasma gondii*)	verschiedene Organe, ZNS	orale Aufnahme von Oozysten	meist symptomlos, Inappetenz, Abmagerung, Augen- und	Sulfonamide bei gesicherter Diagnose, i.d.R. aber keine

			Nasenausfluß, Störungen des ZNS, Aszites	Behandlung
Leberegelbefall – Großer Leberegel (bis 2 cm)	Gallengänge, Leber	Zwischenwirt: Zwergschlamm- schnecke	Gallenwegs- und Leberentzündung, Inappetenz, Abmage- rung, aufgegaste Därme, Tod nur bei Massenbefall	Praziquantel, Meben- dazol, Rafoxanid (Ursovermit® 5 mg/ kg KM = 0,2 ml p.o.)
– Lanzettegel (bis 1 cm)	Gallengänge	2 Zwischenwirte: Landschnecken und Ameisen		

Bandwurmbefall
– Zwergbandwurm
  (25–40 mm)
	Dünndarm-
	schleimhaut
		– direkt, kein
		  Zwischenwirt,
		– Autoinfektion
		– indirekt mit
		  Zwischenwirt
		  (Käfer, Fliegen)
			gering, kann
			Läsionen der Darm-
			wand verursachen
				Praziquantel
				(Droncit®
				5 mg/kg KM)

– Finne von *Echino- coccus granulosus*	Finnenblasen in Leber, Lunge, Bauchfell;	Aufnahme mit kontaminiertem Futter	Funktionsstörungen selten, evtl. Aszites	keine
– *Cysticercus tenuicollis* (Dünnhalsige Finne)	bindegewebige Kapselbildungen			

Rundwurmbefall
Paraspidodera unicata
(16–20 mm)
	Dickdarm	direkter Entwick-
		lungszyklus
			meist symptomlos,
			bei starkem Befall
			gestörtes Allgemein-
			befinden, Jungtier-
			sterben, Aborte
				– Niclosamid
				– Praziquantel
				– Mebendazol
				  50 mg/kg KM
				– Pyrantelpamoat
				  (Banminth® „Katze"
				  20 mg/kg KM
				  Pyrantel p.o.)
				– Piperazincitrat
				  150 mg/kg KM p.o.

Operationen

Allgemeine Chirurgie

Für alle chirurgischen Eingriffe sind die Schmerzausschaltung und die Ruhigstellung des Patienten Vorbedingung. Allgemeinnarkosen für chirurgische Eingriffe sollen für das Meerschweinchen mit geringstmöglichem Risiko behaftet sein. Außerdem sollte die Anästhesiedauer wegen der Abkühlungsgefahr kleiner Individuen möglichst kurz sein. Die Narkosetiefe ist anders zu beurteilen als bei den größeren Haustieren. Da Nager starke Reflexerregbarkeit aufweisen, bedeutet Reflexfreiheit eine zu tiefe Narkose. Der Kornealreflex sollte immer erhalten bleiben (Tober-Meyer, 1977).

Der Entscheidung für eine Operation muß immer eine klinische Untersuchung vorausgehen. Bei hochgradig abgemagerten Tieren ist mit einem Vitamin-C-Defizit, mit erhöhtem Narkoserisiko und fraglichem Operationserfolg zu rechnen (Schall, 1984). Für chirurgische Eingriffe gelten dieselben Grundsätze wie für andere Säugetiere.

Störungen der Wundheilung begegnen uns beim Meerschweinchen in Form der Nahtdehiszenz der Haut oder durch Aufnagen der Fäden. Deshalb ist den tiefen Nahtschichten größte Aufmerksamkeit zu widmen. Verbände werden nur schwer toleriert. Die Heilungsdauer von Operationswunden ist nach Untersuchungen von Tesprateep und Mitarb. (1974) gegenüber anderen Tierarten verzögert. Es ist angezeigt, Fäden, besonders nach Bauchoperationen, erst am 10. Tag zu ziehen. Dem Wärmeausgleich und der Wiederherstellung normaler Körpertemperatur ist von Narkosebeginn bis Aufwachphase größte Aufmerksamkeit zu schenken. Die Besitzer sind darauf zu orientieren, das frisch operierte Tier gut eingepackt und auf einer Wärmflasche liegend nach Hause zu transportieren.

Narkose

Narkosevorbereitung

Meerschweinchen lassen sich ohne starke Abwehrreaktionen gut untersuchen und behandeln. Deshalb ist eine medikamentöse Ruhigstellung in der Sprechstunde nur selten notwendig. Unter Berücksichtigung der besonderen Streßanfälligkeit dieser kleinen Patienten ist es jedoch erforderlich, daß Abwehrreaktionen und Schmerzempfinden bei bestimmten Untersuchungstechniken, diagnostischen Maßnahmen und chirurgischen Eingriffen ausgeschaltet werden. Bei jeder Verabreichung von Anästhetika sind Gewicht, Alter und Ernährungszustand zu berücksichtigen. Besondere Vorsicht ist bei der Narkose älterer oder kranker Tiere geboten. Bei ihnen ist mit verzögertem Abbau des verabreichten Narkosemittels zu rechnen. Auch bei Vitamin-C-Mangel oder Leberverfettung ist eine länger andauernde tiefe Narkose zu erwarten. Bei der Narkose hochträchtiger Weibchen ist zu beachten, daß die Früchte bis zu 40 % der Körpermasse ausmachen können. Infolge der geringen Körperoberfläche und der Beeinträchtigung des wärmeregulierenden Systems durch Anästhetika sind Wärmeverluste in der Narkose so gering wie möglich zu halten. In Vorbereitung auf die Narkose ist ein 12stündiger Futterentzug zu empfehlen, aber nicht unbedingt notwendig. Der Patientenbesitzer ist bei allen chirurgischen Eingriffen über das Narkoserisiko und mögliche Todesfälle, besonders bei bestehendem Vitamin-C-Defizit, aufzuklären. Bei genügend Vorbereitungszeit auf die Narkose unterstützt eine orale oder subkutane Verabreichung von 100 mg Ascorbinsäure pro Tier und

Tag 48 und 24 Stunden vor dem Operationstermin die Infektionsabwehr und trägt zur Vorbeuge von Narkosezwischenfällen bei (Güttner, 1982; Fehr, 1984; Isenbügel, 1985). Gleichzeitige Infusionen entsprechend dem Ernährungszustand sorgen für einen ausgeglichenen Wasser- und Elektrolythaushalt. Zur Narkosevorbereitung gehören ebenfalls eine streßfreie Umgebung und ein ruhiges Handling (Schall, 1990).

Prämedikation

Atropinsulfat 0,1 mg/kg KM s.c., 20–30 Minuten vor Applikation der Anästhetika injizieren, um Speicheln und Bronchialsekretion zu unterdrücken (Vagolytikum).

Allgemeinanästhesie

In der Praxis hat sich die Injektionsnarkose durchgesetzt. Hierfür eignen sich die in Tabelle 17 aufgeführten Präparate.
Für die Allgemeinanästhesie hat sich als Injektionsnarkose Ketamin plus Xylazin in der Praxis durchgesetzt. Ketamin kann subkutan injiziert werden, als Mischspritze mit Xylazin jedoch intramuskulär. Die Menge von annähernd 1 ml Injektionslösung gebietet die Verteilung des Narkosemittels in die Oberschenkelmuskulatur beider Hinterextremitäten. Die Weiterführung der Narkose ist mit $1/5$ der Ketamindosis möglich. Die Aufwachphase beginnt nach 30minütiger Narkosedauer bis zu 2 Stunden. Nachschlaf: je nach Dosierung 2 bis $5\,1/2$ Stunden. In der Nachschlafphase sollen die Tiere ungestört bleiben und warm gehalten werden. Als Antidot gegen Xylazin kann Dopram-V® und gegen den Fentanylanteil im Hypnorm® Lorfan® angewendet werden.
Epiduralanästhesie: Sie setzt Übung und Erfahrung voraus. Bereits das Durchstechen der sehr derben Haut

Tabelle 17. Narkosepräparate zur Anwendung beim Meerschweinchen (nach Güttner und Mitarb., 1982; Fehr, 1984; Wasel, 1987; Schall, 1990)

	Präparate	Applikation	Dosis mg/kg KM	Wirkungsdauer (Minuten)	Bemerkungen
Sedierung und Prämedikation	– Atropin	s.c. oder i.m.	0,05 bis 0,1	30	nach 15 min Narkoseeinleitung
	– Diazepam (Valium®)	i.m.	5	40–60	bewirkt gute Sedation und Relaxation
	– Ketamin-HCl	s.c. oder i.m.	50–60	30	
Allgemeinanästhesie (Injektionsnarkose)	– Ketamin + Xylazin (Rompun®)	s.c. i.m.	100–150 4	40	in einer Mischspritze i.m.
	– Fentanyl und Fluanison (Hypnorm®) + Valium®	i.m.	0,5–1,0		getrennt applizieren
Inhalationsnarkose	– Hypnorm®	i.m.	2,5	60	zur Einleitung
	– Lachgas/Sauerstoff 3:1 oder Halothan® (0,8–1 Vol.-%) und Raumluft	i.m.	0,5–1,0		zur Vertiefung und Weiterführung der Narkose (Inhalationsnarkose mit Tupfermaske im offenen System)

bereitet ohne Lokalanästhesie Schwierigkeiten. Besonders in der konservativen Geburtshilfe bietet die Epiduralanästhesie große Vorteile. Isenbügel (1985) beschreibt sie folgendermaßen: Nach dem Rasieren und Desinfizieren des Lumbosakralbereiches erfolgt die Injektion in den Lumbosakralspalt oder noch besser in einen Wirbelzwischenraum weiter vorn.
Die Kanüle wird 40–50° in kaudoventraler Richtung eingestochen und erreicht den Wirbelkanal nach ca. 1 cm. Die schnelle Injektion von 0,2 ml/kg KM Lidocain 2%ig mit Adrenalinzusatz sollte ohne Widerstand erfolgen. Der Kopf des Meerschweinchens ist daraufhin 2 Minuten hochzuhalten. Man erreicht eine Analgesie und Muskelrelaxation für ca. 30 Minuten.

Lokalanästhesie (Infiltrationsanästhesie)

Sie ist nur beschränkt anwendbar, weil eine ruhigstellende Wirkung nicht erreicht wird. Störende Fixation des Tieres oder Prämedikation sind meist unumgänglich.
Xylocain oder Lidocain 0,5-1%ig nach vorheriger Diazepamgabe von 2,5–5,0 mg/kg KM i.p. zur Sedation und Relaxation.

Kastration

Immer häufiger wird der Kleintierpraktiker mit dem Wunsch von Hobbyzüchtern oder Tierhaltern konfrontiert, Meerschweinchen unfruchtbar zu machen. Eine Kastration ist bei Meerschweinchen beiderlei Geschlechts möglich. Der Kastrationstermin ist frühestens im Alter von 3 Monaten, günstiger erst nach Beendigung der Hauptwachstumszeit mit einem halben Jahr zu wählen, um die Tiere in ihrer Entwicklung nicht ungünstig zu beeinflussen. Vor Einleitung der Narkose sollte sich der

Tierarzt bei der Allgemeinuntersuchung von der Richtigkeit der Geschlechtsangabe überzeugen. Immer wieder kommt es vor, daß der Besitzer ein falsches Geschlecht angibt. Bei männlichen Tieren läßt sich die Schwierigkeit der Geschlechtsbestimmung durch den Laien damit erklären, daß die Hoden zeitweilig durch den sehr großen Leistenspalt in die Bauchhöhle verlagert werden und nicht mehr zu ertasten sind. Ein deutliches Skrotum ist beim Meerschweinchen nicht vorhanden. Die Hoden befinden sich subkutan (Lumeij, 1993). Beim weiblichen Tier täuscht die nach auswärts mündende Harnröhrenöffnung das Vorhandensein eines Präputiums vor.

Kastration männlicher Meerschweinchen

Die Kastration ist in Allgemeinanästhesie durchzuführen. Das narkotisierte Tier wird in Rückenlage gebracht, das Operationsfeld rasiert und desinfiziert. Der weite Leistenspalt und die damit verbundene Gefahr des Vorfalls von Bauchorganen in der Nachoperationsphase erfordern eine Kastration mit bedecktem Samenstrang. Als günstig hat sich die von Wißdorf und Schäfer (1978) modifizierte Kastrationsmethode erwiesen. Dabei werden die Operationswunden in die Leistengegend verlagert. Der Hautschnitt wird beidseitig 1,5–2 cm lang in der Regio inguinalis parallel zur Medianlinie geführt. Nach Durchtrennung der Haut wird das subkutane Fettgewebe zur Seite geschoben und der kräftige Musculus praeputialis stumpf durchtrennt. Nun kann der Processus vaginalis mit dem anhaftenden Musculus cremaster ebenfalls stumpf aus seiner Verbindung gelöst und aus der Wunde vorverlagert werden. Nach Eröffnung der Tunica vaginalis werden Hoden, Nebenhoden und der ungewöhnlich große Fettkörper vorverlagert, dicht am Körper abgebunden und abgesetzt. Durch eine zweite Catgutligatur wird der durch Wirkung des Musculus cremaster zusammenge-

rollte Processus vaginalis über den Stümpfen verschlossen.
Während Isenbügel (1985) auf eine Hautnaht verzichtet, empfehlen Wißdorf und Schäfer (1978) und Schall (1984) einen Wundverschluß. Wir beenden die Kastration immer mit einer Hautnaht in Einzelnähten und glauben, so den Heilverlauf günstig zu beeinflussen. Der Operationsvorgang wiederholt sich auf der gegenüberliegenden Seite in gleicher Weise. Postoperativ sind die Tiere warmzuhalten. Aus dem Käfig ist die Einstreu zu entfernen. Als Unterlage können Zellstoff oder saubere Tücher verwendet werden. Die Fäden sind, sofern sie nicht vorzeitig von den Tieren selbst herausgebissen werden, nach 8–10 Tagen zu ziehen.

Kastration weiblicher Meerschweinchen

Für eine Ovarektomie bietet sich der Zugang von der Flanke aus an. Der bei Kleintieren übliche Bauchschnitt in der Linea alba ist ungünstig, da die umfangreichen Dickdarmschlingen den Zugang zu den Ovarien erschweren. Zudem sind sie an einem extrem kurzen Gekröse kaudal des Nierenpols befestigt und lassen sich nur schwer vorverlagern (Schuberth und Schuberth, 1979). Bei der Wahl der Kastrationsmethode ist ebenfalls zu berücksichtigen, daß Bauchoperationen beim Meerschweinchen nicht selten mit der Gefahr der Nahtdehiszenz verbunden sind (verzögerte Wundheilung, Benagen der Nähte). Die von Schuberth und Schuberth (1979) beschriebene Methode der Ovarektomie mittels Flankenschnitt ist einfach durchführbar und empfehlenswert. Für die erforderliche Allgemeinanästhesie eignet sich Ketamin in Kombination mit Xylazin. Nach Verlust der Abwehrbewegungen wird das Operationsfeld beidseitig vorbereitet und das Tier in rechter Seitenlage so ausgebunden, daß der Bauch dem Operateur zugewandt ist. Die Schnittführung erfolgt knapp unterhalb des Rückenmuskels etwa 1 cm hinter der letzten Rippe und parallel zu ihr. Nach einem 2–3 cm langen Hautschnitt werden Muskeln und Bauchfell durchtrennt. Mit 2 gegenüberliegenden Catgutzügelfäden durch Muskulatur und Bauchfell wird die Wunde gespreizt. In dem nun sichtbar werdenden Fettkörper befindet sich der gelbrötliche Eierstock, der unverändert einen Durchmesser von 3–5 mm hat. Ist er nicht sofort auffindbar, wird er mit einer anatomischen Pinzette in dorsomedialer Richtung aufgesucht und vorsichtig aus der Wunde heraus entwickelt. Nach beidseitiger Unterbindung mit Catgutfäden und Durchtrennung der peritonealen Brücken wird das Ovar in üblicher Weise abgesetzt. Peritoneal- und Muskulaturwunde lassen sich durch Verknotung der bereits gesetzten Catgutfäden verschließen. Der Hautverschluß erfolgt in rückläufiger Naht. Auf der Gegenseite wiederholt sich der Kastrationsvorgang. Die Heilung verläuft komplikationslos. Nach 10 Tagen können die Fäden gezogen werden.

Hauttumoren

Neubildungen der Haut können oft frühzeitig gesehen und ertastet werden. Im allgemeinen sind sie gutartig und eine Indikation für chirurgische Eingriffe. Die an verschiedenen Körperregionen vorkommenden Lipome und Talgdrüsenadenome sind auf der Unterlage gut verschiebbar. Nach Allgemeinanästhesie, Rasur und Desinfektion des Operationsfeldes lassen sie sich nach lanzett- oder kreisförmiger Hautumschneidung samt Kapsel herausschälen. Bei großen Wundflächen verhindert eine anschließende Raffung des Unterhautbindegewebes eine Höhlenbildung. Die Haut wird mit Einzelknopfnähten oder rückläufigen Nähten verschlossen. Zur Wundabdeckung eignet sich Spray-Verband®.

Mammatumoren sind bei Meerschweinchen selten. Wenn sie gut abgesetzt und leicht verschiebbar sind, ist ihre chirurgische Entfernung ohne Komplikationen leicht durchführbar.

Laparotomie

Bauchoperationen werden beim Meerschweinchen selten durchgeführt. Die oft ungünstige Ausgangssituation vor der Operation, wie gestörtes Allgemeinbefinden, Stoffwechselstörungen, bakterielle Keimbesiedlung aus dem Stallmilieu, die verzögerte Wundheilung in der Nachoperationsphase und das mögliche Aufbeißen der Fäden mit Gefahr einer Nahtdehiszenz, läßt den Tierarzt oft zögernd an die Entscheidung einer Bauchoperation herangehen. Gute Erfolgsaussichten sind bei der Blasensteinoperation und bei der Ovarektomie großzystisch entarteter Ovarien gegeben. Auch die Sectio caesarea hat, rechtzeitig durchgeführt, eine günstige Prognose. Bei Geburtskomplikationen mit gestörtem Allgemeinbefinden und bräunlich-blutigem Scheidenausfluß ist die Prognose zweifelhaft. Die Tiere sterben, auch wenn die Sectio caesarea erfolgreich verläuft (Isenbügel, 1983), oft infolge einer Graviditätstoxikose. Bauchoperationen sind in Allgemeinnarkose mit Ketamin und Xylazin (Rompun®) durchzuführen. Die Eröffnung der Bauchhöhle erfolgt nach vorbereitetem Operationsfeld in der Linea alba kaudal des Nabels. Nach Durchtrennung der Haut und, wenn vorhanden, des Unterhautfettgewebes hat die Eröffnung der Bauchhöhle vorsichtig zu erfolgen. Die zunächst kleine, mit einer Pinzette angehobene Bauchwunde wird mit einer stumpfen Schere beidseitig erweitert. Nachdem die Feten aus dem vorgelagerten und eröffneten Uterus entwickelt sind, erfolgt in üblicher Weise die Uterusnaht und der Verschluß der Bauchhöhle in zwei Schichten. Bei lebensschwachen Jungtieren kann ein Tropfen Respirot®, auf die Maulschleimhaut geträufelt, oft lebensrettend wirken (Ittner-Bosch, 1989).

Bei der **Zystotomie** ist die verhältnismäßig kleine Blase vor Eröffnung durch Druck zu entleeren. Die Länge des Blasenschnittes richtet sich nach der Größe des röntgenologisch nachgewiesenen Blasensteines. Mit einer Moskitoklemme lassen sich die in der Blase befindlichen Konkremente meist mühelos erfassen und entfernen. Feine Grießkörnchen sind mit erwärmter physiologischer Kochsalzlösung aus der Blase herauszuspülen. Mit einem über die Harnröhre eingeführten Harnkatheter kann ihre Durchgängigkeit überprüft werden. Für den Verschluß der Zystotomiewunde verwenden wir atraumatisches, verzögert resorbierbares Nahtmaterial 000. Die Nahttechnik entspricht der bei Hund und Katze üblichen. Für den Verschluß der Bauchhöhle bietet sich für die Peritoneum-Muskelnaht die Sultansche Diagonalnaht an. Die Hautwunde wird mit rückläufigen Einzelnähten verschlossen.

Für die chirurgische **Entfernung großzystisch entarteter Ovarien** (Abb. 26) ist ebenfalls eine Bauchoperation erforderlich. Über den Flankenschnitt lassen sich die oft stark gekammerten Zysten auch nach vorheriger Punktion nicht immer komplikationslos exstirpieren, zumal man eine tumoröse Entartung der Ovarien erst während der Operation erkennt. Die Bauchhöhle muß über den Nabel hinaus nach kranial eröffnet werden. Nachdem das Zäkum und weitere Darmanteile zur Seite geschoben sind, werden die überdimensional großen, zystisch entarteten Ovarien sichtbar. Wegen der kurzen Aufhängung lassen sie sich nur wenig vorziehen. Mit einer Deschampschen Unterbindungsnadel sind sie beidseitig unter Einbeziehung der Gefäße zu unterbinden und abzusetzen. Der Verschluß der Bauchhöhle ist in gleicher Weise wie bei der Zystotomie durchzuführen. Werden die Fäden nicht aufgebissen, verläuft die Wundheilung komplikationslos.

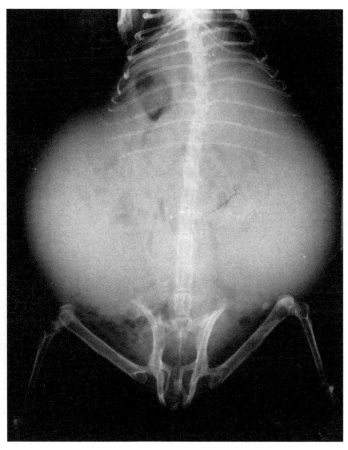

Abb. 26. Ovarialzysten und Aszites (Probelaparotomie)

Operationen am Auge

Verletzung der Kornea

Chirurgische Eingriffe am Auge sind dann erforderlich, wenn eine perforierende Verletzung der Hornhaut vor-

liegt oder Meerschweinchen mit einem Bulbusvorfall vorgestellt werden.
Bei einer Verletzung der Hornhaut ist immer damit zu rechnen, daß in die Wunde gelangte Schmutzkeime zur Panophthalmie Anlaß geben können.
Klinisches Bild: Bei der Untersuchung fällt außer dem Hornhautdefekt eine von der Läsion ausgehende, zunehmend stahlgraue Eintrübung durch ein Hornhautödem auf. Der Patient zeigt Schmerzempfinden, Lichtscheue und Juckreiz.
Diagnose: entsprechend dem klinischen Bild.
Therapie: Um das Auge vor weiteren Verletzungen durch Scheuern und Kratzen zu schützen, wird beim narkotisierten Tier nach eingehender Adspektion des Auges eine Nickhautschürze durch Vernähen der Nickhaut mit dem oberen Lidrand angelegt. Es ist zu beachten, daß zwischen zwei Knopfnähten ein genügend großer Zwischenraum bleibt, durch den das Einbringen antibiotisch wirkender Augensalben oder -tropfen auf das Auge möglich ist. Die Fäden werden nach 7–10 Tagen gezogen. Über die Notwendigkeit einer anschließenden konservativen oder chirurgischen Nachbehandlung entscheidet der klinische Befund.

Exophthalmus

Für einen plötzlich auftretenden Exophthalmus und Luxatio bulbi können verschiedene Ursachen verantwortlich gemacht werden. Neben traumatischen Einwirkungen, wie Beißereien oder Unfällen, ist vor allem an retrobulbäre Abszesse oder Neubildungen zu denken.
Klinisches Bild: Lageveränderungen, Vortreten des Bulbus aus der Orbita. Schon innerhalb kurzer Zeit entwickelt sich ein Stauungsödem und Anschwellung der Augenlider (Chemosis). Die weitere Abschnürung des vorgefallenen Bulbus führt zur Hornhauteintrübung und -austrocknung.
Diagnose: entsprechend dem klinischen Bild.

Therapie: Wird der Krankheitsprozeß unmittelbar nach seiner Entstehung vorgestellt, gelingt der Versuch, den Augapfel umgehend zurückzuverlagern, kann das Auge unter Umständen gerettet werden. Einem erneuten Vorfall des Bulbus ist durch Verschluß der Lidspalte mit Einzelnähten unter Narkose entgegenzuwirken. In den meisten Fällen ist weder eine Reposition möglich noch das Auge zu retten. Es muß entfernt werden.

Nach Allgemeinanästhesie und entsprechender Operationsvorbereitung wird die Exenteratio orbitae nach Umschneidung der Lidränder und bei gleichzeitigem Entfernen der Tränendrüse und des orbitalen Bindegewebes wie bei Hund und Katze durchgeführt. Findet sich in der Tiefe der Augenhöhle ein Abszeß, ist er gründlich auszuräumen. Die Lidwundränder werden bis auf einen schmalen Spalt im medialen Augenwinkel vereinigt. Durch diesen Spalt wird ein mit einer öligen Sulfonamidlösung (Supronal®) durchtränkter Tamponadestreifen eingeführt, um mit Drucktamponade in der Augenhöhle Nachblutungen zu verhindern. Als nützlich haben sich Vasenoltamponadestreifen erwiesen. Ohne daß es zu Verklebungen kommt, kann der Tampon 24 Stunden später entfernt werden. Die Hautfäden werden nach 10 Tagen gezogen.

Frakturen

Frakturen sind beim Meerschweinchen fast ausschließlich auf äußere Gewalteinwirkung zurückzuführen. Ursachen sind Sturz, Hängenbleiben zwischen Metallgitterstäben des Käfigs, Bißverletzung, in seltenen Fällen auch Schlageinwirkung. Darf sich ein Meerschweinchen frei in der Wohnung bewegen, kann selbst der Mensch zur Gefahrenquelle werden, indem er es versehentlich tritt oder es zwischen eine zu schließende Tür einklemmt. Bei jungen Tieren werden Brüche der Gliedmaßen als

Spontanfrakturen infolge Mangelsituationen angetroffen.

Klinisches Bild: An Wirbelsäulenfrakturen ist bei Unfällen mit Gewalteinwirkung und nachfolgender symmetrischer Nachhandlähmung durch unvollständige oder vollständige Querschnittslähmung zu denken. Kippt ein verunfalltes Tier seitlich ab, können Beckenknochen oder die belastungsunfähige Extremität frakturiert sein. Bei der Untersuchung der betroffenen Extremität fallen abnorme Beweglichkeit, Schmerzhaftigkeit, erhebliche Weichteilschwellungen und Hämatome auf. Durch Bewegung der frakturierten Extremität kann mitunter ein knirschendes Geräusch wahrgenommen werden. Besonders ist auf Hautwunden und auf möglicherweise spießende Bruchenden zu achten (offener Bruch).

Die *Diagnose* stützt sich auf das vorausgegangene Trauma und die klinische Untersuchung. In Zweifelsfällen gibt ein Röntgenbild Aufklärung über Lokalisation und Art der Fraktur (Abb. 27).

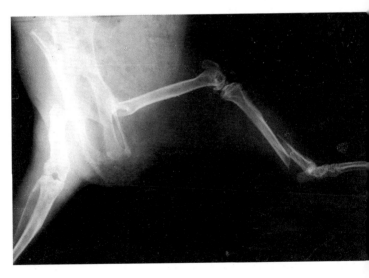

Abb. 27. Unterschenkelfraktur

Therapie: Über einzuleitende therapeutische Maßnahmen entscheidet das klinische Bild. Bei einer Wirbelfraktur ist die Behandlung aussichtslos, daher sollte eine schmerzlose Tötung das Tier möglichst schnell von seinem Leiden erlösen (Löliger, 1986). Geschlossene Oberarm- oder Oberschenkelbrüche heilen in der Regel gut ohne Fixation der Bruchenden. Voraussetzung für einen ungestörten Heilungsverlauf ist eine ausreichend lange Ruhigstellung des Patienten in einem kleinen Käfig mit fester Unterlage (Isenbügel, 1985). Statt der Einstreu ist die Bodenfläche mit Zeitungspapier oder Zellstoff auszulegen. Bei offener oder chirurgischer Frakturnachbehandlung ist außerdem eine strenge Käfighygiene erforderlich, um Wundinfektionen vorzubeugen.

Frakturen im Bereich der unteren Extremitäten können ebenfalls durch Bewegungseinschränkung oder Schienung zu einer funktionellen Heilung gebracht werden, wobei eine Verkürzung oder Verbiegung des Beines nicht auszuschließen ist.

Gaben von Vitamin C und Multivitaminpräparaten, ergänzt durch eine Vitamin-Mineralstoff-Mischung, unterstützen die Kallusbildung.

In kritischen Fällen kann eine Osteosynthese angezeigt sein. Eine akute Indikation ist die mittlere oder distale Fraktur der langen Röhrenknochen des Unterschenkels oder Unterarms mit Dislokalisation. Hierfür eignen sich Kirschner-Bohrdrähte. Die Frakturenden werden freipräpariert. Dann wird ein passender Kirschnerdraht nach proximal durch das gut angewinkelte Knie durchgebohrt und weiter durch den Markraum des proximalen Frakturendes geschoben. Nachdem auch das distale Frakturende auf den Bohrdraht gefädelt ist, wird dieser zurückgeschlagen. Nun ist der Knochen weitgehend fixiert. Das hervorstehende Ende des Kirschner-Drahtes wird mit dem Seitenschneider abgezwickt (Abb. 28). Während der Operation sind die Gewebe feucht zu halten. Zur postoperativen Antibiotikatherapie eignet sich Chloramphenicol (Schall, 1984).

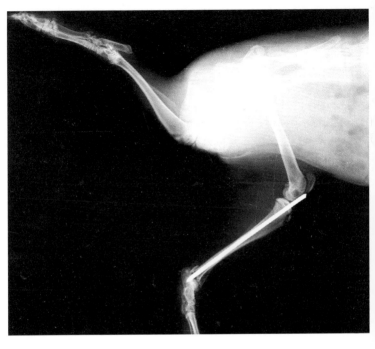

Abb. 28. Zustand nach Osteosynthese und Arthrodese

Arzneimittelübersicht

In Tabelle 18 sind Therapieempfehlungen, die sich in der Praxis bewährt haben, zusammengefaßt.

Tabelle 18. Empfehlungen zur medikamentösen Behandlung

Wirkstoff	Handelsname	Dosierung	Applikation	Indikationen/Bemerkungen
● Antibiotika, Chemotherapeutika				
Chloramphenicol	Chloramphenicol®-Lösung 20 %ig	20–40 mg/kg KM	s.c.	bakterielle Infektion, Koliseptikämie
Chloramphenicol-palmitat	Chloromycetin-Palmitat®-Suspension (Parke-Davis)	3× täglich 1 ml (25 mg)/kg KM	oral	bakterielle Infektion, Koliseptikämie
Oxytetracyclin	Terramycin (Pfizer)	5–10 mg/kg KM 40 mg/100 ml Trinkwasser	s.c. oral	Breitspektrumantibiotikum, keine Langzeittherapie, zusätzlich Vitamin-B-Komplex
Tetracyclin-HCl	Tetraseptin®mite Tropfen/Susp. (Chassot)	5 Tropfen/kg KM 2–3× täglich, 3–10 Tage	oral	Pneumonie, Verdauungsstörungen, Salmonellen
Oxytetracyclin	Terramycin-Hen® Pulver (Pfizer)	50 mg/100 ml Trinkwasser (1 Meßlöffel)	oral	wasserlösliches Breitspektrumantibiotikum + Vitamin
Gentamicin	Gentamycin® 2 % Inj.-Lösung	4 mg; 0,2 ml/kg KM, 4–5 Tage	s.c. i.m.	Infektionen durch gramnegative Keime
Neomycinsulfat	Neoamfo® Suspension (Albrecht)	1,0 ml/kg KM, 4–5 Tage	oral	Kolienteritis, unspezifische Enteritis, Streptokokkeninfektion

Trimethoprim-Sulfonamid	– Borgal® 7,5%-Lösung (Höchst) – Tribrissen® 20 (Pitman-Moore) – Tubrucid® 30 (Albrecht)	0,5 ml/kg KM ins Trinkwasser, 0,25–0,5 ml, 2× ¼ bis ½ Tablette täglich 2× täglich ½ Tablette (30 mg Gesamtwirkstoff)	oral s. c. oral oral	jeweils 3–6 Tage, grampositive und gramnegative Keime, Atemwegsinfektionen, Kolienteritis, Pasteurellose
Sulfathiazol	Eleudron® (Bayer)	20 Tropfen täglich 3–5 Tage lang, mit Pipette oder Trinkwasser	oral	zur Behandlung der Kokzidiose
Sulfadimidin-natrium	Sulfadimidin® 33,3% wäßrige Lösung (Alvetra)	0,2 ml/kg KM, 3–4 Tage, ab 2. Behandlungstag halbe Dosis	s. c.	Atemtrakterkrankungen, bakterielle Sekundärerkrankung, Koliinfektion
Sulfadimethoxin	– Sulfadimethoxin® 20% wäßrige Inj.-Lösung (Hydro, Vemie) – Retardon N®-Suspension/Tropfen (Chassot)	0,2 ml/kg KM 2. Behandlung nach 24 Stunden wiederholen 2–4 Tropfen/Tier 2–7 Tage 1 ml (25 Tropf. = 200 mg)	s. c. oral	Infektionen des Magen-Darm-Kanals, des Atemtraktes, bakterielle Sekundärinfektionen
Sulfadimidin	Sulfadimidin® 50 W (Pulver)	1 g Pulver/1 l Trinkwasser	oral	Infektionen des Magen-Darm-Kanals, des Atemtraktes, bakterielle Sekundärinfektionen

Wirkstoff	Handelsname	Dosierung	Applikation	Indikationen/Bemerkungen
Formo-Sulfathiazol Furazolidon	Socatyl® Paste (Asid) Furazolidon® 300 Beutel à 1 g = 300 mg Furazolidon (Atarost)	100–200 mg = 0,2–0,4 g Paste/kg KM 10 mg/kg KM	oral oral	Kolienteritis, Kokzidiose, Wundbehandlung äußerlich Kolibazillose, Kokzidiostatikum
Miconazol und Polymyxin B	Surolan® (Janssen)	2× täglich in Gehörgang träufeln	lokal	Tropfsuspension gegen Ohr- und Hautinfektionen, Antimykotikum
Nitrofurantoin	Urofur® (Chassot) – Dragee mite – Tropfen	2× täglich ½ Dragee mite 3× täglich 3 Tropfen/ kg KM, 5–7 Tage	oral	Zystitis, Hämaturie
● Vitamine				
Vitamin AD$_3$EC	Vitamin AD$_3$EC wassermischbare Dispersion	1 ml enthält 100 mg Vitamin C, 1 ml in 100 ml Trinkwasser	oral	zur Unterstützung der Abwehrkraft bei erhöhter Infektionsanfälligkeit
Multivitaminkomplex	Vitacombex Na® Multivitaminsaft für Nager (Parke-Davis)	20–30 Tropfen pro Tier und Tag über das Futter oder ins Trinkwasser		Prophylaxe und Behandlung von Vitaminmangelzuständen
Multivitaminkomplex	Gervivet®-Vitatropfen für Kleinnager mit Vitamin C	2–4 Tropfen	oral	Prophylaxe und Behandlung von Vitaminmangelzuständen

Vitamin B$_1$, B$_6$, B$_{12}$	– B-Neuron® Inj.-Lösung (Chassot) – Crescin® wäßrige Inj.-Lösung (Pitman-Moore)	0,1–0,2 ml 0,5–1,0 ml oder ins Trinkwasser	s.c. s.c.	Schädigung des zentralen und peripheren Nervensystems, Intoxikationen, Erschöpfungszustände, Rekonvaleszenz
Vitamin-B-Komplex	Vitamin-B-Komplex	0,5–1,0 ml	s.c. oral	Ergänzungstherapie während der Antibiotika- und Sulfonamidtherapie, bei Streßzuständen
Retinolpalmitat	Vitadral-Tropfen® H ölige Lösung	1–2 Tropfen täglich		A-Hypovitaminose, Hautschäden, Cheilitis

● **Medikamente bei Verdauungsstörungen**
s. Tabelle 15 (S.126)

– **Weitere Medikamente zur Prophylaxe und Therapie von Verdauungsstörungen**

Histamin	Coecolysin Bengen® für Kleintiere (WDT)	0,5–1,0 ml	s.c.	Störung der Darmmotorik, Atonie, Obstipation, Magen-Darm-Überlastung
Pflanzenextrakte und Spurenelemente	Stullmisan® (Essex)	1–2 g/kg KM 3× täglich	oral	Tonikum und Ingestikum mit vegetativ-tonisierendem Wirkungskomplex
Pflanzenextrakte	Pericol® Emulsion (Asid)	2–3 ml in Schleim	oral	akute und chronische Magen-Darm-Katarrhe, schaumige Gärung, Tympanien

Wirkstoff	Handelsname	Dosierung	Applikation	Indikationen/Bemerkungen
Organische Phosphorverbindungen und Vitamin B_{12}	Catosal® (Bayer)	0,2–0,5 ml	s.c.	Entwicklungs- und Ernährungsstörungen der Jungtiere, zur Unterstützung jeder Antibiotikatherapie
Dantron und Bariumchlorid	Drastilax® (Alvetra)	½ Teelöffel 1:10 mit Wasser verdünnt	oral	Laxans, Dickdarmanschoppung, Darmüberladungen, Tympanie
● Antiparasitika und Antimykotika				
Dimetridazol	Emtryl® Pulver (Rhone-Merieux)	0,1%ig ins Trinkwasser, 7 Tage lang verabreichen	oral	Trichomonaden-Enteritis
Metronidazol	Clont® H	5 mg/kg KM, ins Trinkwasser	oral	Trichomonaden-Enteritis
Piperazincitrat	Piperazincitrat® – Pulver	0,15 g/kg KM ins Trinkwasser (150 mg)	oral	*Paraspidodera uncinata* und andere Nematoden
	– Paste (WDT)	1 cm Pastenstrang/kg KM 3–4 Tage		
Mebendazol	Telmin KH® – Tabletten 1 Tabl. = 100 mg	morgens und abends je ¼ Tablette über 4 Tage	oral	Breitbandanthelminthikum, Kur nach 14 Tagen wiederholen

	– Mebenvet 5% Pulver 1 g = 50 mg (Janssen)	50 mg täglich über 5 Tage dem Futter untermischen		
Pyrantel	Banminth „Katze"- Paste (Pfizer)	0,5 g Paste = 20 mg Pyrantel, nach 2 Wochen wiederholen	oral	zur Entwurmung bei Rund- wurmbefall
Praziquantel, Pyrantel, Febantel	Drontal® Plus-Tabletten (Bayer)	¼ Tablette/kg KM	oral	Nematoden und Cestoden- mittel
Praziquantel	Droncit®-Tabletten (Bayer)	5 mg/kg KM, 1 Tablette = 50 mg Wirkstoff	oral	Bandwurmmittel
Fenbendazol	Panacur®-Tabletten (Hoechst)	50 mg/kg KM, Behand- lung an 3 aufeinander- folgenden Tagen wiederholen	oral	Breitbandanthelminthikum
Sulfathiazol	Eleudron® (Bayer)	1 ml 2× täglich für 3–5 Tage		zur Behandlung der Kokzidiose
Griseofulvin	Likuden M® (Hoechst)	20–30 mg/kg KM 1 Tablette = 125 mg Griseofulvin 3–4 Tage lang		antimykotisches Anti- biotikum

Wirkstoff	Handelsname	Dosierung	Applikation	Indikationen/Bemerkungen
Etisazol	Ectimar® (Bayer)	10%ige Originallösung, vor Gebrauch 1:10 mit Wasser verdünnen, zur lokalen Behandlung von Dermatomykosen	lokal	1%ige Lösung, täglich, 3–5 Tage erkrankte Stellen betupfen
Clotrimazol	– Canesten®-Creme (Bayer) H – Fungizid®-Creme (Ratiopharm) H – Azutrimazol®-Creme (Azupharma) H		lokal	Antimykotikum
Bromocyclen	Alugan® Puder/Spray (Hoechst)	Badebehandlung 5–6 g/l = 0,5–0,6%ig im Abstand von 8–10 Tagen bzw. Einsprühen oder Einstäuben	lokal	Insektizid und Akarazid
Metrifonat	Neguvon®-Pulver (Bayer)	Wasch- und Sprühbehandlung, 0,15%ige Gebrauchslösung, 3× in wöchentlichem Abstand	lokal	Antiparasitikum

Ivermectin	Ivomec® wäßrige Inj.-Lösung für Rinder (MSD)	1 ml = 10 mg Ivermectin 0,2–0,4 mg/kg KM, 3× im Abstand von 7 Tagen	s. c.	zur Behandlung und Bekämpfung von Nematoden und Ektoparasiten

● **Sedativa und Narkotika**

Atropinsulfat	Atropinsulfat® 0,5 mg	0,05–0,1 mg/Tier	i. m. s. c.	Narkosevorbereitung, Antidot bei Vergiftungen durch Cholinesterasehemmer
Diazepam	Valium®	2,5–5,0 mg/kg KM	s. c. i. m.	Prämedikation bei Operationen
Ketamin-hydrochlorid	Ketamin® 10 %	100–200 mg/kg KM	s. c. i. m.	Analgetikum
Xylazin	Rompun® (Bayer)	2–4 mg/kg KM	i. m.	Sedativum mit analgetischen, anästhetischen und muskelrelaxierenden Eigenschaften
Fluanison und Fentanyl	Hypnorm® (Janssen)	0,5 ml/Tier	i. m.	Neuroleptanalgesie
Fluothane	Halothan® (Hoechst)	Dosierung nach Wirkung, Narkosetiefe wird durch Konzentration des eingeatmeten Halothan-Luft-Gemisches reguliert		Inhalationsnarkose

● Weitere beim Meerschweinchen gebräuchliche Medikamente

Wirkstoff	Handelsname	Dosierung	Applikation	Indikationen/Bemerkungen
Dexamethason	Dexamethason® Inj.-Lösung	1–2 mg/kg KM	s.c.	Glucocorticoid, stoffwechselregulierend
Chlormadinon-acetat	Gestafortin®-Tabletten (Bayer)	10 mg/Tier; Inj. alle 5–6 Monate wiederholen	s.c.	Alopezie durch hormonal aktive Ovarialzysten
Oxytocin	Oxytocin®	1 IE	s.c.	Wehenschwäche
Calciumgluconat	Calcium-Glukonat® 10%ig	5–10 ml	s.c.	Trächtigkeitstoxikose
Crotetamin	Respirot® (Atarost)	0,1 ml 1 Tropfen auf die Maulschleimhaut träufeln	bukkal	Atemstimulans bei postnarkotischen Atemdepressionen
Doxapram	Dopram-V®	1–2 Tropfen in die Maulschleimhaut träufeln	bukkal	bei postoperativen Atemstörungen oder bei Atemdepressionen nach Xylazininjektion
Metamizol	Novalgin® (Hoechst)	0,2–0,4 ml	s.c.	Analgetikum, Antispasmodikum
Methionin	Uro-Pet® Paste (Chassot)	½ Teelöffel	oral	zum Ansäuern des Harns bei Urolithiasis

Literatur

Anderson, R. S., und A. T. B. Edney (1994): Handling bei Nutz- und Heimtieren. Gustav Fischer Verlag, Jena–Stuttgart.
Arnold, Sabine (1983): Möglichkeiten der Blutentnahme, physiologische Normwerte ausgewählter Parameter des roten Blutbildes und Körpertemperaturmessungen beim Meerschweinchen. Vet.-med. Dipl.-Arbeit, Leipzig.
Arnold, Sabine (1989): Das Leukogramm beim Meerschweinchen unter Berücksichtigung ausgewählter Bedingungen. Vet.-med. Diss., Leipzig.
Barandun, G. (1983): Diagnose und Behandlung von Zahnerkrankungen bei Meerschweinchen und Kaninchen. Schweizerische Vereinigung für Kleintiermedizin. Jahresversammlung SVK, Rüedidruck, Bern.
Berghoff, P. C. (1989): Kleine Heimtiere und ihre Erkrankungen, Tierärztliche Heimtierpraxis, Bd. 1. Paul Parey, Berlin und Hamburg.
Betke, P., S. Nickel und A. Wilhelm (1982): Untersuchungen zu *Paraspidodera uncinata* (Nematoda, Heterakidae), einem Blinddarmparasiten von *Cavia porcellus*. Angewandte Parasitologie **23**, 197-202.
Bielfeld, H. (1977): Meerschweinchen. Alles über Anschaffung, Pflege, Ernährung und Krankheiten. 2. Aufl. Verlag Gräfe und Unzer GmbH, München.
Blobel, H., und Th. Schließer (1982): Handbuch der bakteriellen Infektionen bei Tieren, Bd. IV. Gustav Fischer Verlag, Jena.
Böhm, K.-H. (1978): Dermatomykosen bei kleinen Nagern. Praktischer Tierarzt **57**, 213-214.
Böke, R. (1963): Untersuchungen zum Harnstoffwechsel bei kleinen Laboratoriumstieren. Vet.-med. Diss., Tierärztliche Hochschule Hannover.
Bosse, K. (1968): Die Hautkrankheiten des Meerschweinchens unter Berücksichtigung der Anthropozoonosen. Z. Versuchstierk. **10**, 62-74.
Bosse, K., und Z. Burzynski (1964): Das physiologische Haar-

wachstum bei verschiedenen Meerschweinchenrassen. Arch. klin. exp. Derm. **218**, 158-164.

Brandt, H.-P. (1972): Goldhamster, Meerschweinchen und andere Liebhabertiere in der Allgemeinpraxis. Praktischer Tierarzt **53**, 539–542 (Sonderheft Collegium Veterinarium).

Breter, Marianne (1975): Behandlung von Verdauungsstörungen bei Meerschweinchen. Kleintierpraxis **20**, 221–225.

Bromm, H. (1966): Über Regenerationsvorgänge in oberflächlichen Hautwunden und ihren Einfluß auf das Haarwachstum beim Meerschweinchen. Med. Diss., Marburg.

Brück, K., und Barbara Wünnenberg (1965): Untersuchungen über die Modi der Thermogenese beim neugeborenen Meerschweinchen. Pflügers Arch. ges. Physiologie **282**, 365–375.

Brück, K., und Barbara Wünnenberg (1967): Die Steuerung des Kältezitterns beim Meerschweinchen. Pflügers Arch. ges. Physiologie **293**, 215–225.

Burke, T. J. (1992): Nager und Kaninchen als Heimtiere – ein Leitfaden für Kleintierpraktiker. Waltham International Focus **2**, 17–23.

Buschke, W. (1983): Die Hautdrüsenorgane der Laboratoriumsnagetiere. Z. Zellforsch. **18**, 217–243.

Cohrs, P., R. Jaffé und H. Meessen (1958): Pathologie der Laboratoriumstiere. Springer-Verlag, Berlin, Göttingen, Heidelberg.

Cooper, G., und A. L. Schiller (1976): Anatomy of the Guinea-pig. Harvard Univ. Press, London–Cambridge.

Dennig, H. K., und E. Eidmann (1960): Klebsielleninfektion bei Meerschweinchen. Berl. Münch. tierärztl. Wschr. **73**, 273–274.

Drepper, K., und H. Weik (1972): Versuchstierernährung. In: Schriftenreihe Versuchstierkunde 1. Paul Parey, Berlin und Hamburg, S. 19–24.

Drews, Andrea (1984): Temperaturregulation und Temperaturmessungen beim Meerschweinchen. Vet.-med. Dipl.-Arbeit, Leipzig.

Edwards, M. J. (1971): Hyperthermia and disturbances of prenatal development. J. small Anim. Pract. **12**, 179–184.

Elchlepp, F. (1966): Methodische Untersuchungen zur Haarstatusbestimmung am Beispiel des oestrogenbedingten Haarausfalls beim weiblichem Meerschweinchen. Med. Diss., München.

Eldib, F. (1977): Zur Parasitenfauna der Labortiere. 3. Das Meerschweinchen, *Cavia aperea porcellus*. Wien. Tierärztl. Mschr. **64**, 135.

Elies, Birgit, Monika Krüger und Margit Gehrt (1983): Untersuchungen zur Verbreitung und Diagnostik von *Bordetella bronchiseptica* in Meerschweinchenbeständen. Mh. Vet.-Med. 38, 385–367.

Fehr, M. (1984): Narkosen bei Heimtieren. Kleintierpraxis 29, 313–318.

Fehr, M. (1988): Diagnose und Therapie innerer Erkrankungen bei Heimtieren. In: 6. Arbeitstagung über Pelztier-, Kaninchen- und Heimtier-Produktion und Krankheiten der Fachgruppe Kleintierkrankheiten der DVG, Celle 1988, S. 259 bis 266.

Fehr, M. (1990): Hautkrankheiten bei Heimtieren. Der praktische Tierarzt 71, 19–23.

Fehr, M. (1990): Urolithiasis bei Kaninchen und Meerschweinchen. Der praktische Tierarzt 71, 36.

Fehr, M. (1992): Aspekte der Heimtierdermatologie. Kleintierpraxis 37, 393–401.

Fehr, M. (1993): Hinweise zur Diagnostik und Therapie von Hautkrankheiten bei Heimtieren. In: Wissenschaftlicher Bericht über die 8. Jahrestagung der VÖK in Salzburg, S.165–168.

Festing, M. F. W. (1974): Some biological data on guinea-pigs. In: Kunstýř, I., W. Heimann und K. Gärtner (1977): Tierärztl. Praxis 5, 94–113.

Frank, Ingeburg, Ursula Hadeler und W. Harder (1951): Zur Ernährungsphysiologie der Nagetiere. Über die Bedeutung der Coecotrophie und die Zusammensetzung der Coecotrophe. Pflügers Arch. ges. Physiologie 233, 173–180.

Gabrisch, K., und P. Zwart (1987): Krankheiten der Heimtiere. 2. Aufl. Schlütersche Verlagsanstalt, Hannover.

Ganaway, J. R., and A. M. Allen (1976): Obesity predisposes to pregnancy toxemia (Ketosis) of Guinea pigs. Laboratory Animal Science 21, 40–44.

Gebhardt, Gisela (1968): Beitrag zur Kenntnis der Perinealdrüse des Meerschweinchens. Med. Diss., Marburg.

Gialamas, J., H. Höger and D. Adamiker (1983): Soft tissue calcification in guinea pigs. Z. Versuchstierk. 25, 227–230.

Göbel, T. (1993): Häufige Krankheitsbilder bei Kleinsäugern in der tierärztlichen Praxis. In: Bericht über den Weltkongreß der WSAVA in Berlin, S. 16–19.

Graf, T. (1993): Hautkrankheiten beim Heimtier. Der praktische Tierarzt 74, 831–837.

Großmann, W. (1952): Das Verhalten des *B. coli* im Darm des Meerschweinchens. Vet.-med. Diss., München.
Güttner, J. (1979): Einführung in die Versuchstierkunde. Bd. III: Versuchstierkrankheiten. Gustav Fischer Verlag, Jena.
Habermehl, K.-H. (1975): Die Altersbestimmung bei Haus- und Labortieren. 2. Aufl. Paul Parey, Berlin und Hamburg.
Häfeli, W. (1989): Demodikose beim Meerschweinchen. Kleintierpraxis 34, 337–338.
Häfeli, W. (1990): Hautkrankheiten beim Meerschweinchen. In: Seminar der 21. Jahresversammlung der Schweizerischen Vereinigung für Kleintiermedizin in Biel, S. 13–20.
Hamel, Ilse, und Sabine Arnold (1989): Ein Beitrag zur klinischen Untersuchung und Diagnostik beim Meerschweinchen. Mh. Vet.-Med. 44, 276–280.
Hamel, Ilse (1990): Das Meerschweinchen. Heimtier und Patient. Gustav Fischer Verlag, Jena.
Harder, W. (1949): Zur Morphologie und Physiologie des Blinddarms der Nagetiere. Verh. Deutsch-Zool. Ges. 43, 95–109.
Harvey, R. G. (1987): Use of ivermectin for guinea pig mange. Vet. Rec. 14, 351.
Heinecke, H. (1989): Angewandte Versuchstierkunde. Gustav Fischer Verlag, Jena.
Heimann, W., und I. Kunstýř (1977): Krankheitsspektrum beim Meerschweinchen aus pathologisch-anatomischer Sicht. Fachgruppe Kleintierkrankheiten der DGV, Hannover 1975. Archiv für tierärztl. Fortbildung 1977, 39–44, Schlütersche Verlagsanstalt, Hannover.
Herrmann, H.-J. (1972): Die Wärmetachypnoe des Meerschweinchens in Abhängigkeit von der Temperatur des vorderen Hypothalamus, des Cervicalmarks und der Körperoberfläche. Diss. Gießen.
Hiepe, Th., und Ruth Jungmann (1983): Lehrbuch der Parasitologie. Bd. 2: Veterinärmedizinische Protozoologie. Gustav Fischer Verlag, Jena.
Hiepe, Th., Renate Buchwalder und S. Nickel (1985): Lehrbuch der Parasitologie. Bd. 3: Veterinärmedizinische Helminthologie. Gustav Fischer Verlag, Jena.
Hofmann, H., und T. Hänichen (1970): *Klossiella-cobayae*-Nierenkokzidiose bei Meerschweinchen. Berl. Münch. tierärztl. Wschr. 83, 151–153.
Holdt, J. (1986): Untersuchungen zum Fettmobilisationssyndrom beim Meerschweinchen. Vet.-med. Dipl.-Arbeit, Leipzig.

Isenbügel, E. (1983): Diagnose und Therapie der wichtigsten Heimsäugererkrankungen. Schweizerische Vereinigung für Kleintiermedizin, Jahresversammlung, Luzern. Rüedidruck, Bern.

Isenbügel, E., und W. Frank (1985): Heimtierkrankheiten. UTB, Große Reihe. Eugen Ulmer Verlag, Stuttgart.

Ittner-Bosch, Judith (1989): Fallbericht: Sectio caesarea bei einem Meerschweinchen. Kleintierpraxis 34, 339-340.

Jilge, B. (1980): The gastrointestinal transit in the Guinea pig. Z. Versuchstierk. 22, 204-210.

Jiptner, B. (1982): Möglichkeiten der röntgenologischen Darstellung des Magen-Darm-Kanals und der harnableitenden Wege bei Meerschweinchen. Vet.-med. Dipl.-Arbeit, Leipzig.

Juhr, N.-C., und S. Obi (1970): Uterusinfektionen beim Meerschweinchen. Z. Versuchstierk. 12, 383-387.

Juhr, N.-C., und J. Eichberg (1970): Brunstsynchronisation bei Meerschweinchen. Berl. Münch. tierärztl. Wschr. 83, 341-343.

Juhr, N.-C., und H.-H. Hiller (1973): Infektionen und Infektionskrankheiten bei Laboratoriumstieren. Schriftenreihe Versuchstierk. 2. Paul Parey, Berlin und Hamburg.

Juhr, N.-C., (1979): Der mikrobielle Faktor der Laboratoriumsnager – Beeinflussung des Ernährungsversuchs. Berl. Münch. tierärztl. Wschr. 92, 158-162.

Juhr, N.-C., und J. Franke (1990): Stoffwechsel von ^{14}C-markiertem Harnstoff bei konventionellen und bakterienfreien Meerschweinchen. Z. Versuchstierk. 33, 123-127.

Kolb, E. (1981): Neuere biochemische Erkenntnisse zum Mechanismus der Entstehung und der Verwertung der Ketokörper. Mh. Vet.-Med. 36, 625-629.

Kolb, E. (1989): Lehrbuch der Physiologie der Haustiere. 5. Aufl. Gustav Fischer Verlag, Jena.

Kötsche, W., und C. Gottschalk (1989): Krankheiten der Kaninchen und Hasen. 4. Aufl. Gustav Fischer Verlag, Jena.

Kunkel, P., und Irene Kunkel (1964): Beiträge zur Ethologie des Hausmeerschweinchens *Cavia aperea* f. *porcellus*. Z. Tierpsychol. 21, 602-641.

Kunstýř, I., und V. Schwanzer (1971): Mikrobiologische Gemeinsamkeiten des Menschen und der Versuchstiere. Berl. Münch. tierärztl. Wschr. 84, 459-468.

Kunstýř, I., und Th. Matthiesen (1973): Two forms of streptococcal infection (serological group C) in guinea pigs. Z. Versuchstierk. 15, 348-357.

Kunstýř, I., und Th. Matthiesen (1976): Trichophytie beim Meerschweinchen. Tierärztl. Praxis 4, 107–114.

Kunstýř, I., W. Heimann und K. Gärtner (1977): Meerschweinchen als Liebhabertiere und Patienten. Tierärztl. Praxis 5, 94–113.

Kunstýř, I. (1979): Fistula channel from the ear to the frontal region in 2 guinea pigs having streptococcal empyema of the middle and inner ear. Laboratory Animals 13, 47–48.

Kunstýř, I., and K. T. Friedhoff (1980): Parasitic and mycotic infections in laboratory animals. In: A. Spiegel, S. Erichsen and H. A. Sollevell (Eds.), Animal quality and models in biomedical research. Gustav Fischer Verlag, Stuttgart–New York.

Kunstýř, I. (1981): Torsion of the uterus and the stomach in the guinea pigs. Z. Versuchstierk. 23, 67–69.

Kunstýř, I., and Susanne Naumann (1981): Coccidiosis in guinea pigs, with emphasis on diagnosis. Z. Versuchstierk. 23, 255–257.

Kunstýř, I., W. Küpper, H. Weißer, Susanne Naumann und C. Messow (1983): Urethralpfropf – ein normaler Bestandteil der Urethra bei männlichen Nagetieren. Verh. Anat. Ges. 77, 595–596.

Kunstýř, I., et al. (1984): Adenovirus pneumonia in guinea pigs: an experimental reproduction of the disease. Laboratory Animals 18, 55–60.

Kunstýř, I. (1989): Parasitosen bei Nagetieren und Kaninchen. Der praktische Tierarzt 70, 16–22.

Kunstýř, I., H. Ernst, H. J. Hackbarth und M. Wullenweber (1989): Fallbericht: Therapieresistente Hämaturie und Cystitis bei einem Meerschweinchen. Kleintierpraxis 34, 341–345.

Kuntze, A. (1992): Praxisrelevante Erkrankungen bei Meerschweinchen und Goldhamster. Mh. Vet.-Med. 47, 143–147.

Küpper, W. (1987): Narkose und chirurgische Eingriffe beim Kaninchen und bei Nagetieren. In: Gabrisch, K., und P. Zwart (Hrsg.): Krankheiten der Heimtiere. 2. Aufl. Schlütersche Verlagsanstalt, Hannover.

Lachmann, G., Ilse Hamel, J. Holdt und M. Fürll (1989): Untersuchungen zum Fettmobilisationssyndrom am Meerschweinchen (*Cavia porcellus* L). Arch. exper. Vet. med. 43, 231–240.

Lane-Petter, W., and G. Porter (1963): Guinea pigs. Animals for Research. Academic Press, London und New York.

Liebenow, H., und Karin Liebenow (1993): Giftpflanzen. 4. Aufl. Gustav Fischer Verlag, Jena–Stuttgart.

Löchelt, F. (1977): Die wichtigsten Erkrankungen des Meerschweinchens. Tierärztl. Umschau 32, 460–464.

Löliger, H.-Ch. (1986): Kaninchenkrankheiten. Leitfaden für Tierärzte und Studierende der Veterinärmedizin. Enke Verlag, Stuttgart.

Lott-Stolz, Gret (1978): Pseudotuberkulose bei Heimtieren. DVG-Fachgruppe Kleintierkrankheiten, 24. Jahrestagung in Düsseldorf, S. 205–208.

Lott-Stolz, Gret (1979): Yersiniose bei Heimtieren. Kleintierpraxis 24, 97–99.

Lumeij, J. T., I. Westerhof und F. J. van Sluijs (1987): Letale Wirkungen von Antibiotika und klinisch gebräuchliche Alternativen bei Kaninchen und anderen Nagern. T. Diergeneeskd. (Utrecht) 112, 1172–1176.

Lumeij, J. T. (1993): In: Rijnberk A., und H. W. de Vries; Anamnese und körperliche Untersuchung kleiner Haus- und Heimtiere. Gustav Fischer Verlag, Jena–Stuttgart.

Maeß, J., und I. Kunstýř (1981): Diagnose und Bekämpfung häufiger Parasiten bei kleinen Versuchstieren (1) und (2). Tierärztl. Praxis 9, 259–264 und 381–388.

Matthiesen, Th., H. P. Sallmann, W. Heimann und I. Kunstýř (1976): Histologische und biochemische Untersuchungen zur postnatalen Entwicklung der Leber beim Meerschweinchen Exp. Path. 12, 194–202.

McKellar, Q. A., D. M. Midgley et al. (1992): Clinical and pharmacological properties of ivermectin in rabbits and guinea pigs. Vet. Rec. 130, 71–73.

Mehlhorn, H., D. Düwel und W. Raether (1993): Diagnose und Therapie der Parasiten von Haus-, Nutz- und Heimtieren. 2. Aufl. Gustav Fischer Verlag, Stuttgart–Jena–New York.

Meier, K.-H. (1975): Parasitäre Dermatopathien der Heimtiere und ihre Bedeutung für den Menschen. Kleintierpraxis 20, 37–47 und 73–83.

Meyer, G. (1978): Zahnanomalien beim Meerschweinchen (Bildbericht). Kleintierpraxis 23, 81–82.

Meyer, R. (1990): Vom Umgang mit Tieren. Geschichte einer Nachbarschaft. 2., überarb. Aufl. Gustav Fischer Verlag, Jena.

Militzer, K. (1982): Haut und Hautanhangsorgane kleiner Laboratoriumstiere Teil I. Versuchstierkunde 9. Paul Parey, Berlin und Hamburg.

Möller, Ingrid (1984): Meerschweinchen, Kaninchen und Hamster als Patienten in der Kleintierpraxis. Vet.-med. Diss., München.

Muller, G. H., R. W. Kirk und D. W. Scott (1993): Kleintier-Dermatologie. Gustav Fischer Verlag, Stuttgart–Jena–New York.

Mutua, S. (1973): Untersuchungen zum Ekto- und Endoparasitenbefall des Meerschweinchens (*Cavia porcellus* L.) aus verschiedenen Versuchstierbeständen. Vet.-med. Dipl.-Arbeit, Leipzig.

Naumann, Susanne, I. Kunstýř, Ina Langer und R. Hörning (1981): Lethal pneumonia in guinea pigs associated with a virus. Laboratory Animals 15, 235–242.

Nickels, R. J., and J. W. A. Mullink (1971): *Bordetella bronchiseptica* pneumonia in guinea pigs. Description of the disease and elimination by vaccination. Z. Versuchstierkunde 13, 105–111.

Penzenburg, E. (1960): Diagnostik der Dermatomykosen bei Kleintieren. Kleintierpraxis 5, 81–87.

Rechkemmer, G., und W. von Engelhardt (1981): Eine kombinierte Injektions- und Inhalationsnarkose beim Meerschweinchen. Dtsch. tierärztl. Wschr. 88, 394–397.

Reinhardt, V. (1970): Soziale Verhaltensweisen und soziale Rollen des Hausmeerschweinchens. Vet.-med. Diss., München.

Rieso, Anette (1977): Die Darmfauna bei unterschiedlich gefütterten Meerschweinchen unter Berücksichtigung der Darmflora. Vet.-med. Diss., Hannover.

Rijnberk, A., und H. W. de Vries (1993): Anamnese und körperliche Untersuchung kleiner Haus- und Heimtiere. Gustav Fischer Verlag, Jena–Stuttgart.

Rommel, M. (1981): Parasitosen der Kaninchen und Meerschweinchen. Praktischer Tierarzt 62, 68–72.

Rudolph, R. (1981): Allergien durch Heimtiere. Dtsch. tierärztl. Wschr. 88, 200–201.

Schall, H. (1984): Chirurgische Behandlungsmöglichkeiten beim Kaninchen, Meerschweinchen und Hamster. Praktischer Tierarzt 65, 502–508.

Schall, H. (1990): Narkose und Zahnprobleme bei Heimnagern. Der praktische Tierarzt 71, 15–16.

Scheibe, F., C. Ludwig, H. Haupt und B. Flemming (1989): Physiologische Parameter des Meerschweinchens unter Langzeitnarkose mit kontrollierter Beatmung. Z. Versuchstierkunde 32, 25–31.

Schildger, B.-J., und T. Göbel (1993): Röntgendiagnostik bei Heimtieren und exotischen Tieren – Vorbereitung, Röntgentechnik, Befundinterpretation. In: Bericht über Weltkongreß der WSAVA in Berlin, 1993, S. 372–373.

Schmidt, G. (1981): Meerschweinchen. Alles Wissenswerte über Haltung, Pflege und Zucht. Lehrmeister-Bücherei Nr. 698, Albrecht Philler Verlag, Minden.

Schmidt, G. (1985): Hamster, Meerschweinchen und andere Nagetiere. 2. Aufl. Eugen Ulmer Verlag, Stuttgart.

Schmidtke, H.-O., und Dorothee Schmidtke (1983): Harnsteine bei Kleintieren. Praktischer Tierarzt **64**, 440–442.

Schossier, Nicole, und M. Fehr (1989): Zur Anwendung von Amitraz und Ivermectin bei der Sarkoptesräude des Meerschweinchens. Kleintierpraxis **34**, 569–572.

Schubert, S., und K.-F. Fuchs (1977): Cholelithiasis unter Vitamin-C-Mangel und Prednisolonapplikation im Tierexperiment. Eine Untersuchung an Meerschweinchen. Med. Diss., Leipzig.

Schubert, S., K.-F. Fuchs und H. Bellmann (1979): Laborchemische Gallensaftuntersuchungen beim Meerschweinchen. Z. Versuchstierkunde **21**, 341–345.

Schubert, H., H. Prange, E. Schimke, E. Schneider und M. Ziegler (1982): Zur Anästhesie bei Mäusen, Hamstern, Gerbil, Meerschweinchen und Frettchen. In: Aktuelle Probleme der Toxikologie (Hrsg.: Klöcking, H.-P., und W.-D. Wiezorek), Bd. II; Versuchstieranästhesie. Erfurt.

Schuberth, Bettina, und G. Schuberth (1979): Zur Ovariektomie des Meerschweinchens. Kleintierpraxis **24**, 26–28.

Schulze, J., und H. Haenel (1969): Beziehungen zwischen Koprophagie, Darmflora und Vitaminen bei Versuchstieren. Z. Versuchstierkunde **11**, 190–206.

Schützler, H. (1960): Auswirkungen eines akuten Wassermangels bei Meerschweinchen. Mh. Vet.-Med. **15**, 304–306.

Sebesteny, A. (1976): Krankheiten des Meerschweinchens. Vet. Rec. **98**, 418–423.

Spannbrücker, Dorothea, Dorothee Schmidtke und H.-O. Schmidtke (1977): Anomalien der Backenzähne bei Zwergkaninchen und Meerschweinchen. Kleintierpraxis **2**, 331 bis 334.

Sparrow, St. (1980): Diseases of pet rodents. J. small Anim. Pract. **21**, 1–16.

Sparrow, S., and P. Naylor (1978): Naturally occurring Tyzzer's disease in guinea pigs. Vet. Rec. **102**, 288.

Spühler, V. (1937): Das Skelett von *Cavia porcellus*. Vet.-med. Diss., Zürich.

Stroh, R. (1961): Beitrag zur Kenntnis der Milbe *Chirodiscoides caviae*, Hirst 1917. Z. f. Parasitologie **21**, 123–129.

Stülpnagel, M., und Brigitte Becker (1978): Zur Technik des Beschleifens von Backenzähnen bei Nagern. Kleintierpraxis **23**, 395–396.

Tesprateep, T., C. Messow und Th. Matthiesen (1974): Zur histologischen Untersuchung des Heilverlaufs an experimentellen Hautwunden des Meerschweinchens. Z. Versuchstierkunde **16** 58–67.

Tober-Meyer, Brunhilde (1977): Vorschläge zur Narkose bei Kaninchen, Meerschweinchen und kleinen Nagern. Kleintierpraxis **22**, 335–346.

Tuch, Elisabeth, und K. Tuch (1979): Trichofolliculom beim Meerschweinchen. Kleintierpraxis **24**, 237–238.

Vogel, G., Hannelore Passmann und Edna Meyering (1970) Besonderheiten der Sorption im Intestinaltrakt des Meerschweinchens. Pflügers Arch. ges. Physiologie **321**, 259–273.

Wasel, Elke (1984): Innere Erkrankungen beim Meerschweinchen und Hamster. Praktischer Tierarzt **65**, 498–502.

Wasel, Elke (1987): Meerschweinchen. In: Gabrisch, K., und P. Zwart (Hrsg.): Krankheiten der Heimtiere. 2. Aufl.; Schlütersche Verlagsanstalt, Hannover.

Weber, A., und H.-P. Brunner (1979): *Streptococcus zooepidemicus*-Infektion in einem Meerschweinchenbestand. Berl Münch. tierärztl. Wschr. **92**, 336–339.

Weber, A., und J. Zamora (1981): Nachweis von *Yersinia pseudotuberculosis* in einem Meerschweinchenbestand. Praktischer Tierarzt **62**, 408–410.

Weber, A., und C. Lembke (1982): Bakteriologische Befunde be Meerschweinchen einer Tierhaltung während eines Untersuchungszeitraumes von 3 Jahren. Praktischer Tierarzt **63** 518–522.

Weber, A. (1992): Vorkommen, Bedeutung und Diagnose von Mykosen bei Heimtieren. Der praktische Tierarzt **74**, collegium veterinarium XXIII (1992), 108–111.

Weihe, W. H. (1968): Untersuchungen zum periodischen Haarausfall bei Meerschweinchen. Z. Versuchstierkunde **10** 321–322.

Weik, H., und K. Drepper (1970): Fütterung von Laboratoriumstieren in der Zucht und im Experiment. II. Mitteilung. Z. Versuchstierkunde **12**, 379–383.

Weiß, R., und A. Weber (1983): Kultureller Nachweis von Derma tomykoseerregern bei Heimtieren mit Hautveränderungen. Praktischer Tierarzt **64**, 827–830.

Weitzel, Ute (1979): Biologische und histologische Untersuchungen über das Haarwachstum beim Meerschweinchen. Med. Diss., Marburg.

Wenzel, Swanhild (1971): Lebensphasen und damit zusammenhängende Daten für 10 Versuchstierarten. Vet.-med. Diss., Hannover.

Weyhe, D., K. D. Volzke und Ilona Boeltzig (1992): Natürliche Tollwut beim Meerschweinchen. Mh. Vet.-Med. **47**, 225–226.

Wiesner, E., und Regine Ribbeck (1991): Wörterbuch der Veterinärmedizin. 3. Aufl. Gustav Fischer Verlag, Jena–Stuttgart.

Wiesner, E. (1988): Kompendium der Heimtierkrankheiten. Bd. 1, Gustav Fischer Verlag, Stuttgart–New York.

Wißdorf, H., und B. Schäfer (1978): Anatomische Grundlagen und Operationsbeschreibung einer modifizierten Kastrationsmethode beim Meerschweinchen *(Cavia cobaya)*. Kleintierpraxis **23**, 41–44.

Wissel, M.-R. (1979): Serotonininjektionen in cerebrale Anteile des thermoregulatorischen Systems neugeborener und erwachsener wärme- oder kälteadaptiver Meerschweinchen. Med. Diss., Gießen.

Woerle, R., und G. Wolf (1977): *Cavia aperea porcellus* – Das Hausmeerschweinchen. Eine Präparationsanleitung. In: Zoologisches Praktikum, Bd. 21g3, hrsg. von R. Siewing. Gustav Fischer Verlag, Stuttgart–New York.

Zimmermann, W. (1973): Pränatale Mortalität und Wurfgrößen beim Meerschweinchen. Z. Versuchstierkunde **15**, 204–210.

Sachregister

Abklatschpräparat 198
Abmagerung 30, 125, 133, 169, 175, 178, 180, 183, 193, 196, 204
Abstammung 13, 16
Abszeß 101, **105**, 163, 165, 174, 228
Adenovirusinfektion 155, 156
Allergie 110
Allgemeine Untersuchung 75, 76
Antibiotikaempfindlichkeit 130
Antibiotikaintoxikation 125, 131
Applikation 93
Alopezie 96, 110, 190, 193
– endokrine 96, **144**
Alopecia post partum 96
Amöbiasis 201
– *Entamoeba caviae* 201
Anämie 134, 158
Anästhesie 12, 19
Anatomische Besonderheiten 51
Anfälle, epileptiforme 196
Arzneimittelübersicht 126, 220, **233**
Ascites 169, 227
Ascorbinsäure 37
Atemfrequenz 65
Atemwegsinfektion **112**, 155, 157, 165, 167, 170, 172, 175
Atmungsorgane **58**, 77
Augenoperation 227
Augenverletzung 228

Bakterielle Infektion 161
Ballenabszeß **101**, 166
Ballenentzündung 101
Bandwürmer 212
Bauchoperationen 225
Bedarfsangaben 31
Bewegungsapparat 78
Bindehautentzündung 163, 165, 171, 175, 183, 208
Biologische Daten 48
Blasensteine 135
Blasensteinoperation 225
Blinddarm 69
Blinddarmentzündung 186
Blinddarmkot 71
Blutbild 81
– Normwerte 82
Blutentnahmetechnik 81
Blutmenge 65
Bordetelleninfektion 170
– *Bordetella bronchiseptica* 112, 164, **170**
Bronchialmuskulatur 8
Bronchopneumonie 155, 171, 176
Brunst 44, 46, 48

Cavia aperea cutleri 15
Cavia porcellus (L.) 14
Cestoden 212
Cheilitis **99**, 163
Chirurgie 217

255

Darmaufgasung 29, 123, 129
Darmatonie 123, 129
Darmflora, physiologische 70, 73, 123, 125, 128, 131
Darmkokzidiose 203
Darmlängen 60
Darmlymphknoten 178, 184
Darmpassage 69
Darmpassanten 71
Darmperistaltik 129
Demodikose 198
– *Demodex caviae* 194
Dermatitis **103**, 110, 162
Dermatomykosen 189
– *Trichophyton mentagrophytes* 189
– *Microsporum*-Arten 189
Dickdarm 61, 70, 129
Diplokokkeninfektion 167
– *Streptococcus pneumoniae* 112, 134, **167**
Domestikation 16
Dünndarm **60**, 68
Dünndarmpassage 68
Durchfall 121, 125, 128, 177, **181**, 186, 204, 210
Durchfallbehandlung 126, **128**, 181, 183
Dysbakterie 123, 125, **179**, 183

Eierstockzysten 96, 143, **226**
Einschlußkörperchen 154
Einstreu 19
Eiweiße 23
Ektoparasiten 193
Ekzem **100**, 103, 104, 193
Endometritis 139
Endoparasiten 180, 201
Endotoxine 131, 132, 181
Energiebedarf 22

Energiemangelsituation 29, **132**, 140
Enteritis 121, 125, 128, 177, **180**, 186, 204, 210
Enterohepatischer Kreislauf 68
Enterotoxine 179, 183
Epiduralanästhesie 219
Epilepsie 193
Erkrankungen der Atemwege 112
Erkrankungen der Geschlechtsorgane
– männliche 145
– weibliche 137
Erkrankungen der Harnorgane 133
Erkrankungen der Leber 131
Erkrankungen der Mundhöhle 117
Erkrankungen des Nervensystems 151
Erkrankungen der Verdauungsorgane 114
Escherichia coli 71, 73, 180, 185
Exsikkose 137, 181, 156
Exsudat, serofibrinöses 174
Exophthalmus 228

Familienverband 15
Fastenketose 132, **141**
Fertigmischfutter 32
Fette 24, 26
Fettgewebe, Braunes 66
Fettmobilisation **132**, 141
Fettsäuren, ungesättigte **25**, 98, 99
Fettsäuremangel 100, 103
Finnen
– *Echinococcus granulosus* 213, 215

- *Cysticercus tenuicollis* 213, 215
Flagellaten 202
Flüssigkeitsresorption 70
Flüssigkeitssekretion 68
Fortpflanzungsstörungen 137, 143
Frakturen 229
Fruchttod 137
Futterbedarf **22**, 31
Futterhefe 24
Futterhygiene 21, 29, 30, **116**
Futterpflanzen 27, 28
Fütterung 21, 27, 29, 30, 31, 40
Fütterungsfehler 115, 122, 124, 129, 147

Gallenblase 59, 68
Gametogonie 203, 207
Gastro-Enteritis 124, 125, 181, 183
Gebiß **56**, 77
Geburt **46**, 48, 49, 141
Geburtsanzeichen 44
Geburtskomplikationen 138, 140, 142
Geburtsstockung 138
Gehör 41, 65
Gemüse 28
Geruchssinn **42**, 65
Geschlechtsanhangsdrüsen
- Cowpersche Drüsen 63
- Glandula vesicularis 63
- Prostata 63
Geschlechtsbestimmung 47
Geschlechtsorgane
- männliche 62, 78
- weibliche 63, 78
Geschlechtszyklus **43**, 48
Gewichtsverlust 133, 181
Giftpflanzen 28

Grünfutter 27

Haarausfall 54, 144, 194, 198
Haarentwicklung 53
Haarkleid 52, 66
Haarlinge 193
- *Gliricola porcellus* **193**, 194
- *Gyropus ovalis* 193, 194
- *Trimenon hispidum* 193, 194
Haartypen 54
Haarwachstum 53
Haarzyklus 52
- Beeinflussung 53
Halsabszeß **105**, 163, 165
Haltung 19
Hämaturie 135, 165
Harnabsatzschwierigkeiten 78, 136
Harnapparat **61**, 78
Harnentnahme 87
Harnkathetern 87, 226
Harnröhrenpfropf 135
Harnsediment 88
Harnstoffspaltung 69
Harnuntersuchung 87, 134, 206
Harnwegsinfektion **134**, 163
Haut 51
Hautdrüsen 54, 55
Hautgeschabsel 89, 190, 196, 198
Hautkrankheiten 95
Hauttumoren 109, 224
Hautverklebungen 107
Hautverletzungen 107
Heildauer 217
Hepatopathien **131**, 140
Herz 57
Herzfrequenz 65
Heu 30
Hitzschlag 146
Hoden **62**, 63
Hornhautverletzung 228

257

Hörvermögen 65
Hungerketose **132**, 141, 147
Hypovitaminose 148

Inappetenz **116**, 120, 123
Infiltrationsanästhesie 221
Injektionen 93, 219
Injektionsnarkose 219

Juckreiz 110, 193, 198

Käfig 19
Kältezittern 66
Kastration 221
– männliche Tiere 222
– weibliche Tiere 114, 223
Katheterisieren 87, 226
Kaudalorgan 55
– Glandula caudalis 55
Kauvorgang 57
Ketokörper 128, 142
Ketonurie 133, 141
Klebsielleninfektion 112, 134, 172
– *Klebsiella pneumoniae* 172
Klitoris 64
Klossiella cobayae 134, **206**, 214
Kohlenhydrate 25, 132
Kokzidiose **203**, 214
– *Eimeria caviae* 203, 214
Kolibazillose 179
– *Escherichia coli* 179
Kolidysenterie 125, 132, 134, 180, 185
Koliseptikämie 180
Konjunktivitis 110, 163, 165, 171, 173, 175, 183, 208
Kontrastdarstellung (Röntgen) 86
Korneaverletzung 227
Kotanschoppung 129

Kotfressen 71
Körperinnentemperatur 65, 67, 78
Kraftfutter 30, 31, 32
Krallen 111
Krämpfe 153, 156, 173, 208
Krankheitsspektrum 91, 92
Kreislaufversagen 146, 166
Krankheitszeichen, allgemeine 75

Lähmung 153, 156, 183, 208, 230
Laparotomie 144, **225**
Leber **59**, 131
Leberegel, Großer 211
– *Fasciola hepatica* 211
Leberegel, Kleiner 211
– *Dicrocoelium lanceolatum* 211
Lebernekrosen 177, 184, 186
Leberverfettung **132**, 181
Leukämie 91, **157**
Lipome **144**, 224
Lippengrind **99**, 163
Lokalanästhesie 221
Lungen 58
Lungenentzündung 113, 155, 157, 165, 167, 171, 172, 175, 184, 196, 208
Lymphadenitis **105**, 163, 177, 184
Lymphozytäre Choriomeningitis (LCM) 156

Magen **60**, 67
Magen-Darm-Kanal 60
Magen-Darm-Passagezeit 72
Mammatumor 224
Mangelkrankheit 98
Mastitis 163

Medikamente 126, 220, **233**
Meerschweinchenfamilie 43
Meerschweinchenlähme 153
Meningitis 151, 153, 174
Milben 197
- *Chirodiscoides caviae* 194, 197
- *Trixacarus caviae* 194, 197
- *Demodex caviae* 194, 197
Milz 59
Milzschwellung 177, 181, 184
Mineralstoffhaushalt 32, 33, **147**, 149
Mittelohrentzündung **106**, 163, 165, 169, 171, 172
Mundhöhle **56**, 67

Nagetiere **13**, 135
Nagetiergebiß 56
Nährstoffbedarf 31
Nährstoffe **21**, 22
Narkose 218
Narkosevorbereitung 218
Nasenausfluß 113, 167, 170, 172, 175, 183
Nematoden
- *Paraspidodera uncinata* 209
Nephritis **133**, 169
Nervensystem 78, **151**, 153, 155, 156
Neubildung der Haut **108**, 224
Nieren 61
Nierenkokzidiose 206
- *Klossiella cobayae* 206

Obstipation 125, **129**, 130
Ohren 77
Oncornavirus 157
Oozysten **203**, 207

Operation 108, 109, 144, **217**
Operationen am Auge 227
Opfertiere 16
Organkrankheiten 95
Organleukose 157
Organverkalkung 149
- soft tissue calcification 149
Osteosynthese 231
Otitis externa 106
Otitis media **106**, 163, 165, 169, 171, 172
Ovarektomie 144, **225**, **226**
Ovarialzysten **96**, **143**, 226
Ovarien 63
Ovariohysterektomie 140
Oxyuren 209

Panophthalmie 163, 228
Paraspidodera uncinata 209
Pasteurellose 105, **125**, 174
- *Pasteurella multocida* 112, **174**
Pellets 32
Pelzmilben 197
Penisknochen **63**, 136
Penisverletzung 145
Penisvorfall 145
Perinealdrüsen **55**, 64
- Glandulae perineales 55
Perinealtasche 64
Peritonitis 169, 176
pH-Werte **71**, 73, 180
Physiologische Daten 65
Pilzekzem 190
Pilzinfektion 189
Pleuritis 171, 172, 176
Pneumonie **113**, 155, 157, 165, 167, 171, 172, 175, 196, 208
Pododermatitis **101**, 166
Prämedikation **219**, 220
Protozoen 201

Pruritus 106, **110**, 193, 198
Pseudomonadeninfektion 135
- *Pseudomonas aeruginosa* 105, 135
Pseudotuberkulose 176
- *Yersinia pseudotuberculosis* 164, **177**
Pyelographie 87
Pyometra 163

Räudemilben 194, **197**
- *Trixacarus caviae* 194, **197**
Rauhfutter 30
Rhinitis 113, 171, 173, 183
Rodentiose 176
Rohfaser 26, 31, 72
Rohprotein 23, **31**
Rohfett 25, **31**
Röntgenuntersuchung 83
- Kontrastdarstellung 86
- Übersichtsaufnahmen 84
Rundwürmer 209
- *Paraspidodera uncinata* **209**, 215

Saftfutter 29
Salmonellose 125, **182**
- *Salmonella typhimurium* 132, 134, 164, **182**
- *Salmonella enteritidis* 182
Sarkoptesräude 197
- *Trixacarus caviae* 197
Säugephase **46**, 48
Schizogonie **203**, 207
Schleimhäute 77
Schmutzdermatitis **104**, 113
Schnupfen 113, 156, 167, 170, 172, 175, 183
Schnupfenerreger 167, 170, 172

Sectio caesarea 138, 139, 142, 144, **225**
Sehvermögen 42, 65
Septikämie 163, **165**, 173, 175, 178, 181
Sexualzyklus 43
Sinnesleistungen 41
Skelett 56
Skorbut 149
Speicheldrüsenvirus 154
Sporenträger 189
Spurenelemente 22, 32, 98
Staphylokokkeninfektion 103, 105, **162**
- *Staphylococcus aureus* 162
Stauungshyperämie 166
Stellungsanomalie (Zähne) 118
Stirnfistel 165
Stoffwechselstörung **98**, 99, 132, 134, 141, 189
Streptokokkeninfektion 103, 105, 112, 134, **164**
- *Streptococcus pneumoniae* 167
- *Streptococcus zooepidemicus* 164
Struvitsteine 135
Systematik 14

Talgdrüsen 55
Talgdrüsenadenom **108**, 224
Temperaturkontrolle 79
Temperaturregulation 66
Therapieempfehlungen 126, **234**
Tierisches Eiweiß 24
Tollwut 158
Torsio uteri 140
Toxämie 132, **181**
Toxoplasmose **207**, 214

- *Toxoplasma gondii* 207, 214
Trächtigkeit 44, 48
Trächtigkeitsdauer 44, 48
Trächtigkeitstoxikose 132, 138, 140
Trichofollikulom 108
Trichomoniasis 202
- *Trichomonas caviae* 202
Trichophytie 189
- *Trichophyton mentagrophytes* 189
Trinkwasser 32, **39**, 146
Tumoren 91, 108, **224**
Tumorspektrum 91
Tympanie 29, **122**, 129
Tyzzersche Krankheit 185
- *Bacillus piliformis* 185

Ungesättigte Fettsäuren 24, 98, 99
Unterschenkelfraktur 230
Untersuchung
- Blutbild 81
- Harn 87
- mikrobiologische 88
- parasitologische 89, 198
- pathohistologische 90
- röntgenologische 83
- serologische 209
Untersuchungsgang 76
- allgemeiner 75
- spezieller 81
Untersuchungsmaterial 89, 91, 198
Urethra **61**, 87, 135
Urolithiasis 78, **135**
Uterus **63**

Vagina 63
Vaginalmembran **43**, 63

Vaginitis 169
Verdauung 68, 72
Verdauungsorgane 56, 60, **77**, 114
Verdauungsphysiologie 67
Verdauungsstörungen **114**, 123, 124, 147, 180
Verhaltensweisen 41
Verständigung 65
Verstopfung 125, **129**
Virusinfektion 153
Virus, neurotropes 153, 158
Viruspneumonie **155**, 156
Vitamine 33–38, 98, 148, 149
Vitamine 34
- fettlösliche 34
- wasserlösliche 35
Vitamin-B-Komplex 33, **35**, 98, 149
Vitamin C 36, **37**, 99, 149
Vitaminmangel 147
- Folgen 148
- Ursachen 147
- Symptome 34, 98, 99, 147
Vitaminsynthese 69
Vorbericht 76

Wärmebildung 66
Wärmehaushalt 22
Wärmestau 39, **146**
Wasseranteil 39, **68**, 72, 124
Wassermangel **39**, 69, 124
Wehenschwäche 138
Wildmeerschweinchen 15
Winterfütterung 29
Wirbelfraktur 230, 231
Wirkstoffe **21**, 22
Wundheilung 217
Wundinfektion 162
Wundversorgung 108
Wurmbefall 209

Yersinia pseudotuberculosis 177

Zähne 56
Zahnformel 57
Zahnkorrektur 121
Zahnstellungsanomalie 117
Zahnwechsel 57
Zelluloseaufschließung 69, 73
Zentralnervale Symptome 141, **151**, 153, 155, 156, 165, 208
Zitterfreie Thermogenese 66

Zökotrophe 71
Zökotrophie 71, 73, 147
Zoonosen 158, 174, 176, 185, **187**, 189
Zwangsfütterung 122
Zwergbandwurm **212**, 215
– *Hymenolepis fraterna* **212**, 215
Zyanose 77, 123, 146, 175
Zyklusphasen 43
Zystitis 134
Zystographie 87
Zystotomie 226
Zytomegalie-Virus 154

Wörterbuch der Versuchstierkunde

Herausgegeben von Jürgen GÜTTNER, Biberach, Herbert BRUHIN, Riehen (Schweiz), und Horst HEINECKE, Jena

1993. 429 S., 41 Abb., 18 Tab., geb. DM 148,-/ÖS 1155,-/SFr 148,- ISBN 3-334-60382-2

Das Anliegen dieses Nachschlagewerkes ist es, das Fachvokabular der tierexperimentellen Forschung in allen biomedizinischen Disziplinen dem breit gefächerten Interessentenkreis mit schneller Zugriffszeit zu vermitteln. Nachbargebiete der Versuchstierkunde wie Verhaltens- und Vererbungswissenschaft, Immunologie, Pathologie und Zoologie wurden berücksichtigt. Durch Hinweise auf natürliche Krankheitsmodelle des Menschen wird auf die gegenwärtigen Möglichkeiten und Grenzen von Tierversuchen aufmerksam gemacht. Auch für die Diskussion liefert das Wörterbuch ein exaktes Begriffsinventar.

Interessenten: mit Zucht und Haltung von Versuchstieren befaßte Hochschulabsolventen, Versuchstierlaboranten, Doktoranden, Pharmakologen, Toxikologen, Tierärzte, Pharmazeutische Industrie

Preisänderungen vorbehalten.

Handling bei Nutz- und Heimtieren

Herausgegeben von R. S. ANDERSON, Liverpool, und
A.T.B. EDNEY, Empingham
Bearbeitet von 20 Fachwissenschaftlern
Aus dem Englischen übersetzt von O. Dietz, Berlin

1994. 218 S., 270 Abb., 3 Tab.,
kt. DM 78,-/ÖS 609,-/SFr 86,- ISBN 3-334-60419-5

Inhalt: Biologische Grundlagen des Umgangs mit Tieren • Rinder • Schafe • Ziegen • Hochwild • Schweine • Wirtschaftsgeflügel • Pferde und Ponys • Esel, Maultiere und Maulesel • Katzen • Hunde • Zier-, Zoo- und Wildvögel • Reptilien • Nutzfische • Zierfische • Kleinsäuger • Nerze

Haltung von Tieren, handle es sich um Nutztier- oder Heimtierarten, sollte stets mit einem hohen Maß an menschlicher Fürsorge verbunden sein. Jede Form von Tierhaltung ist mit "Handling" und bestimmten Einschränkungen in der Bewegungsfreiheit der Tiere verknüpft. Zuverlässige Anleitungen zum Umgang mit Tieren sind kaum verfügbar. Nach einer kurzen Einführung in die biologischen Grundlagen des Handlings beschreiben die Verfasser die Vielzahl und Vielfalt der Prozeduren auf der Basis der tierartlichen Verhaltensmuster. Alle Kapitel sind instruktiv bebildert. Behandelt werden neben den landwirtschaftlichen Nutztieren das Hochwild in Gehegehaltung, Farmnerze sowie die wichtigsten Heimtiere (Fische, Reptilien, Vögel, Kleinsäuger). Die vermittelten Kenntnisse und Erfahrungen tragen sowohl zum Wohlbefinden der Tiere als auch zur Arbeitserleichterung bei und fördern auf diese Weise die Mensch-Tier-Beziehung.

Preisänderungen vorbehalten.